imaginist

想象另一种可能

理想国
imaginist

Talking Philosophy

**Dialogues
with
Fifteen
Leading
Philosophers**

思想家

[英]布莱恩·麦基 编

吴芸菲 译

上海三联书店

著作权合同登记图字：09-2024-0258

图书在版编目（CIP）数据

思想家 /（英）布莱恩·麦基编；吴芸菲译 .--
上海：上海三联书店，2024.7
ISBN 978-7-5426-8481-3

Ⅰ. ①思… Ⅱ. ①布… ②吴… Ⅲ. ①思想家 - 访问
记 - 世界 Ⅳ. ① K815.1

中国国家版本馆 CIP 数据核字 (2024) 第 082209 号

思想家

[英] 布莱恩·麦基 编 吴芸菲 译

责任编辑：苗苏以
特约编辑：孔胜楠
装帧设计：赤　徉
内文制作：陈基胜
责任校对：王凌霄
责任印制：姚　军

出版发行 / 上海三联书店
（200041）中国上海市静安区威海路755号30楼
邮　　箱 / sdxsanlian@sina.com
联系电话 / 编辑部：021-22895517
　　　　　　发行部：021-22895559
印　　刷 / 山东新华印务有限公司

版　　次 / 2024 年 7 月第 1 版
印　　次 / 2024 年 7 月第 1 次印刷
开　　本 / 1230mm × 880mm　1/32
字　　数 / 339千字
印　　张 / 15.75
书　　号 / ISBN 978-7-5426-8481-3/K·781
定　　价 / 78.00元

如发现印装质量问题，影响阅读，请与印刷厂联系：0538-6119360

哲学家的职责不是传道、劝诫、赞美或谴责，

而只是为人的心智投下光亮。

◇ 以赛亚·伯林 ◇

耐心地、坚持不懈地解决问题的能力是哲学家的标志。

◇ 艾丽丝·默多克 ◇

布莱恩·麦基
（Bryan Magee，1930—2019）

序　言

　　本书源于一档 15 期的系列电视节目，这些节目是在 1975 年至 1977 年准备和录制到录像带上，并于 1978 年 1 月至 4 月由 BBC 播出的。奥布里·辛格（Aubrey Singer）（BBC 第二频道当时的总监，现为 BBC 电台总经理）提出了制作这一系列节目的想法，当他邀请我制作该节目时，我答应了，条件是节目内容从一开始就得由我说了算。他想知道我会敲定哪些内容，这也是人之常情，于是，经过一番思虑并和其他人商量后，我提出了包含在本书中的主题和受邀哲学家。他同意了，该节目也由此启动。

　　我旨在向新的受众、更广泛的公众介绍哲学中一些最有意思领域的讨论现状。这就要求我将四种主题结合起来。首先也是最显而易见的是回答如下问题：大哲学家都有谁？——他们在做什么？为什么这些工作很重要？第二，需要去看看延续至今的思想流派：法兰克福学派（Frankfurt School）、存在主义（Existentialism）、语言分析（Linguistic Analysis）。第三，需要对哲学的某些常规分支进行类似的审视：道德哲学、政治哲学、科学哲学，等等。最后，只有依据哲学的最新发展才能理解所有这一切，因此需要诉诸一定的相关历史背景，特别是关于马克思（Marx）、维特根斯坦（Wittgenstein）和逻辑实证主义（Logical Positivism）的背景。节目的前几期似乎有种自然的播出顺序，也就是大致按时间排序，它清楚地呈现了哲学领域的诸多发展是如何前赴后继、相互对立或同时共在的，我就是按这个来做节目的。

不消说，我没能把我所希望的一切都放进节目中。我发现，当代哲学中一些最激动人心的发展过于技术化，以至没法向不了解该领域的人简单解释——比如说，我在想英国的迈克尔·达米特（Michael Dummett）、美国的索尔·克里普克（Saul Kripke）和唐纳德·戴维森（Donald Davidson）等人在逻辑学方面取得的新进展。另一种制约与掌握英语有关。为英国电视台制作这样的一系列节目，显然需要用既老道又易懂的英语来完成，这事实上就意味着我不大可能邀请非英语世界的哲学家——比如，我很想邀请让-保罗·萨特（Jean-Paul Sartre），也许还可以邀请仍在世的海德格尔（Heidegger）；但由于语言障碍，这些想法都落了空。波普尔（Popper）和诺齐克（Nozick）纯粹出于个人原因无法参加节目。一个简简单单的事实是，15 次讨论远无法涵盖当代哲学里所有有趣的领域——无论我怎么精挑细选，节目必定会遗漏许多卓越的人物和许多有趣的工作，这是无法回避的事实。尽管如此，我还是试着把节目做成一个系列，从整体上看，它将成为一份涉猎范围广泛且翔实的报告，讲述当今西方哲学中一些最重要的发展领域正在发生的事情。在制作节目的过程中，我假定观众不了解该主题，但对其感兴趣，且有理解力。

几年前，我给 BBC 第三电台制作了一档类似的系列节目，这是极珍贵的经验。在 1970 年至 1971 年的冬天，我播出了 13期《与哲学家对话》（*Conversations with Philosophers*）。这档广播节目在范围上不如此次电视系列节目这么富有雄心，主要局限于英国哲学——事实上，修订后的文字稿以《现代英国哲学》（*Modern British Philosophy*）为题成书出版。但它的制作过程教会了我很多东西，眼下这本书也从中受益良多，包括为这样一个广播系列节目所做的准备工作，以及把它修订成书的独特过程。

　　和广播系列节目一样，电视系列节目中的讨论都是事先准备好的，但没有进行排练，也没有脚本。每做一期节目，我事先都会和对方碰面，进行两轮到三轮的工作会议，确定要讨论的内容。（这么做的反面——决定不讨论什么——总是很困难，一旦做出决定就很痛苦。）我们会决定哪些是我们所选主题的最重要的东西；大致如何分配讨论内容；以及大致如何分配讨论时间。当我们来到演播室录制实际讨论时，讨论总是会偏离事先准备好的粗略且现成的计划——我们会想到新的要点或问题，讨论会围绕这些要点或问题继续展开——但即便如此，作为一种工作方法，它使我们能够将高质量的准备和深思熟虑与（我希望呈现的）镜头前真正的活力和新鲜感结合起来。我想不出还有什么别的方法，既能使我们在如此短的时间内处理如此多的主题，又能免于以下两种重大过失：要么准备过多，丧失节目呈现的自发性；要么准备不足，丧失表达的清晰度。

　　事实上，我们是边说边造句，这意味着讨论的文字稿不可能按原样公布。这里的要点不只是人的讲话不可能完美地符合语法或句法。每个人在谈话过程中说出来的句子都要比付印稿松散得多。在现场讲话中,岔出去的分句和信手拈来的"填充词"(filler)表达,为强调而重复的一些话,说的很多老套的话——这些表达都很自然,但若成书时一概照搬,未免令人生厌。鉴于此,我鼓励对谈人修订他们的谈话,以便在这本书中发表——事实上,我敦促他们完全依自己的想法润色文字稿,改得越多越好,我认为这本书会有自己独立的生命,我们应该尽可能按这本书自身的方式来完成它。所有人都信了我的话,且都做了修订,有一两个人甚至重新改写了文字稿(尽管保留了原稿的宗旨和口吻)。

尽管这本书不是也不打算只是一系列电视节目的记录,但如果没有这个系列,就永远不会有这本书。很多人认为这标志着电视广播的一个新起点。1978 年 1 月 20 日的《泰晤士报》(*The Times*)说:"在严肃性和视野方面,以往任何全民电视广播网上都没有像它这样的节目。"在该系列节目播出后的几天时间里,我开始收到来信,信里有的说"终于有一档成熟的节目了",有的说"恢复了我对电视的信心";几周后,涓涓细流变成汪洋大海。我希望电视广播的主事者会对此做认真的反思。他们最终愿意播放哲学节目固然可钦可敬,但我相信,他们在这方面的意愿姗姗来迟反映了根深蒂固的禁忌,这些禁忌仍然在整体上损害了电视节目的"严肃"形象。此前,非教育性电视节目是那么忌惮直接和哲学打交道,以至至少在英国,这些节目首先将摄像机对准了几乎所有其他的智性活动领域。人们忧虑的是，作为最抽象的语言性学科，哲学不适合视觉媒体。电视人一定会问："一档哲学节目播出时，电视屏幕上会显示什么呢？"尽管答案很明显——"哲学家们在交谈"——但这和在专业电视人中流传甚广的陈词滥调格格不入，乃至许多电视人甚至连考虑一下哲学节目都很难，更不用说对其发表意见了。对他们来说，电视节目的核心原则是："不要说给观众听，而是展示给他们看。"所以，他们最不想在屏幕上看到的，就是被他们轻蔑地称之为"会说话的脑袋"（talking heads）的东西。他们认为，除了谈话没有其他内容的节目"不是电视节目——不过是和广播一样罢了"。为了使电视作为一种媒体实现自主，在其形成期，从事电视行业的人在实际工作中持有这种态度也许是必要的。然而，我相信，从业人员的这些态度对电视的智性发展是有害的。如果作为媒体的电视不只要变得自主，而且要变得成熟，就必须超越这些流俗的浅见。

整个"严肃"电视行业都能感受到这种智性上的需求。比如，时事节目受到越来越多的批评，因其太满足于仅仅向观众展示事件，而不大关心让观众真正理解所涉问题。它们为我们提供了五花八门的色彩和动作——尤其是暴力动作，这是最博人眼球的一种——但鲜有分析或认真深入的讨论。实际上它们做了点讨论，但多数讨论都是类似沙龙酒吧里的谈话，一种有意粗暴的对抗，希望以此让问题简单明了，同时加剧敌对情绪，制造戏剧效果。纵观整个电视行业，存在着一种将所有主题都转化为娱乐的冲动；

因其有碍于向观众提出严肃的要求，结果人们普遍觉得把困难的事情弄清楚并不是电视节目需要解决的任务。人们认为，一档成功的节目就是一档供消遣、娱乐、找乐子、提供信息或只是迎合观众感兴趣的内容的节目。人们害怕对观众提出严苛的要求会把大部分人吓跑。

这些态度无处不在，使得那些致力于严肃分析的尝试——无论什么主题——往往设法将抽象概念转化为视觉要素：静止图像、数据图、示意图、统计数据、动画漫画，甚至屏幕上还会闪现几页印刷文字——所有这些视觉要素以及其他设置，也许极其巧妙地组合成一段蒙太奇，再伴之以斯特拉文斯基式（Stravinsky-like）的音乐，其跳跃向前的节奏与视觉剪辑相吻合。其中有些做法挺有效，当然多数做法都颇为机巧。但在光鲜亮丽的包装下，太多做法是在卖弄学问，只是在传播媒介的处理上而非在内容的处理上有独到之处，因此究其本质，它们对基本主题的处理平平无奇。其中很多都是噱头，尤其是当设计图表的人未能完全理解他们应该说明的概念问题时，情况就更是如此。最糟糕的是，多数难对付的概念问题根本经不起这种处理，它们要么在处理过程中被严重歪曲，要么被认作不适合在电视上处理而受到冷落。

所有这一切的起因，或者说主要起因，都是出于铁了心要回避"会说话的脑袋"。人类处理大多数抽象概念的"自然"方式是用文字。坚持尽可能不使用文字来处理概念，就像坚持不使用数字来做算术一样：这是可以做到的（罗马人就做到了），但明明有数字可用却仍坚持不用，这种做法就显得原始、武断且——也许最重要的是——有悖常理。就电视来说，使其决心回避"会说话的脑袋"的错误假定有很多，但其中有两个假定是决定性的。一个是认定电视是视觉媒体。显然它不是。电视将声音和图像同等地结合起来，在这种结合中，电视能做广播所做的一切。简单化的等式（电视＝图像，相对于广播＝声音）来自如下事实：电视产生于现有的广播建制，因此它只有突破广播的限制性假定才能获得发展，作为广播者的积习，这些限制性假定不仅根深蒂固，而且以组织的形式制度化，电视人发现自己也深陷其中。因此，"我们不是广播"这一反复重申的说法依然不绝于耳，这导致了一种顽固的倾向，也就是电视寻找广播无法处理的主题，而将广播能够处理的内容留给广播。这很像一个正常人成长过程中被称为青少年叛逆期的阶段，在该阶段，一个人试图通过违逆父母的约束来确立自己的身份和独立性，在这种情况下，做自己的事对他来说主要意味着坚持做父母做梦都不敢做的事。这是成长过程中的必经阶段，但从本质上讲，他还没有长大。成熟意味着有足够的安全感，可以与父母分享重要的事，而不会感到身份受到威胁。当电视发展到成熟阶段时，它将成为一种声音和视觉全面融合的媒体，任何人都不会自然而然地把它称为视觉媒体，也不会自然而然地把它称为听觉媒体。只有到那时，电视才会成为真正的自己，幸运的话，它才会开始发挥自己的潜力，而眼下人们对这种潜力还处在一知半解的阶段。

除此之外，决心回避"会说话的脑袋"背后的第二个错误假定，是对什么在视觉上好玩、什么在视觉上不好玩的错误判断。对大多数人来说，世界上最好玩的东西就是其他人，而电视屏幕上出现的最好玩的画面就是另一个人的画面——无论是表演或做出反应，说出自己的想法，讲笑话或玩游戏，唱歌，跳舞，还是只是过日常生活。观看有天赋的人谈论他们知道的事，有着极大的魅力。说从广播中听到同样的内容不会有任何损失，这是错误的，也是愚蠢的。一个人表达自己的方式有很多是非语言性的：整个的举止和风度、各种面部表情、手势、肢体动作、身体的犹豫，最重要的是眼神里透出的活力。观看人们思考是件让人着迷的事——如果他们擅长思考，那就更让人着迷了。而且，在电视上呈现出来的人的整体特质比在广播中更丰富、更饱满：你会有种与他相识的感觉，之后，如果你见到他本尊，你会立刻认出他（而广播则完全不是这样）。此外，对自己感兴趣的任何领域的领军人物的个性感兴趣，是人类好奇心的自然表现形式。哲学也不例外；在哲学界，有名气的哲学家和政治家一样，都是八卦和逸事的主题；有些人，比如以赛亚·伯林（Isaiah Berlin），既是出了名的话题人物，也是精彩故事的源泉。

因此，就电视而言，我希望本书所取材的系列节目的制作能为电视媒体走向成熟——尽管还有一段路要走——尽一份绵薄之力，并希望它所受到的热烈欢迎能为制作其他关于抽象且艰深的电视节目带来更多的可能性。那些在英国广播公司就该系列节目帮助过我的人可以把本书当作他们工作的纪念品：首先，我要感谢奥布里·辛格，是他发起了这个项目并为其提供了资源；感谢珍妮特·胡尼格（Janet Hoenig）负责所有的行政安排；感谢托尼·泰利（Tony Tyley）指导摄影棚和摄像机。将节目内容转化为本书的进一步过程涉及费力的、看似没完没了的誊写和反复输入，在此感谢贝蒂·诺顿（Betty Nordon）、玛丽安·哈扎德（Marianne Hazard）和琳达·鲍威尔（Linda Powell）的工作。

布莱恩·麦基

目　录

1　**哲学导引：**

　　对话以赛亚·伯林 / 001

2　**马克思主义哲学：**

　　对话查尔斯·泰勒 / 045

3　**马尔库塞与法兰克福学派：**

　　对话赫伯特·马尔库塞 / 069

4　**海德格尔与现代存在主义：**

　　对话威廉·巴雷特 / 093

5　**维特根斯坦的两种哲学：**

　　对话安东尼·昆顿 / 129

6　**逻辑实证主义及其遗产：**

　　对话 A. J. 艾耶尔 / 159

7　**语言分析哲学的魔咒：**

　　对话伯纳德·威廉斯 / 189

8　**道德哲学：**

　　对话 R. M. 黑尔 / 215

9 **蒯因的思想：**

对话 W. V. 蒯因 / 247

10 **语言哲学：**

对话约翰·塞尔 / 267

11 **乔姆斯基的思想：**

对话诺姆·乔姆斯基 / 299

12 **科学哲学：**

对话希拉里·普特南 / 333

13 **哲学与政治：**

对话罗纳德·德沃金 / 361

14 **哲学与文学：**

对话艾丽丝·默多克 / 395

15 **哲学与其社会背景：**

对话欧内斯特·盖尔纳 / 433

进一步阅读建议 / 455

译名对照表 / 473

译后记 / 481

哲学导引

对话以赛亚·伯林

以赛亚·伯林
（Isaiah Berlin, 1909—1997）

引 言

麦基：在我们这个系列的首场讨论中，作为导引，我建议直面一些最基本的问题。为什么会有人对哲学感兴趣？哲学为什么重要？哲学到底是什么？

我邀请来讨论这些问题的哲学家享有国际声誉：以赛亚·伯林（Isaiah Berlin）爵士，英国功绩勋章（OM）^{*}获得者，牛津大学万灵学院[†]研究员；卡尔·马克思（Karl Marx）的传记作者；特别是在思想史方面，造诣颇深。

---

* 英国功绩勋章（Order of Merit，简称 OM），"全球最负盛名的荣誉之一"，由英王爱德华七世于 1902 年设立，旨在表彰军事、科学、艺术、文学等方面有杰出成就之人士。功绩勋章并非传统意义上的骑士勋章，只作为英联邦君主的私人恩赏，获勋者也无法得到贵族身份，但可在其姓名之后冠以"OM"荣誉称谓，并位列万神殿之中。——译者注

† 牛津大学万灵学院（All Souls College）是由亨利六世（Henry Chichele）于 1438 年为纪念反法庭之役去世的战士所建。现在该学院主要是一个学术研究机构。与其他牛津学院的不同之处在于，它没有自己的学生。每一年，万灵学院都会补充新成员，即邀请牛津大学中最优秀的学生参加由万灵学院组织的一场考试，其中最出色的两名学生将会成为万灵学院的新成员。——译者注

讨 论

麦基：如果一个人对哲学既没有自发的兴趣，也没有受教育体制引导而产生兴趣，你能给出什么理由让他对哲学感兴趣呢？

伯林：首先，哲学问题本身就很有意思。它们往往涉及许多一般看法（normal beliefs）所依赖的假定。人们不希望自己的假定受到过多审视——当被要求探究自己的看法到底建立在什么基础上时，他们就会开始感到不自在——但事实上，许多日常的常识性看法的预设（presuppositions）都是哲学分析的主题。当我们用批判的眼光审视它们时，有时会发现它们远不如乍看上去那么可靠，其含义和蕴意也没那么清楚。通过一番探究，哲学家增进了人们的自我认知。

麦基：如你所言，当我们的预设被探究到了一定程度之后，我们都会感到不舒服，而超过这个程度之后，我们都会抵触。为什么我们会这样呢？

伯林：我想，一部分原因是，人们不喜欢被过度分析，不喜欢自己观念的根基被暴露出来、仔细查看；另一部分原因是，行动的需要本身就排除了这种做法。如果你积极投身于某种形式的生活，那么如果你总是被问到如下问题，行动就会受到抑制，甚至可能最终陷于瘫痪："你为什么要这样做？你确定你所追求的目标是真实的目标吗？你确定你所做的事情不会有违你所信奉的道德准则、原则或理想吗？你确定你的某些价值观是真的相容，而不是你在内心不敢承认它们不相容吗？当你陷入某种困境，你是否有时会因为紧张而不敢面对它，以至转移视线，试图把责任从你自己身上转移到某个更大的靠山——国家、教会、阶级或你所属的其他团体——又或许转移到普通正派人的一般道德准则——你难道不应该自己把问题考虑透彻吗？"太多这样的质问会让人感到畏惧或恼火，会打击他们的信心，这样一来他们自然会抵触。

柏拉图（Plato）借苏格拉底（Socrates）之口说，未经审视的人生不值得过。但是，如果一个社会的所有成员都是持怀疑态度的知识分子，不断审视他们看法的预设，那根本就没人能采取行动。然而，如果不审视预设，任其休眠，社会就可能僵化；看法固化成教条，想象力遭到扭曲，智性变得贫瘠。在不容置疑的教条的安乐窝入睡，社会就会衰败。若要激发想象力，若要让智性起作用，若要让精神生活不陷入低谷，若要让对真理（或正义，或自我实现）的追求不止步，就必须对假定提出质疑，必须对预设提出挑战——无论如何，要把这件事做到让社会继续前进的地步。人和思想的进步某种程度上是通过"弑父"（parricide）来实现的，孩子们即使不杀死他们的父亲，至少也要杀死他们父亲的看法，并形成新的看法。发展和进步端赖于此。而在该过程中，提出这些令人不安的问题，并且对答案充满好奇的人，起着绝对核心的作用。一般来说，这样的人在任何社会中都不多。当他们系统从事这项活动并且使用理性的方法，而这些方法本身又向批判性的审视敞开时，他们就被称为哲学家。

麦基：你能举几个需要质疑的预设的例子吗？

伯林：柏拉图对话录是讨论终极价值最早和最丰富的资源，这些对话努力质疑常规看法。每一位优秀的哲学家都是这么做的。你也可以在关心此类议题的作家的小说或戏剧中找到这样的例子——想想易卜生（Ibsen）的戏剧、屠格涅夫（Turgenev）的《前夜》（*On the Eve*）或 E. M. 福斯特（E. M. Forster）的《最漫长的旅程》（*The Longest Journey*）中的主人公。不过，现代政治哲学或道德哲学中可能有最为人所熟知的例子。比如说，大家都谈论自由，或谈论平等（当今世界上充满了这种谈论）。让我们以美国《独立宣言》的序言为例。我引述不了原话……

麦基："我们认为这些真理是不证自明的：人人生而平等，造物者赋予他们若干不可剥夺的权利，其中包括生命权、自由权和追求幸福的权利……"

伯林：谢谢。嗯，那就说说权利。什么是权利？如果你在大街上问一个普通人到底什么是权利，他会被难住，他无法给出一个明确的答案。他可能知道什么是践踏别人的权利，或者知道什么是自己的权利被别人剥夺或忽视，但被侵犯或被错误地剥夺的到底是什么？是某种你生来就获得或继承的东西吗？是某种烙印在你身上的东西吗？是人的某种基本特征吗？是某种别人给你的东西吗？若是，是谁给的？通过怎样的程序给的？权利可以被赋予吗？权利可以被剥夺吗？谁来剥夺？凭什么权利剥夺？是否有赋予或取消其他权利的权利？这是什么意思？你能失去一项权利吗？有些权利是否是你本性中固有的一部分，就像思维，像呼吸的能力，或者像在这与那之间做出选择的能力那样？这就是自然权利的含义吗？若是，那么这个意义上的"自然"是什么意思？你又怎么知道这种权利有哪些？

　　关于什么是权利，人们的看法一向大相径庭。以 17 世纪为例，当时有很多关于权利的讨论。毕竟，当时英格兰发生了一场内战，它所围绕的一个核心问题就是有没有神圣王权这回事。我们现在已经不太信这种说法了，但当时有些人显然信。他们认为，国王是被上帝赋予特殊权利的特殊存在。当时还有另一些人认为不存在这种权利，它们只是被神学家或诗人虚构出来的。他们之间是怎么争论的？双方提出了什么样的论证？什么样的论证能说服人？17 世纪末，有位法国作家想知道，如果法国国王想把一些臣民移交给英国国王，这些臣民会怎么想。实际上他的回答是，他们没有资格去想；他们所要做的就是服从；他们是臣民；国王完全有权利随心所欲地对待他的臣民；允许臣民思考，甚至允许他们质疑国王的决定，这种想法近乎亵渎神明。好吧，我们不接受这个想法；但曾经有很多人接受这个想法，他们相信等级制度——精神世界和物质世界一样，都是一个层级结构。每个人在这个等级森严的整体中都有其适当的位置，并应履行他所在社会大金字塔中的位置要求他发挥的职能。几百年来，人们一直坚信这一点。后来有一些思想家否认了这一点，他们说不存在这样的等级制度；人是平等的；他们出生时彼此相仿，都被赋予了某些自然的需要、能力和欲望，都拥有某些不可动摇的自然权利。就这些权利而言，他们是平等的。我想说的是，在这类争论中，任何一方都可以提出的那类论证就是哲学的适当主题。还有什么别的学科能处理这些问题吗？这些都是人们长久以来深感忧虑的原则问题，也是人们以之为名进行血腥斗争和革命的问题。

麦基：我相信很多人会说："好吧，是的，你说得对，但不管怎么说，这都只是语词之争。这都是抽象概念。为了过好自己的生活，我们不必为此劳神费心——这与现实生活、日常生活无关——你越纠缠于这些事，你就越不快乐。"

伯林：是的，它可能会让你更不快乐。尽管如此，还是有人真的想把这些事情弄清楚。他们想知道自己为什么这样生活，以及为什么应该这样生活。这是人的一种完全自然的欲望，一些最有想象力、最聪明、最有天赋的人对此感受最深。当然，这是关于语词的争论——但是，语词当然不仅仅是语词，不仅仅是某种文字游戏中的筹码。语词表达思想。语言指称经验，表达经验，也转变经验。

麦基：你刚才关于"权利"的论述，已经给我举了一个哲学就政治发问的例子。现在你能举一个简单明了的例子，来说明一个有别于政治而关乎道德的哲学问题吗？

伯林：好，我来给你讲个故事。有人给我讲了他在"二战"

中的经历。他是一名驻法国的英国情报官，战争临近结束时，他不得不审问被法国抵抗组织抓获的一名法国叛徒。该叛徒曾为盖世太保（Gestapo）*工作，抵抗组织即将处决他。英国情报官请求允许先审讯他，因为他有理由相信，这人可能会给他提供情报，从而帮助无辜的人免于死亡或酷刑。于是，他去见了这个非常年轻的盖世太保的特工，特工对他说："我为什么要回答你的问题？如果你能承诺保全我的性命，我就回答。但我知道，这些人打算明天杀了我。如果你不能承诺保全我的性命，我到底为什么要说话呢？"在这种情况下，这位英国军官应该怎么做呢？作为一名情报官，他的职责是尽可能多地套取信息，毕竟无辜者的生命很可能牵系于此，可他只能通过撒谎来做到这一点。说"我会尽力说服他们放你一条生路"之类的话是没用的。军官知道自己什么也做不了，也无法让这人免于一死，而军官若是回避做出直截了当的承诺，这人也会识破。如果军官明确地说"如果你透露给我，我就救你一命"，这个年轻人发现自己上当受骗后，准会在咽气前咒他。

在我看来，这是道德问题的一个例子，是道德关于什么的例子。功效主义者（utilitarian）会说："如果谎言有可能增加人类的幸福或减少人类的痛苦，那你当然必须撒谎。"那些认为军

---

* 盖世太保是德语"国家秘密警察"（Geheime Staatspolizei）的缩写"Gestapo"的音译，由党卫队控制。它在成立之初是一个秘密警察组织，后加入大量党卫队人员，一起实施"最终解决方案"，屠杀无辜。随着纳粹政权的需要，盖世太保发展成为无处不在、无所不为的恐怖统治机构。纳粹通过盖世太保来实现对德国及被占领国家的控制。——译者注

事或爱国责任——尤其是在战时——具有最高价值的人也会得出同样的结论。但也许还有其他考量——绝对的宗教戒律，良心的呼声，人与人之间的关系：一个人怎么能对一个被判死刑的人撒恶劣至极的谎？他的行为是否剥夺了他被当作人来对待的所有权利？难道人没有一些最根本的合理诉求吗？陀思妥耶夫斯基（Dostoevsky）笔下的一位主人公说，如果有人问他是否愿意以折磨一个无辜孩子为代价来换取千百万人的幸福，他会拒绝。他的回答显然是错的吗？功效主义者不得不说："是的，这显然是错的——既感情用事，又是错的。"不过，我们当然并不都这么想；我们中的一些人认为一个人完全有资格说："我不会折磨一个无辜的孩子。我不知道接下来会发生什么，但有些事是任何人都不能做的，无论代价是什么。"

好，这里有两种相互冲突的哲学。一种是最崇高意义上的功效主义（或者爱国主义），另一种则建立在对绝对普遍的规则的承认之上。道德哲学家的职责并非命令一个人在这两种哲学之间做出自己的选择，*而是向他解释所涉及的问题和价值，审视和裁定支持和反对各种结论的论证，弄清楚发生冲突的生活形式，弄清楚他不得不在其间做出抉择的生活目的——或许还包括代价。当然，人最终必须承担个人责任，做他认为正确的事：如果他认识到做出选择所依据的原则，那他的选择就是理性的；如果他能做出其他选择，那他的选择就是自由的。做出这样的选择可能非常痛苦。不假思索地遵从命令会更容易些。

---

* 参见第 27—28 页。——原注

麦基：你刚才举的道德和政治问题的例子有一个好处，那就是它们完全不涉及语言。但愿道德哲学家们，至少是直到近期的道德哲学家们，在书里讨论的问题也能常常如此。有件事让许多试着阅读哲学的门外汉感到惊讶，并且让他们中的许多人望而却步，那就是他们发现如此多的哲学讨论都跟语词和语言相关。你能用外行人听得懂的方式讲讲这样做的道理吗？

伯林：我尽力。有些现代哲学家坚持认为他们主要关注语言，但从与公众的关系来说，这种做法对他们自己造成了损害。于是，人们就认为这些哲学家所做的事情必定无足轻重，认为他们关心的是词典编纂者、语法学家或语言学家所理解的那个意义上的语言，在这方面，词典编纂者和语法学家更胜一筹。然而，哲学家的确关注语言，这是因为他们相信我们用语词思考，相信言词有时本身就是行为，因此对语言的研究就是对思想的研究，甚至是对整个人生观和生活方式的研究。当人们面对这些没有明显答案的哲学难题时，可以先问问自己："这是哪种问题？我们想要什么样的答案？它是像这一类问题，还是像那一类问题？它是事实问题吗？它是逻辑问题，是概念之间的关系问题吗？还是这几类问题的混合体？还是跟这几类问题都不像？"厘清概念和范畴是件相当困难的事，但所有优秀的哲学家都已经做了或者正在做这件事，无论他们怎么称呼这件事——把它叫作清除语言上的混乱并没什么错，除了它误导了粗心大意的人或居心不良的人。这种混乱会导致人们头脑中的混乱，而这进而又会导致实践上的野蛮行径。

麦基：纳粹对种族的看法建立在各种混乱之上，这也包括语言上的混乱，不是吗？

伯林：是的，这些混乱部分是经验性的，部分不是。次等人（sub-man）的观念，也就是认为存在某些次等人类生物，比如犹太人、吉卜赛人、斯拉夫人、黑人或其他什么人，并且认为他们对社会有严重危害，因此应当被消灭——这种可怕的信念，毫无疑问是部分建立在对这些人行为本性的错误的经验性看法之上的。但是次等人的观念，次等人意味着什么，以及与此相关，我们所说的"人"这个词的含义是什么，人性是什么，是什么构成了一个人，低等和高等是什么；当然还包括由此得出的结论是什么，折磨或杀害"下等人"（inferior）的理由是什么——这些都是哲学问题，而不是经验性问题。那些抱怨它们无足轻重、只是对语言和语言用法的考察的人，应该反思一下，人们的生活有赖于——而且仍然有赖于——这些哲学问题。

麦基：一些语言哲学家声称，通过分析我们怎么使用语言，他们把我们从语言的魔咒中解放了出来。换句话说，中了语言魔咒的人不是他们，而是我们。

伯林：确实。我应该说，这是他们对人类的主要贡献之一。正因为这样，那些希望保留语言的原始用法、担心分析语言会削弱其影响力的人将他们视为危险分子。德国诗人海涅（Heine）告诉我们，不要忽视书房里安安静静的哲学家，因为他可能是一个强大而令人敬畏的人物；认为他只是个人畜无害的书呆子、在从事许多琐碎的工作，那就低估了他的权能（power）；如果康德（Kant）没有败坏理性主义神学家的上帝，罗伯斯庇尔（Robespierre）也许就不会砍下国王的头颅。海涅警告当时与他生活在一起的法国人，德国观念论形而上学家——费希特（Fichte）、谢林（Schelling）等人的追随者——是狂热的信徒，他们不会被恐惧或享乐吓倒，总有一天他们会发飙，将西方文明的历史遗迹夷为平地。他宣称，当这场巨大的形而上学冲击使欧洲陷入战争和毁灭时，法国大革命就像是儿戏。毫无疑问，海涅亲身体验过，哲学思想或形而上学思想的力量［比如他听过的黑格尔（Hegel）的演讲］可以是非常巨大的，这样的力量虽间接，但影响深远；哲学家并非人畜无害的文字匠人，而是一股巨大的兼具善恶的力量，是人类最令人敬畏的未被承认的立法者之一。

麦基：而这一切都是因为他们写在纸上或在演讲中说出的话。语言在哲学活动中并通过哲学活动与实在（reality）相纠结，这种纠结是非常成问题的。就说说像你刚才举例的"什么是权利"这样看似简单的问题吧：我们是在探究一个词的含义，还是在探究一个抽象实体的本质，而这个实体尽管抽象，但仍以某种方式存在？"什么是权利"是何种问题？

伯林：我想，你的意思是说："我们怎样才能弄清楚何种论证会让你接受如下命题，即你拥有某种权利，比如说获得幸福的权利，或相反，你并不拥有这种权利？"我似乎记得在哪里读到过，当有人对路德（Luther）说，人有资格获得幸福，或者生命的目标就是幸福时，他说："幸福？不！苦难，苦难；十字架，十字架。"（"*Leiden! Leiden! Kreuz! Kreuz!*"）这是某些形式的基督教的核心，是最深刻的信仰之一，是对现实的愿景，是大量极不浅薄之人赖以生存的基础。这肯定不是小事。你可以说，我们只是在处理语词——关键词，但终究是些语词。你可以说，我们只是在问"'十字架'这个词是什么意思？'苦难'这个词是什么意思？"，但这不是要点所在。我们不是语法学家，也不是词典编纂者。为了弄清楚这些词对路德或其他像他这样的人意味着什么，它们在"意味着"（mean）的这个意义上意味着什么，查字典是没用的。

麦基：但问题仍然不完全清楚。如果你不是要从那个意义上找到它们的含义，那么你想弄清楚的究竟是怎样的一种东西呢？毕竟，两三千年来，人类历史上一些最伟大的天才一直在探究这类问题，但却没有得出任何公认的答案。这至少说明了问题的特殊性。也许这些问题无法回答。也许你要找的东西并不存在。

伯林：那么，让我们问问自己："什么样的问题是可以回答的？"尽管有些过于简单化，但人们可能会说，有两大类问题肯定是可以解决的，即使实际上并不总是如此，但至少原则上是可以解决的。一类是日常的经验性问题，关于世界上存在什么的问题，是日常观察或科学所要应对的问题。"澳大利亚有黑天鹅吗？""是的，有的；有人在那儿看见过。""水是由什么构成的？""是由某种分子构成的。""那分子是由什么构成的？""是由原子构成的。"在这里，我们处于可证实的（verifiable）或至少可证伪的（falsifiable）断言领域。常识也是这样运行的："奶酪在哪里？""奶酪在橱柜里。""你怎么知道的？""我看过了。"这被认为是对问题完全充分的回答。在正常情况下，我不会怀疑这一点，你也不会。这些被称为经验性问题，解决这些问题要么是通过普普通通的常识，要么，在更复杂的情况下，是通过受控观察、通过实验、通过核实假设等。这是一类问题。

还有另一类问题，数学家或逻辑学家会问的那类问题。在那里，你接受某些定义，某些关于如何从一些命题得到另一些命题的转换规则，以及某些使你能够从前提演绎出结论的蕴涵规则（rules of entailment）。还有一组可以用来检验命题的逻辑关系的规则。这完全没给你提供任何关于世界的信息。我指的是那些似乎完全脱离事实问题的形式学科：数学、逻辑学、博弈论、纹章学。你没法通过看窗外、看刻度盘、看望远镜或从橱柜里找到答案。如果我跟你说，国际象棋中的"国王"每次只能走一格，你说："好吧，你说一次只能走一格，但有天晚上，我盯着棋盘，看到'国王'走了两格。"无法将此视作对我命题的反驳，因为我真正要说的是，国际象棋中有条规则，根据这条规则，"国王"一次只能走一格，否则就破坏了规则。你怎么知道这条规则是真的呢？规则和命令或问题一样，都不是那种可真可假的表达。它们只是规则——你要么接受这些规则，要么接受其他规则。这样的选择是否自由，这些规则的地位如何，本身都是哲学问题，它们既不是经验性问题，也不是形式问题。稍后我会试着解释一下我的意思。

我刚才提到的这两类问题的核心特征之一，是它们都有明确的方法来找到答案。你可能不知道一个经验性问题的答案，但你知道什么样的答案适合于这种问题、可能答案的范围是什么。如果我说："恺撒活了多久？"你可能不知道他活了多少岁，但你知道如何着手去找答案。你知道该查什么书。你知道什么样的证据会支持答案。如果我问："泰国有不会飞的鸟吗？"你可能不知道答案，但你会知道什么样的观察结果或没有什么样的观察结果可以提供答案。天文学也是如此。你不知道遥远星球的另一面是什么样子，因为你从未见过，但你知道，如果你能飞到那里，就像现在能飞到月球上一样，也许你就会看到。对于形式学科来说，同样存在尚未解决的问题，但同样有解决这些问题的公认方法。大家都知道，通过看、摸或听是没法解决数学问题的。同样，在经验领域，单纯的代数推理也无法找到答案。我在这两个领域之间划出的界线过于分明，事实上，描述性陈述与形式性陈述之间的关系要复杂得多，但这种实证主义的表述方式带出了我想强调的一点，这就是，在这两大类问题之间，还有其他一些问题无法用这两种方式中的任何一种来回答。这样的问题有很多，其中包括哲学问题。在我看来，哲学问题初看上去的特征之一是，你不知道去哪里寻找答案。有人对你说："什么是正义？"或"每个事件都是由先前的事件决定的吗？"或"人生的目的是什么？我们应该追求幸福，还是促进社会平等、正义、宗教崇拜或知识，即使这些并不能带来幸福？"你究竟如何着手回答这些问题？或者，假设一个愿意思考的人对你说："你所说的'真实'是什么意思？"你如何区分实在与表象？或问："知识是什么？我们知道什么？我们能确定什么吗？除了数学知识，还有什么是我们确实知道的，或者可以确实地知道的？如果我们知道，我们怎么知道我们确实知道呢？"你要怎么做才能找到这些问题的答案呢？毕竟这时候没有任何科学或学科能让你说："嗯，现在有专家了。他们能够告诉你什么是善的和对的，他们能够告诉你是否一切都是因果决定的，幸福是否是人类的正确目标，以及什么是权利和义务，什么是知识、实在和真理，诸如此类；你只须听他们的。"数学家当然可以回答数学问题。但是，你不会认为，存在着绝对可靠的道德学家或形而上学家，他们能够给出绝对明确的答案，任何能够依循其推理的人都必然会接受这些答案吧？这些问题似乎从一开始就令人困惑，让人不知从何下手。没有人知道如何解决这些问题。普通人如果一个劲地向自己提出这些问题，往往会陷入精神痉挛的状态，直至他们停止提问，转而思考其他事情。

麦基：你现在把我们带到了一个根本问题上，以至在我们进展到下一步之前，我想先巩固一下我们已经达成的立场。你的意思是说，在寻求知识的过程中，人们通常会问两类问题。第一，存在关于世界的问题——人类一直在试图了解和掌控自己所处的环境，或者换句话说，只是在应对自己所处的环境。这些关于世界的问题最终只能通过看看这个世界来回答：调查、观察、测试、实验，等等。这些问题都是事实性的，或者用哲学家的话说，是经验性的——也就是说，它们都是经验性问题。第二种问题是比较抽象或形式性的问题，比如数学或逻辑学问题，或者，你刚才提到的博弈论或纹章学问题。这类问题涉及形式系统中实体之间的相互关系，因此我们无法通过查看世界来获得答案。不过，这么说并不是说它们远离我们的日常关切。我们在日常生活中经常使用的一种形式系统就是算术，实际上，我们每天都在用它来计数、报时、找钱，等等——一个抽象的系统在我们的实际生活中可能非常有用和重要。

因此，我们知道如何成功地处理两大类问题：一类是经验性问题，涉及查看事实；另一类是形式问题，涉及在形式系统中将一事与另一事联系起来。几乎所有的问题，也就是几乎所有的知识，都落入这两个筐中的一个。但哲学问题并非如此：哲学问题的标志差不多就是它不落入这两个筐中的任何一个。像"什么是权利"这样的问题，既不能通过向窗外看来回答，也不能通过考察形式系统的内部融贯性来回答。所以，你不知道如何去寻找答案。拥有一个萦绕心头的问题，却不清楚如何寻找答案，这就是你所说的哲学的起点。

伯林：你说得比我好太多了。清楚得多。

麦基：但只有在你先说出来之后，我才能以你的说法为起点。

伯林：我接受你的重述，改进很大。

麦基：但那个问题仍然挥之不去：对于不知道如何回答的问题，我们能做些什么呢？

伯林：那么，你就必须要问："为什么我们要佩服那些讨论过这些问题的思想家呢？"我认为我们之所以佩服他们，是因为他们设法重述了问题，使某些答案至少看起来可信。当做一件事没有既定的方法时，你就尽力而为。你就会绞尽脑汁把它搞清楚。你会说："当我问'万物都有目的吗？'这样的问题时，这是个什么问题？我想要什么样的答案？什么样的论证会让我认为一个特定的答案是对还是错，哪怕是让我认为它值得考虑？"哲学就是干这个的。我记得 E. M. 福斯特曾说过（我承认我不记得他在哪儿说的了）："所有东西都有跟它相像的东西，所以跟这个相像的是什么？"碰到哲学问题，你往往会先这样问。历史上的情形似乎是这样的：某些重要的、实际上关键的问题似乎一直处于这种暧昧不明的状态。人们对它们深感忧虑，这是很自然的，因为这些问题与终极价值高度相关。教条主义者，或那些不加质疑地接受神圣典籍或先师的箴言的人，并不忧虑。不过，可能总有人对此持怀疑态度，并且问自己："我们为什么要接受这些答案？他们有这样那样的说法，但我们确定他们知道吗？我们怎么能确定他们知道呢？他们说是上帝（有时是大自然）告诉他们的——但上帝（就像大自然那样）似乎会给不同的人不同的答案。哪个是正确的呢？"

有些问题的表述方式已经发生了变化，以至可以归入我们两个筐中的一个或另一个（从历史上来看）。我来解释一下我的意思。我们以天文学为例。在 14 世纪，把天文学看作一门哲学学科是有道理的，因其断言既不是纯经验性的，也不是形式性的。比如，人们认为，行星必然在圆形轨道上运行，因为圆形是完美的图形。无论圆形是完美的图形这个命题的地位如何——我想，我们也许可以在某种程度上把它看成是形式命题——而"行星既然被认为是在进行完美的运动，就一定进行着圆周运动，就不可能不如此"这个更进一步的命题似乎既不是经验性的，也不是形式性的：你不能通过观察或实验来确定它的真理性，或确定任何必然的真理；你也不能仅凭逻辑或数学证明来证实有关行星是什么或做什么的事实性概括。只要人们知道恒星一定——依某种必然性——按照某种方式而不是其他方式运行，而行星必须遵循某些其他的运行方式——只要他们声称知道这一点，而且是基于形而上学或神学的理由知道这一点——那么把这门学科视为哲学就是恰如其分的。与之密切相关的占星术领域也是如此。后来，众所周知，天文学逐渐成为一门格外倚重观测的科学。它摆脱了形而上学的预设，现在已经是自然科学的一个常规领域，用假设-演绎的方法展开研究，并接受经验检验。这样一来，它就顺理成章地不再是哲学性的了。

哲学事业的一个有趣之处在于，它不断地把自身的某些部分投入经验性和形式性这两个筐里。我记得我已故的同事奥斯汀（J. L. Austin）*曾经说过，哲学的太阳逐渐喷出大量燃烧的气体，这些气体自身变成了行星，并获得了自己独立的生命。哲学史可以提供这一过程的主要例子。就此而言，比如，当经济学还与许

---

* 参见：第 6 章，第 178 页；第 7 章，第 198 页以下；第 10 章，第 286 页以下。——译者注

多形而上学假定混在一起时，它是哲学的一部分，但随后它逐渐成为或正在成为一个独立的研究领域。

麦基：不过，即使各个研究领域已经独立，像你说的经济学或天文学（昨天是心理学，今天是语言学），仍然存在着关于这些不同学科的哲学。如果说这些学科一旦独立出来，就与哲学再无瓜葛，那也不尽然。

在任何活动领域，人们都会使用某些基本术语——我更愿意说基本概念（fundamental concepts）。物理学家们一直在谈论光、质量、能量、速度、重力、运动、测量、时间。政治家们不断在使用"自由""平等""社会正义"等术语。律师们不断在使用"有罪""无罪"——当然也有"正义"，尽管他们在用这个术语时的意思不同。一般来说，实际从事这些领域的人都不太花时间争论他们使用的术语，我敢打赌，大多数物理学家终其一生都没有和另一个物理学家争论过一次光是什么，或者他们所说的"能量"是什么意思，但有个人走过来说："是的，但是我们所说的'光'到底是什么意思？我们所说的'能量'是什么意思？我们所说的'测量'是什么意思？更重要的是，当我们测量某样东西时，我们在做什么？"他就是我们所说的科学哲学家，对这类问题的讨论就叫作科学哲学。同样地，被称为政治哲学家的人会问："我们所说的'自由'到底是什么意思？我们所说的'平等'是什么意思？"甚至还有法哲学家问道："我们所说的'正义'究竟是什么意思？"事实上，每门学科或每项活动都有其哲学，它不仅包括对其特有概念和模型的阐明，还包括对其目标、方法以及与之相适配的特定论证、证据和程序的批判性讨论。换句话说，哲学可以试图阐明任何概念或者分析任何活动。这就是维特根斯坦坚持认为哲学是一种活动而非一套学说的意思。当然，由此可见，哲学活动本身就是哲学研究的对象，事实上，哲学家们确实一直在大量地做着这样的研究。当然，最值得考虑的活动，实际上是那些处在哲学之外而从某种角度说对人类生活至为基本的活动，尽管我认为，传统上，哲学家们对何为这些活动的看法过于狭隘。同样，最值得研究的概念实际上是基本概念，无论是日用的基本概念，还是人类思想或人类活动的某些特殊领域所特有的基本概念。在这种研究中，哲学家努力做的就是探入我们思维的预设——研究、揭示并向我们摆明隐匿在我们的基本术语以及我们对这些术语的使用方式中的假定，这些假定被偷偷带入我们的结论，这意味着也被带入我们的看法和行动。

伯林：我觉得这是对的。有些游泳者如果开始思考自己如何游泳就动弹不得。物理学家是真正游泳的人。至于"游泳需要什么"或"游泳意味着什么"这些问题，则是外部观察者更容易处理的。善于分析自己所使用的概念的科学家极其罕见，尽管他们确实存在，比如，爱因斯坦（Einstein）和普朗克（Planck）知道关于词的词和关于事物的词之间的区别，或者概念和经验数据之间的区别；我还能想到另一些仍然快乐地与我们为伍的人，他们知道这一点并能讲出哲学上的道理。但是，通常来说，即使是他们中最有天赋的人，也往往过于沉迷于自己的活动，而无法退后一步，审视其工作和看法所依据的假定。

麦基：你是否曾想过"光是什么？善好是什么？时间是什么？"这些非常像孩子们提出来的问题？

伯林：是的，我想过，我确实经常这么想。孩子们通常不会问："时间是什么？"我想，孩子可能会说："我想见见拿破仑。"（比方说，对于一个热心的历史老师的孩子来说，这似乎是件很自然的事情。）父亲告诉他："不行，他已经死了。"然后孩子说："那对我有什么妨碍呢？"如果他的父亲足够老练，他会解释说，拿破仑的死导致他的尸体在土壤里分解，其原始成分已经消散，被埋葬的人无法复活。但如果孩子也很老练，他可能会问："为什么不能把所有的碎片重新组合起来呢？"随之而来的可能是一堂物理课或生物课。于是，孩子可能会说："不，这不是我想要的。我现在不想看重新组装的拿破仑，我想回到过去，看看他在奥斯特利茨战役*时的样子。这才是我想要的。"父亲说："你看不了。""为什么看不了？""因为你不能回到过去。""为什么我不能回到过去？"现在我们有了一个哲学问题。这里的"不能"

---

* 奥斯特利茨战役（Battle of Austerlitz），发生于 1805 年 12 月 2 日，又作奥斯特里茨战役，是第三次反法同盟战争中的著名战役。因参战三方的君主——法兰西帝国皇帝拿破仑·波拿巴、俄罗斯帝国皇帝亚历山大一世、神圣罗马帝国皇帝弗朗茨二世均亲临战场，御驾亲征，所以又称"三皇之战"。军事历史学家经常将这场战役视为拿破仑的战术杰作之一，拿破仑大军在奥斯特利茨的军事胜利结束了第三次反法同盟战争。——译者注

是什么意思？表达出不能回到过去这一点的"不能"，是你说的
"二乘二不能是七"中的"不能"，还是"你不能在凌晨两点买香
烟，因为法律禁止这样做"中的"不能"？或者更像是"我已不
能忆起"或"我不能靠着一厢情愿就让自己长到九英尺高"中的
"不能"？什么样的"不能"回答了"我能看看奥斯特利茨战役
吗"？我们一下子就陷入了哲学之中。有人可能会告诉孩子："因
为时间的本性如此，所以你不能。"但紧接着有哲学头脑的人会说：
"不，不，不存在时间和时间的本性这样的东西。关于时间的陈
述可以转化为关于'之前''之后'和'同时'发生的事情的陈述。
把时间当作一种东西来谈论是形而上学的陷阱。"现在我们就上
道了。大多数父亲都不愿用那种方式回答孩子们纠缠不休的问题。
他们只是让他们闭嘴，不要问愚蠢的问题，走开，别再烦人。但
这种问题总是反复出现；而哲学家是不会对这些问题感到厌烦或
恼怒，也不会被这些问题吓倒的人，他们乐意应对这些问题。当
然，孩子们最终习惯于压抑这些问题。这太可惜了。那些没有完
全受此影响的孩子有时会成为哲学家。

麦基：你是否认为哲学家们身上可能因此会有些孩子气？

伯林：那倒未必。但他们提出的一些问题看上去很简单，很
像苏格拉底在柏拉图的对话录中提出的一些问题，这些问题是大
街上的普通人无法回答的，因此，他们有时会有些不耐烦地不予
理睬。当然，另一方面，哲学家提出的问题并不都是简单的。今
天的科学哲学家往往也会提出像"夸克是什么"这样的问题。"夸

克"是物理学中一个非常神秘的术语。夸克是实体吗？是一样东西？是一种运动？是实体之间的关系？黑洞是什么？一个空间，一道口子？夸克是黑洞吗？（这类洞是什么？）或者也许它们是数学公式——像"和""任何"或"谁"这样的逻辑工具，在所谓的现实世界中没有任何东西可以与之对应？或者夸克是现实与逻辑的混合体？这个术语是怎么用的？说"我们在下列科学公式或论证中使用'夸克'一词"就够了吗？似乎还不够。分子大概是真实存在的实体。原子也是。电子、质子、伽马射线、中子则更不确定。那量子呢？人们对它们感到迷惑不解。有人告诉你，有种东西——一个电子——从一个轨道跳到另一个轨道，而没有连续地穿过中间的空间，如果我们可以这样谈论的话。这会是什么样子？这种东西能按日常的、常识性的思维来设想吗？从表面上看，这里有些让人难以理解的东西。这是否就像说："我的脚踝有轻微的刺痛感——这个感觉现在到我膝盖那里了——当然，这个感觉并不一定沿着我的腿连续传递，因为并没有这'个'感觉；先在一处有一个感觉，然后在另一处有另一个与前者相似的感觉？"这就是答案吗？你可以说："这疼痛已经离开了我的腿，来到了我的手臂。"这给人的印象是它以某种方式往上移动；但不是的，你想表达的不是这话字面上的意思。先是这儿疼，然后那儿疼——两者之间什么也没有。是这样吗？这是一个有用的类比吗？还是说，实情完全不同？这样的回答会导向荒谬的、最容易误导人的比喻吗？科学语言是在描述什么吗？还是说，它和数学或逻辑学一样，只是描述性或解释性语言的骨架，而非血肉？还是说这也不是实情？呃，那该如何寻找答案？物理学家很少能帮上忙。他们告知人们他们在做什么，然后就该由哲学家来说："好，他们是这样使用这个术语的。他们以 X 而非 Y 的方式使用它。当他们说'夸克'，说'正电子'，说'量子跃迁'，他们使用术语的方式更像我们大家使用这个词或那个词的方式，而完全不像我们使用那个词或别的什么词的方式。因此，不要错误地假定他们所说的与日常生活中语言的使用方式之间存在某种简单的类比。否则，你就会得出错误或荒谬的结论，或建立起一个不必要的形而上学体系。"

麦基：有些哲学家把你现在所说的看作哲学活动的特有标志。我们思考问题时都会犯所谓的"范畴错误"（category mistakes），也就是说，我们会把一个术语用得好像和它实际所属的类型完全不同。因为我们没有意识到自己在这样做，这就使我们陷入了各种错误和混乱。有人认为，哲学家特有的任务就是解开这些困惑，告诉我们错在哪里以及我们是怎么出错的。近来持此观点的一位哲学家是吉尔伯特·赖尔 *。在他最为人所知的一本书中，他认为我们往往会在心智概念上犯极其严重的范畴错误。我们往往认为，心智是一个不可见的实体，像机器里的幽灵那样居住在身体里，从其内部操控身体，端坐其中，秘密地独享着一个非身体经验之

---

* 吉尔伯特·赖尔（Gilbert Ryle, 1900—1976），英国哲学家，日常语言哲学创始人之一。早期受到胡塞尔现象学的影响，20 世纪 30 年代因经常去听维特根斯坦的课，转而开始吸收后期维特根斯坦哲学思想。赖尔最重要的哲学思想，主要体现在他 1949 年出版的《心的概念》一书中，该书被看作赖尔全面向传统哲学挑战的一个标志，也被看作其日常语言思想的主要代表作。——译者注

流。赖尔认为，这个模型完全错了，它把我们带入了无尽的混乱和错误。他试图通过展开相当详尽的概念分析表明这一点，而这本书正是致力于此，因此书名定为《心的概念》（*The Concept of Mind*）。顺便说一句，如果想反驳他，主要有两种做法，而这种情况是相当典型的 *：要么否认我们以他所说的方式使用这个概念，要么同意这一点，但否认这么做会带来他所说的误导性后果。哲学家之间关于其他概念的许多争论都属于这类。

伯林：在我看来，赖尔过于行为主义了——但我同意，澄清（概念）（clarification）无疑是哲学的任务之一，也许是哲学的主要任务之一。但是哲学家们也在努力引起人们注意一些实质性议题，这些议题是提出他们所澄清的问题时会涉及的。

麦基：这一点上我觉得你需要多说点儿。对于外行人来说，最难理解的事情之一就是，试图回答无法确定的问题可以带来多少实质性的帮助。怎么才能取得进展呢？

伯林：嗯，你总可以往找到答案的方向走几步。通过澄清概念，有时你会发现一个问题的提法是错的，比如，就像我刚才试着说的那样，你会发现这是一个跟形式问题混在一起的经验性问题。我再举个道德哲学的例子，道德哲学是一个很好的例子域，因为大多数人在生活中的确要处理道德问题。假设我们问一个部

---

* 这里的意思是说，有这样两种反驳方式是哲学论辩的典型情况。——译者注

分属于道德、部分属于政治的问题，一个在医院里再普通不过的问题。医院里有些透析机。它们价格不菲。它们数量不多。很多人患有肾病，透析机对他们来说性命攸关。在我们看来，有天赋的人或重要人物会给社会带来很多益处，那我们是否应该把仅有的几台机器只给他们用呢？如果有位伟大的科学家患有肾病，我们仅有的一台机器是否应该只留给他一个人？如果有孩子生命垂危，而透析机能救他一命，我们该如何取舍？我们该怎么办？我们是否应该向自己提出这样的问题："这些人里谁会对社会最有益？"这是一个令人苦恼的实际选择问题。道德哲学家不是来回答这个问题的，他不能说"救伟大的科学家"或"救孩子"。作为一个人，他可以这样做，但如果他同时也是一个优秀的道德哲学家，他就能够向你解释其中所涉及的各种考虑。他会说："你的目标是什么？你在寻找什么？你关心的完完全全是人类的幸福吗？这是你唯一的考虑吗？如果是，那么我敢说，救科学家是正确的，因为他可能比这个孩子带来更多益处，无论孩子多么无辜。还是说，你也相信所有人都有某些基本权利，所有人都有平等的获救权利，甚至不应该问两个人中谁'更重要'？这是你的想法吗？那么，"他可能会继续说，"这里存在价值观的冲突。一方面，你相信要增加人类的幸福，但另一方面，你也相信，对生命和其他基本权利的诉求进行分级，从而在应该平等的地方制造一个诉求的等级体系，这是错误的。鱼和熊掌不可兼得。这些目标相互冲突。"

雪莱（Shelley）的岳父威廉·戈德温（William Godwin）则没有这样的疑虑。他讲了一个故事，讲的是生活在 17 世纪末著名的、圣洁的法国大主教费奈隆（Fénelon），据说，他面临着冒着生命危险跳进火里去救一名男仆的问题。戈德温断言，既然费奈隆对人类的发展显然比仆人重要得多，那么仆人本人宁愿自己死也不愿费奈隆死才是"正义的"。由此可见，费奈隆不仅可以不去救男仆，而且他想去救仆人是绝对错误的。如果你说："什么！你谴责英雄主义？谁若献出自己的生命来换取另一个人的生命，他总该受到钦佩吧？"戈德温不得不回答："当然不是。这是个非理性的选择。"但是假如有生命危险的是你的妻子或母亲呢？戈德温说得很清楚（我凭记忆来引述）："我的妻子或母亲可能是个傻瓜、妓女，她也许恶毒、谎话连篇、惯于欺骗，如果是这样，那她们是我的（妻子或母亲）又能怎么样？'我的'这个代词有什么魔力能推翻具有永恒真理性的决定？"他的话大意如此。这是一种狂热的理性功效主义，我们拒绝它是可以理解的，但毫无疑问，这是一个哲学问题。戈德温对任何理性的人都会毫不犹豫地给出的答案也毫无疑虑。这至少有助于澄清问题：如果我们拒绝戈德温的回答，我们知道我们在拒绝什么，而且至少我们已经走在找出我们这么做的理由的路上。

麦基：当你在透析机的例子中说优秀的道德哲学家不会告诉我们该怎么做时，你说了一些对我们现在的讨论极其重要的东西。许多人来到哲学领域，都希望有人告诉他们如何生活，或者希望得到一份对世界的解释以及对生活的解释，但在我看来，至少有了前一种愿望，就意味着想要放弃个人责任。人不应该希望别人告诉他如何生活。因此，人们不应该到哲学中去寻找明确的答案。

至于寻求对自己生活的澄清，或对自己所面临的特定问题的澄清，是完全不同的事情，这样人就可以更有效地为自己负责，并在对利害关系有更全面、更清晰的理解的情况下做出决定。

伯林：你说的这番话叫人感到痛苦，不过，与大多数道德家不同，我同意你的说法。大多数人确实都想知道答案。屠格涅夫曾经说过，他的小说遇到的麻烦之一，也是他的一些读者被小说惹恼的原因之一，是他那个时代的俄罗斯读者（实际上，我们可以补充说，直到今天都是如此）都希望有人告诉他们该如何生活。他们想弄清楚谁是英雄，谁是恶棍。屠格涅夫拒绝告诉他们这一点。托尔斯泰（Tolstoy）则毫不让人对此怀疑，陀思妥耶夫斯基和许多其他作家也清楚地指出了这一点。在狄更斯（Dickens）笔下，孰是孰非——谁是好人谁是坏人——毫无疑问。在乔治·艾略特（George Eliot）的作品中也没多少疑问；易卜生钦佩谁，鄙视谁，同情谁，一目了然。但屠格涅夫说过，他所做的一切都是为了描绘他所看到的人类。他不想引导读者。他没有告诉读者，他作为作者站在哪一边。屠格涅夫认为，这让公众感到困惑和烦恼，让读者自行其是，而这是人们所讨厌的。契诃夫（Chekhov）对此表示赞同，但与屠格涅夫不同的是，他没有抱怨。他们肯定是对的。指导人们的生活不是道德哲学家的事，就像不是小说家的事一样。道德哲学家的职责是把问题和可能的行动方案摆到人们面前，向人们解释他们可以选择什么及其理由。他应该努力阐明所涉及的各种因素，揭示种种可能性及其蕴意，展示每种可能性的特点，而且不是孤立地展示，而是将其作为更广阔背景之中的一个要素，也许是作为一整个生活形式中的一个要素。此外，他应该表明，一扇门的打开如何导致其他门的打开或关闭，换句话说，他应该揭示一些往往不可通约的价值之间不可避免的不相容、冲突；或者再换一种稍微不同的方式来说，他应该指出一次行动、一整个生活形式所涉及的得失，这种得失通常不是数量上的，而是在绝对的原则或价值层面上的，因为这些原则或价值不可能总是和谐统一的。当一位道德哲学家以这种方式将行动置于其道德背景之中，确定它在道德地图上的位置，将其特征、动机、目标与它所属的价值集合联系起来，勾勒出其可能的后果及其相关影响，以他所拥有的全部知识、理解力、逻辑技巧和道德情感，提供支持或反对它的论证，或同时提供支持和反对它的论证——那么，他就完成了作为一名哲学顾问（philosophical adviser）的工作。哲学家的职责不是传道、劝诫、赞美或谴责，而只是为人的心智投下光亮——通过这种方式，他可以予人助益，但随后应由每个人或每个群体根据他们的信仰和追求（这种信仰和追求永远都不嫌多）自行决定。哲学家所能做的，只是尽可能地阐明利害关系。不过这已经非常了不起了。

对此，有人可能会反驳说，从柏拉图和亚里士多德（Aristotle）到康德、密尔（Mill）和 G.E. 摩尔（G. E. Moore），以及当代最杰出的思想家，绝大多数道德哲学家和政治哲学家所做的恰好相反，他们告诉人们如何区分好坏、对错，并倡导正确的人类行为形式；这看起来显然与我的观点不符，我的观点是，哲学家的主要任务是评估赞成和反对的理由，澄清可能的选择行动路线的蕴意，而不是指出哪种选择是正确的。但事实并非如此；如果我在第 16—17 页说的是真的，那么哲学就有双重任务：审视并且尤其是批评人及其行动所做出或暗含的价值判断的预设；同时也应对其他问题，通常是一阶问题，也就是那些没放进而且可能永远放不进经验性和形式性这两个筐的问题。既然在我看来规范性问题（normative questions）属于这一中间范畴，那我不想别人把我理解为，说对这类一阶问题或判断的一般原则的批判不在哲学的范畴之内。远非如此：我只是说，哲学家未必比其他人更善于解决特定的行为问题，只要后者对支持或反对具体情形引出的蕴意或核心原则的论证有足够清晰的把握。这实际上是说，任何为公认的经验性和形式性学科和技术所不能解决的问题寻找一般性答案的人，无论他是否知道答案，他都在从事一项哲学事业，而努力找到与价值有关的原则问题的答案就是一个特别好的例子。

麦基：之前你用过"生命的目的"这个短语，我再次提到它是因为它与我们现在讨论的问题息息相关。我敢肯定，大多数人都认为人生的目标就是哲学所涉及的全部，哲学家就是一群也许异常明智或聪明的人，他们深入思考并且永远在相互讨论生命的意义是什么，或者生命的目的应该是什么。你认为哲学家们在多大程度上真正在做这件事？

伯林：有些人在这么做，毫无疑问。伟大的哲学家一向在做这件事。但问题本身却相当模糊。如果你问："生命的意义是什么？"那么接下来的问题（这听起来很学究气或含糊其词，但其实未必：人们不能也不应该回避它）就是，或者应该是："你这里所说的'意义'是什么意思？"我知道这句话的意思是什么，因为有一些规则管辖着语词的使用，而语词的使用服务于传达思想、信息、指示或其他任何东西的目的。我认为，在这类短语中，"生命的意义"真正的意思是"生命的目的"。 受亚里士多德影响的希腊思想家，中世纪和文艺复兴时期的思想家——他们是基督徒，或受基督教影响，说起来还有一些人受犹太教影响——都坚信宇宙万物皆有其目的。每一个物件和生物都是带着目的被造出来的，这个目的要么是上帝创造的（有神论者持有此观点），要么是自然创造的（如希腊哲学家及其门徒所认为的那样）。理解某样东西就是理解它的目的。也许你找不到答案，因为你不是上帝（或自然），你也不是无所不知；但你知道一些事情，因为它们是作为启示真理赐予人类的，或者因为你被赋予了某种形而上学的洞察力，能够洞察物件或生物自然追求的目的。如果是这样的话，关于意义的问题就说得通了。然后你说，"让我们说，人被创造出来是为了崇拜上帝并且侍奉他"，或者说"人被创造出来是为了发展他们所有的能力"，或者"为了获得幸福"，或者你的哲学所宣称的无论什么目的。一个人宣扬一种关于受造和非受造之物或人的目的的学说，其他人对此则持有另一种观点，两千年来争论不断。该传统在 17 世纪被打破了，比如，斯宾诺莎（Spinoza）否认问事物总体上是否有目的是有意义的。如果我们把目的外加给事物，它们就有了目的。钟表之所以有目的，是因为我们制造它是为了显示时间，或者如果它很老旧，不再有用，但很漂亮，那么它之所以有目的，是因为我用它来装饰我的墙壁——这就是它的目的，是我外加给它的，更准确地说，这是我的目的。如果有人拿走了它，并且将其用于其他目的，那么"它的"目的就相应改变了。但如果你问："一块石头有什么目的？一片草有什么目的？"答案也许是："没有，它们就在那里。"你可以描述它们，你可以发现支配它们的规律，但万物皆有目的的想法根本就是不正确的。万物是否有目的，这是一个典型的哲学问题，关于该问题，正反两方都有大量争论。

我想今天的大多数人，如果被问到是否认为万物的存在都有目的，他们可能会表示怀疑。我认为，大多数信奉基督教、犹太教或伊斯兰教的人可能会接受这样一种观点，即植物和动物被造出来是为了服务于人类，宇宙万物被造出来是为了服务于上帝，诸如此类；但该观点绝非被人普遍接受。这是一个神学问题，但也是一个哲学问题。什么可能算作支持万物皆有目的这一命题的证据？反对它的论证是什么？事实上，说万物皆有目的有意义吗？如果万物皆有目的，你确定你能理解"目的"这个词的意思吗？通常情况下，你可以用缺乏某种特征的同类事物来定义该特征。你知道蓝色是什么，因为你把它与其他有颜色但不是蓝色——而是绿色、黄色——的东西做了对照。你知道什么是有目的，因为你也知道缺乏目的意味着什么。但如果目的是某一事物是其所是的一部分，如果任何事物——无论是真实的还是想象出来的——都不可能被设想为缺乏其自身特有的目的，因而万物都自有其目的，那么既然"目的"一词不能区分一物与另一物，它还有明确的含义或用法吗？如果"目的"不是一个普遍的特征，那么我们又如何发现什么东西有目的，什么东西没有？这是非常深刻地触及人类生活的东西。顺便说一句，这也是一个很不学究的论证的好例子，对人类行为至关重要。因为如果万物皆有其目的，那么许多重要的事情就会随之而来，比如，自然权利的实在性，人类目的的本性，人们被允许或不被允许做什么，什么是人、什么是非人，什么是自然的、什么是不自然的——当人们谈论一个不自然的孩子，即一个道德败坏的人，或谈论不自然的恶品时，他们实际上是在暗示，无论正确与否，人被造出来是有一定目的的，而这些反常现象在某种程度上违背了该目的。

麦基：你说得好像这类人在暗示有种东西叫"自然恶品"(natural vice)。

伯林：我想他们确实是在暗示。他们会认为有种东西叫作自然恶品。某些恶品在人们看来是平常的、或大或小的恶品，是所有人都可能有的恶品，但另一些恶品则是骇人听闻的，是对自然秩序的倒错，而维护自然秩序才是事物的正当目的。从某种意义上说，这是一场关于语词意义的讨论，但如果把它说成只是一个语言上的问题、一个言辞上的观点，那就太荒谬了。

麦基：现代世界有种众所周知的哲学，也许是最有影响力、最受广泛讨论的哲学，它确实给了人们所有的答案，确实为人们提供了对世界、对历史、对一般而言的生命的完整解释，确实为每件事、每个人都赋予了目的——它就是马克思主义。你认为这是它与其他哲学的区别吗？

伯林：不，我认为区别不是这一点，或者说不仅仅在这一点。伟大的形而上学体系的开创者也曾试图这样做：柏拉图、亚里士多德、斯多葛学派（the Stoics），托马斯·阿奎那（Thomas Aquinas）；在后来的思想家中，黑格尔和奥古斯特·孔德 *试图包揽整个经验。不同之处在于，从马克思主义运动的整体来看，它想要废除旧有意义上的哲学，转而树立关于社会的科学，而马克思主义本身声称自己就是这样一门科学。马克思主义自称为一种严格的、科学的历史理论，是关于人类自古以来如何发展的理论。根据它的观点，该发展取决于人类生产物质产品的能力的增长。生产——谁控制着生产资料，控制着材料、工具、人员，控制着这些资料如何使用，产品如何处理——决定了其他一切：权力的分配——谁是富人谁是穷人，谁是领主谁是奴隶或农奴，谁是主人谁是仆人、农民、工厂工人等各行各业的人——其实也就是整个社会的结构。马克思主义认为，一个社会的经济结构决定了这个社会的法律、政治、艺术、科学和主流观念。依这个观点来看，人们所做、所虑、所想象、所欲求的一切都必然反映了统治阶级的利益，无论他们自己是否意识到了这一点。因此，针对体现和表达整个态度的思想、价值、理念，首先要提出的不是诸如"它们是真的吗？"或者"它们本身好吗？"这样的问题，而是"它们促进了什么利益？""它们对哪个经济阶级有利？"历史是一出戏剧，主角是各经济阶级，他们卷入了持续不断的斗争。

---

* 奥古斯特·孔德（Auguste Comte，1798—1857），法国哲学家，社会学和实证主义创始人。他正式提出了"社会学"这一概念，因此被尊称为"社会学之父"；他创立的实证主义学说是西方哲学由近代转入现代的重要标志之一。——译者注

所有思想，包括哲学学说在内，都是这些斗争的武器。原则上，不可能有客观性，不可能有什么俯瞰整场战斗的位置，能让人在那里冷静和淡定地观看。马克思主义从根本上说是一种社会学理论，是关于人类社会发展的学说，是一个必然发生战争、革命以及无数残酷和苦难的进步故事，但却是一出结局圆满的戏剧。真与假、对与错、美与丑都由阶级利益决定。

由此可以得出，作为一门独立的学问，哲学必须融入一门科学的观念社会学（a scientific sociology of ideas）之中。哲学理论应同其所构成的总体观点（意识形态）联系起来加以考虑和评价，而这个总体观点又取决于它所代表的阶级的需要。像康德或伯特兰·罗素（Bertrand Russell）这样的哲学家可能会认为，他们正在寻找并确实提供了关于物质对象的本质、因果关系或人类知识等问题的客观答案，并且会认为，如果这些答案是真的，那它们就永远是真的，而且对它们的探求是客观公正的。但如果他们这么想，那就错了。这些问题是当时技术的特定状态以及由此产生的财产关系和社会关系的智性产物；它们在阶级斗争中发挥作用，应该从阶级斗争的角度来看待。因此，哲学问题最终总能被揭示为实践问题。专注于纯理论有时可能被证明只是一种伪装，是那些尚未准备好面对社会问题的人逃避社会问题的一种方式，因此被证明是一种默许，意在维持现状，维持这个由封建制度或资本主义制度统治的社会，无论哲学家们是否意识到这一点。一旦人们掌握了这一基本的、变革性的事实，他就无须再成为未知力量的牺牲品，该力量在简单的头脑中会滋生迷信和恐惧，而在更复杂的头脑中则会滋生宗教的、形而上学的和哲学的幻想。人们现在掌握了一门科学——至少在原则上像物理学、化学或生物学那样确定，这将使人们能够依据自己对人的社会本性及其与外部世界的关系的认识，合理地组织他的生活。

这是各种派别的马克思主义者提出的巨大主张。他们把以往的哲学看作历史上彼此相续的总体观点，即所谓的"意识形态"，它们随着产生它们的社会条件而消长。在这个意义上，马克思主义者希望把哲学解释掉，把它变成一门社会科学，它与其说解决哲学问题，不如说把哲学问题化解为实践问题——首先是社会和政治实践问题，而针对这些问题，马克思主义者声称已经找到了科学的答案。……我想说，马克思主义者说思想的风潮植根于社会实践，这很可能是对的；但这并不是说在社会实践过程中产生的问题会随之消失，更不是说这些问题会由社会实践得到解决。几何学可能源于早期建筑师——金字塔建造者或其前辈——的需要；化学可能始于法术；但拓扑学或遗传编码的问题，或者像"'圆不能是方的'是哪种命题？"这样的逻辑学问题，都不能通过实践来解决。核心理论议题只能通过理性思考——数学、哲学、法律、语文学、生物学、物理学、化学的思考——得到解决，根据每种情形的要求，这种思考常常在高度抽象的层次上进行。理论与实践相统一的学说无疑是对某些知识领域——比如社会研究领域——的重大贡献，并且可能对伦理学和美学产生激进的影响；但它（用马克思自己的话说）并不是整个理论领域的"万能钥匙"，即使作为一种探究方法也不是。但即使作为一种探究方法，它也不是（用马克思自己的话说）整个理论领域的通行证（passe-partout）。尽管马克思没有写过系统的哲学著作，也没有声称自己创造了一门普适科学，但他最出名的门徒则不同，对他们来说，马克思主义使用普遍适用、普遍有效的辩证唯物主义方法，是掌握人类一切探究钥匙的总体科学。我必须承认，不论采取马克思主义的拥护者对"辩证"一词的无数阐释中的哪一种，我都觉得上述看法并不合理。

麦基：马克思主义之所以能有广泛的吸引力（……曾经一度强有力），部分原因在于，它提供了一套清晰易懂的模型：历史的模型和社会的模型，从而也是人与人之间关系的模型。现在，不管马克思主义的哲学地位如何，这就引出了我要向你提的问题，也就是模型在思考中的地位问题以及我们批判模型的重要性，而这种批判是一项哲学活动。我之前讲过哲学和哲学家的任务之一是阐明概念，但这实际上只是其中一项任务。概念可以说是我们思考的结构单元，而我们在思考时当然不仅使用结构单元，还使用整个结构。这些结构通常被称为"模型"（models）。比如，当谈到社会时，有些人会把它想成机器，由人组装来完成某些任务，其中，所有不同的活动部件以某些方式相互连接。但其他人会认为社会是有机体，类似于活物那样生长，就像橡子长成橡树。无论你认为社会是机器还是有机体都会带来巨大的实践后果，因为——这取决于哪种模式主导着你的思考——在政府、政治和一般性社会问题上，尤其是在个人与社会的关系问题上，你会得出截然不同的结论和态度。对过去、对发生变革的各种方式，你也会有不同的态度。

如果不使用模型，我们是否还能够进行思考，这一点值得怀疑，然而，模型却以我们大多没有意识到的各种方式影响、塑造和限制着我们的思想。现在，哲学的功能之一不就是揭示那些提供了我们思想（往往）隐秘结构的模型，并对其进行批判吗？

伯林：是的，在我看来确实如此。马克思主义本身很好地说明了你的意思。马克思主义把它的模型建立在一种类似于演化论的理论之上，它把这种理论应用于一切思想和现实。

很长一段时间以来，我一直都认为，政治哲学史在很大程度上就是流变的模型的历史，而考察这些模型是一项重要的哲学任务。很多时候，你向人们解释物事的最佳方式是使用某种类比，从已知迈向未知。你发现自己面临着令人费解的问题："人是什么？""人性是什么？"你可能会从寻找类比入手。人性就像——什么呢？设想我们看看动物学。我们对此颇有了解；或者看看植物学，我们也知道很多。为什么不能用同样的方式来处理人性问题呢？我们正在建立一门关于自然界所有生物的普遍科学——一门关于所有生命形式的科学——或者说，至少早在 18 世纪，这种想法就已经相当普遍了——那么，我们为什么要假定人类是与众不同的呢？动物学家已经发展出了研究比如海狸或蜜蜂的社会的方法。孔多塞*宣称，假以时日，我们将拥有一门建立在同样理性的自然主义原则基础上的关于人的科学。

---

* 孔多塞（Marquis de Condorcet，1743—1794），18 世纪法国最后一位哲学家，同时也是一位数学家，启蒙运动的杰出代表人物，有法国大革命"擎炬人"之誉。在法国大革命前，他就已经克服了那时特权阶层特有的顽固不化。孔多塞提出了著名的"投票悖论"，也就是"孔多塞悖论"。——译者注

　　我想，是怀特海*说过，哲学不过是柏拉图（思想）的注脚，因为正是柏拉图提出了许多至今仍困扰着我们的重大问题。也许罗素把其中部分功劳归于毕达哥拉斯（Pythagoras）是对的。这些希腊哲学家认为数学是知识的典范，因此他们认为只用数学术语就能正确解释宇宙。实在是一个用数学组织起来的结构，其中的一切都精确吻合，就像在几何学中一样。亚里士多德更喜欢发展和实现的生物学模型。斯多葛学派倾向于物理学类比。犹太教–基督教传统使用亲属关系的概念——家庭的概念：父亲与子女的关系，子女与父亲的关系，以及子女之间的关系——来阐明上帝与人的关系以及人与人的关系。在 17 世纪，人们试图用法律模型来解释社会的本质，从而产生了作为基本社会纽带的社会契约的思想。新模型之所以被采用，是因为人们认为它为迄今为止晦暗不明的物事带来了新的光照。人们觉得，旧有模型——比如说中世纪的等级模型——把宇宙的永恒的秩序构想为一座金字塔，上帝位于塔顶，低级造物位于塔底，上帝赋予了每个生灵和无生命的东西自己的特定功能——苦难是一种错位，是认错了自己在神圣秩序中的位置——事实上，这并不符合我们的经验。我们当真相信，国王、伟大领袖或封建领主身上有着某种其他人所不具备的内在优越性吗？这符合我们对人的本性以及人与人之间关系的认识吗？我们依据什么认为政治秩序是合理的？——换句

---

* 阿尔弗雷德·诺思·怀特海（Alfred North Whitehead，1861—1947），英国数学家、哲学家，因其在数理逻辑、科学哲学和形而上学方面的成就而闻名于世。他与罗素合著的《数学原理》标志着人类逻辑思维的巨大进步。怀特海同时也创立了 20世纪最庞大的形而上学体系。——译者注

话说，一个人为什么应该服从另一个人这个问题的答案是什么？社会契约概念所表达的"同意"（consent），不该是社会和政治安排的唯一有效基础吗？新模型由此将人们从旧模型的压迫中解放出来。

不过，这种新模型反过来掩蔽了旧模型所揭示的一个真理：个人和团体（行会、行业、专业、志业）为共同利益做贡献的功能性义务，以及社区意识，为共同目标服务的和谐合作的意识——这些都与往往从物质角度理解的个人利益的追求相对立，而社会契约理论似乎把社会联系、政治忠诚和个人道德都化约为追求个人利益。因此，社会契约转而又被另一种模型取代，该模型的基础是与植物或动物的有机生命进行类比，从而将人类从机械论的前身中解放出来；紧接着是另一种模型，该模型基于自由和自发的艺术创作观念，启发出天才领袖塑造人和社会的愿景，就像诗人、画家和作曲家创造艺术作品一样。有时，该模型是由遗传学－人类学或有机论－心理学以及诸如此类的几个观念混合而成的。如何解释这些范式（paradigm）的更选？每种范式都有相应的语言、形象和思想，它们既是理论和实践转变的征兆，也参与到这种转变中，而这种转变有时会走向革命。对于这个重要而又晦暗的问题，我们可以从以下事实中找到部分答案：在不同的历史时期，人们发展出不同的需要和问题，而且实际上他们也会受到不同需要和问题的困扰——对于社会中在道德和政治上最敏感、最活跃的那部分人来说，旧有看法既无法解释也无法解决在他们看来格外具有压迫性的问题。这一过程的原因往往是经济方面的，即使这不像马克思主义者所设想的那样提供了全部解释；但无论是什么原因，这一过程在意识层面上表现为伦理和政治的理论与理念的转变，这些理论和理念的中心就是那些变动不居的关于人和社会的核心"模型"，人们自觉或不自觉地依据这些模型思考和行动。

　　麦基：很多人自认为不事虚文、脚踏实地、讲求实干，却把对模型的批判性考察视为不切实际的活动而不予考虑，这似乎令人惊奇。如果你不把你思维的预设揭示出来，那你就仍只是主流观念的俘虏，不管这些主流观念在争论的问题上碰巧有什么样的说法。这样，你所处时代的模型，或你的生活的模型，都会成为你的牢笼，而你甚至都没有意识到这一点。

　　伯林：确实如此。

　　麦基：无论如何，还有什么能比我们已经提到的一些思想的影响来得更为实际呢？比如，它们对美国革命、法国革命和俄国革命都有直接而且明显的影响。世界上所有的宗教，所有的马克思主义政府，更不用说其他的了，都是哲学思想如何能够并且确实对人类产生直接实际影响的例子。所以，认为哲学思想与现实生活脱节的观点本身就跟现实生活脱节，是完全不现实的。

　　伯林：我完全同意。如果普通人不这么想，那是因为有些哲学家在处理这些问题时有时使用了没必要的深奥的语言。不过，当然，我们也不能完全责怪他们。如果一个人真正着迷于一个主题，他会不由自主地着迷于其细节。虽然伟大的哲学家总是以能够打动普通人的方式说话——这样一来，普通人至少以某种简化版本理解了这些话的本质——但小哲学家有时往往过分专注于主题的细枝末节。罗素曾经说过一句在我看来深具洞察力的话，而且我认为他说这话有些出乎意料：伟大哲学家的核心视域本质上都很简单。而详细的阐发并不来自我所说的——也许我说得过于简略——他们的世界模型，也不是来自他们看待人和世界的本性与生活的方式，而是来自对这些观念的辩护，所针对的是真实的或想象出来的反对意见。这里面当然有大量的巧思和技术语言；但这只是精心制作的武器装备，是城垛上用来抵御一切可能对手的战争器械；堡垒本身并不复杂：论证、逻辑力量一般来说是攻防问题，而不属于中心视域本身——它们清楚，容易掌握，相对简单。认真阅读过他们著作的人，都不难认定柏拉图、奥古斯丁（Augustine）、笛卡尔（Descartes）、洛克（Locke）、斯宾诺莎或康德的世界观的核心内容是什么。当代大多数有名望的哲学家也是如此：他们的基本信念很少受到严重质疑，而且普通人也能理解；这些信念并不深奥难懂，也不是只有专家才能理解。

2

马克思主义哲学

对话查尔斯·泰勒

查尔斯·泰勒
（Charles Taylor，1931— ）

引 言

麦基：纯粹从实践上说，马克思主义肯定是过去150年（如果不是更长时间的话）中出现的最有影响力的哲学。我想我们大多数人都对其基本信条略知一二，可以归纳如下。"对一个社会真正要紧的一切都必定由它如何维持自身的存在来决定，因为人们为维持生存而必须做的事情决定了他们与大自然的关系，决定了他们彼此之间的关系，并且最终决定了他们与在此基础上生长起来的一切的关系。因此，在任何社会的任何特定时期，真正起决定性作用的是生产资料。当生产资料发生变化时，人们的生活方式得改变，个人之间的关系得改变，阶级的组织因而也得改变。由此可见，只要生产资料掌握在社会的一部分人而不是全部人手中，阶级利益的冲突就不可避免。为此，迄今为止的整个历史就是一部阶级斗争史。这种情况必将持续下去，直至生产资料为整个社会所掌管（从而在马克思的意义上彻底消除阶级），变为公有，并且为共同利益而得到经营。这种新型社会就是共产主义，其建立将开创一个与以往截然不同的人类历史的新纪元。不过，既然不能指望任何统治阶级自愿放弃其对生产资料的所有权——不仅是财富，还有由此带来的权力、特权和威望——那么，暴力推翻现有制度很可能是建立共产主义的唯一途径。因此，即使仅仅出于这个原因，这种推翻也是正当的。"

像这样的马克思主义理论概貌，可能是我们大多数人都知道的。事实上，就其本身而言，它是准确的。但马克思主义的内容远不止于此。无论如何，马克思主义在某种程度上是一个丰富且强有力的解释体系，其思想史本身就多姿多彩且富有意趣，同时对我们的生活世界有着显而易见的实际影响。此外，它提供的解释并不限于历史、经济和政治，而是波及社会生活和思想的各个方面。和我一起讨论这个主题的，是一位毕生都对它感兴趣的加拿大人查尔斯·泰勒（Charles Taylor）。20多年前，作为牛津万灵学院的一名年轻研究员，查克*·泰勒是英国新左派运动的创始人之一。此后，他一直是加拿大麦吉尔大学（McGill University）的哲学和政治学教授（Professor of Philosophy and Political Science），曾多次作为候选人竞选加拿大联邦议会，并出版了一本关于黑格尔——马克思在哲学上的主要先辈——的重要著作。†眼下他再次回到万灵学院，这次是作为牛津大学的社会与政治理论教授（Professor of Social and Political Theory）。

讨　论

麦基：我通过概述马克思主义的政治和经济理论开启了这次

---

* "查克"（Chuck）是"查尔斯"的昵称。——译者注
† 当指《黑格尔》（*Hegel*）一书。——译者注

讨论。我们现在要做的，可以说是深入探讨使该理论浮出水面的哲学思想。你想从哪里开始？

泰勒：我想从你对马克思学说的简略描述开始。就其本身而言，这份概述完全对路。它很好地呈现了作为解释性理论（explanatory theory）的马克思主义的面貌。但还有另一个维度——作为解放理论（theory of liberation）的马克思主义，我认为该维度解释了马克思主义理论在19世纪引起巨大反响并且激动人心的原因。关于这方面，还是可以从你概述的那一点讲起。人之为人在于他们生产生活资料的方式，而且他们是作为一个社会而非个体去生产生活资料。所以，在某种意义上，我们可以把人看作另一种群居动物，就像蚂蚁或者蜜蜂一样。但是马克思认为，人与蚂蚁和蜜蜂的不同之处在于，人有能力反思并且改变他们在自然中生产生活资料的方式。换句话说，在马克思看来，人类意义上的劳动包含了这种反思的理念；这就意味着人可以改变与自然互动的方式。可以说，人可以在更高的层次上行动，并变革他们变革自然的方式，以获得他们生存所需的东西。这意味着随着时间的推移，人对自然的控制力会越来越强。因此，不同于其他动物物种，人与自然的互动模式并非一成不变。可以说，人对自然的控制能力越来越强，从而增加了他的自由，这一点是完全可以理解的。随着人们对自然的理解、技术以及重组社会生活的能力的提高，他们越来越有能力控制自己在这个世界上并依赖这个世界的生活方式。

麦基：要正确理解这个观点，就必须将其主要参照点看成处于最原始状态的人，在这个阶段，他真正脱离动物王国，但仍受到自然的奴役。

泰勒：没错。马克思用术语"必然王国"（the realm of necessity）来形容这一点。

麦基：于是整个历史过程就被看作从自然的奴役中自我解放的过程。反过来说，同样的过程可以被称为征服自然；我们一直在不断增强对我们的物质环境的掌控。

泰勒：是的。但是，马克思主义之所以是这样一种丰厚的关于历史之中的人的理论，是因为它包含了另一种解放的观念。这种解放不仅体现在人对自然的控制上，还体现在人对这种控制力本身的掌控上，进而体现在人为其本身而享受这种控制力。马克思认为，人在本质上是一种能够变革自然的存在，这不仅意味着这种活动是人找到生活方式的途径，还意味着，行使这种能力是人的一项成就，也许是人最重要的成就。因此，一个充分发展的人类物种在行使自身权能和享受其成果时都会感到快乐。对他们来说，他们的权能既有内在意义，也有工具性意义。但要达致这一点就需要解放，因为随着人在历史中的发展，他们惊人的权能开始摆脱其控制。马克思认为，阶级战争和异化是一种悲剧性的必然。这种必然性源于这样一个事实，即为了超越最初的贫困社会形态，人们必须接受分工；与此同时，他们必须受到严格的纪律约束，只有这样，他们才能产生进步所需的剩余。这意味着社会必须划分成不同的阶级，也就是划分成统治者和被统治者。

但对马克思来说，关于人是自然的变革者的基本事实是，人只有作为社会人才能行使这种权能。这种权能存在于整个社会中，因为人正是通过社会劳动来改变世界，进而改变他们自身的。因此，在他看来，一个阶级分化的社会无法有意识地控制日益增长的改变自然的力量。相反，每个阶级都受其在整个社会中所处地位的制约，既不了解也没法控制整个过程。即使统治阶级也无法完全明白自己在做什么，并且在不知不觉中自掘坟墓。结果就是，当人支配自然的力量得到充分发展时，就像我们在成熟的资本主义中所看到的那样，事实证明这种可怕的力量并不受人控制。相反，其运行遵循着无尽积累的盲目规律，资本主义社会难以阻挡地服从这些规律，尽管其成员付出的代价很是惨重。资本主义社会的全球进程并不出于任何人的意愿和欲望。相反，它控制着所有生活于其中的人的生活。这就是马克思在其早期著作中使用"异化"（alienation）一词来描述的悖论。就在人们发展出掌控自己的生活并且随心所欲地有所作为的巨大潜能之时，这种权能却从他们手中被其内部分裂夺走了。无产阶级革命将资本主义的所有潜能纳入集体控制，废除生产资料私有制，从而消除这一悖论。但是，对这种控制权的重掌只会在历史的至高点取得，那时剩余已经产生，过上更充实生活的生活资料已经积累起来。

麦基：为什么人们会认为，在那个时候，一场近乎神奇的革命行动会纠正迄今为止的一切错误？

泰勒：（马克思主义）理论认为，人性（如果你愿意这么说的话）究其根本倾向于自由，从而倾向于集体控制我们的命运。你可以看到，这种倾向一直受挫于如下事实，即在以往的历史中，不付出阶级分化社会的可怕代价，就不可能迈出最初的步伐。划分统治者和被统治者、主人和仆人是必要的。只有当这种划分不再必要时，才会出现一个有能力也有意愿进行革命的阶级——这场革命将首次不是简单地产生另一个统治阶级，而是彻底消除统治。

麦基：在马克思看来，整个过程的关键是分工，不是吗？他认为，人类社会要发展到超越最原始的阶段，就必须实现专业化，但一旦实现了专业化，个人就不再生产一切维持自身生活的东西——他变得依赖他人，他和其他人一起被分派到特定群体中；可以说，他也就成了生产工具。这就造成了你刚才提到的结果——异化。但所有这些都源于分工。

泰勒：是的。我们都只是社会进程的片段，没人能真正理解或完全控制社会进程。当然，由此可知，当我们进行革命、恢复公共控制权时，分工才得以克服。马克思的一个非常重要的主题是，至少手工劳动者和脑力劳动者之间的分化将会被克服。但到了这儿，我们就要走向那种更强的解放理论。当我们再次取得共同的控制权时，人类最基本的需要——在变革行动本身中寻获成就感的需要——将最终得到满足。我们可以很容易地把历史早期阶段的变化看作仅仅是出于对谋生的需要，出于保持存活的必要性。但在这一过程的最后，在这一满足需要的过程中发展起来的能力，变成了人为了行使这些能力本身而想要行使的能力。这就是马克思的第二个也是更强的解放观念——不仅要把我们自己从自然的枷锁中解脱出来，而且要在这一过程中表达我们自己的人性。事实上，人类控制自然的权能是有表达维度的，而不只是工具性的。而阶级社会彻底挫败的正是这一自我实现维度。换句话说，马克思在他早期和晚期的著作中一直在说的是，在阶级社会中，比如在资本主义制度下，我们的社会充其量只是为了维持人的生存而生产。生产只是维持生存的手段，而人作为一种劳动动物，应当能够在劳动中表现出自己作为人的那一面。这种愿景差不多就是把人——社会人——视为艺术家，视为能在一个克服了异化的社会中表达自己。

麦基：要实现的社会愿景，也就是共产主义，在很大程度上不仅没有异化，而且没有任何内部分裂。

泰勒：没错。克服异化意味着人类控制自己生活的所有能力都是为其表达的冲动和愿望服务的。

麦基：你认为这种哲学有哪些主要优点，也就是我们已经从中学到或者应该从中学到的东西？

泰勒：嗯，我想说的是，在我们已经看到的解释性理论和更为丰富的解放理论这两面中，解释性理论很大程度上已经成为我们惯常思维方式的一部分。它让我们从生产形式和生产关系的角度来解读历史，而这样的解读方式在某种程度上已被所有人内化。说到解放理论，这个问题就更加复杂且更有争议。毫无疑问，解放理论让我们对现代人的发展有了更为丰富、更富意趣的见

卡尔·马克思
（Karl Marx，1818—1883），于 1870 年

解，比如，它让我们明白，在现代文明中，自由对人们极端重要——人们是那么渴望自由并愿为之奋斗。与此同时，解放理论也是马克思主义内部最大问题之一的根源，因为它和解释性理论并不总是合拍。

麦基：你能详细讲讲吗？

泰勒：好的。举个例子就能看出来。如果你想把马克思主义简简单单看作牛顿意义上的科学理论，像牛顿研究行星那样来看待历史的发展，那么你就会看到，无论何时都有无情的规律支配

着人类，就像牛顿的行星定律永远都在支配着行星的运动一样。但随之消失的是马克思主义的解放理论，它要求我们在进行从资本主义到共产主义的革命过程中，恢复对我们生活的某些方面的控制，这些方面以前在资本主义制度下确实受到无情规律的控制。这里的基本想法是，在历史上的某一时刻，有些物事受规律控制，而在后来的某一时刻，这些物事重获了自由。这个想法很难整整齐齐地套入牛顿科学的模子里。

麦基：所以，马克思的意思是，直到历史上的某一时刻，也就是发生共产主义革命之前，所有历史事件都有规律可循，这些规律具有科学规律的特征，但突然间出现了断裂，在那之后，人变得自由了，不再受科学规律的支配。

泰勒：只不过解放理论不会那么粗糙。它更像是这样一种理论：随着不同社会——封建主义、资本主义等——在历史上相继出现，统治民众和机构的规律也大相径庭，因此，在一个时期受到控制的物事，在其他时期就不再受到控制，反之亦然。正是有了共产主义，我们才进入了一个控制程度空前的社会。解放理论认为，在古代社会、封建社会和共产主义社会所适用的规律之间，存在着重要的质的区别。然而，与此相对照，你得记着，在维多利亚时代晚期，即达尔文时代，也许可以说是科学主义时代，人们是怎么看待马克思主义的。在这一时期，人们把马克思主义理解为提供了一套必然规律。现在，在马克思主义自身内部，马克思主义理论的这两个面向一直在斗争。作为一场政治运动，它不能抛弃其中的任何一个面向，因其政治影响力恰恰取决于对这两个面向的坚持。它必须坚持解放理论，因为这是它为人类开辟的救世主式未来的基础；它也必须坚持自己是科学的主张，因为这标志着它在本质上具有现代性，它克服了迷信，有真正坚实的基础。但是，近期的马克思主义理论家们，以这样或那样的方式，对此深感尴尬，他们走上了不同的道路。今天甚至有个非常流行的学派，已经决定要几乎完全抛弃解放理论。

麦基：你强调马克思主义是一种解放理论，许多关注这场讨论的人会对此感到惊讶。……虽然自称为马克思主义的运动在不同的国家乃至不同的大陆取得了政权，其环境和时代也迥然有别，但在几十年的时间里，它们中的很多运动无一例外都走向了限制性的官僚制统治。既然如此，这些社会的意识形态又怎么能在任何严肃的意义上被称为解放理论呢？

泰勒：这是个残酷的悖论……如果一个国家仅仅满足于建立官僚制政权……那它就不需要努力去干预、控制和塑造人们的生活。但因为它是一个建立在解放意识形态基础上的政权，它必须确保每个人不仅服从它，而且喜欢它、相信它。任何能够表明人们不是这样而且觉得这个政权在精神上空洞的迹象——如果是很严重的迹象——都必须被粉碎。在极端情况下，有些人甚至不得不被送进精神病院，一部分原因在于人们不得不相信，这些人一定是疯了，才会认为这种制度在精神上是空洞的。顺便说一句，这也是因为它有这些巨大的主张——正如我们之前提到的，因为在马克思主义的解放理论中，人在某种意义上是作为艺术家出现的——对于马克思主义运动来说，艺术家所说的、所持的、所相信的、所表达的，变得极其重要。因为根据该理论，在共产主义社会中，按理说他们会表达和颂扬这个社会的宗旨；结果他们并没有这么做，这是无法容忍的，因此他们必须被压制。

麦基：……那么，让我们在纯理论层面仔细看看该理论的问题吧。当然，其中的一个问题就是，它假定，随着共产主义的实现，社会根本不会存在重大冲突。现在在我看来，这在理论上甚至是不可能实现的。只要有两个人一起行动，就一定会有利益冲突和意见分歧，而政治的核心问题差不多可以归结为："如果不靠暴力，不靠丛林法则，如何解决这些冲突？"这就是政治的主要内容。此外，我们现在比19世纪的人们更清楚地认识到，世界上的物质资源极其有限，因此在任何类型的社会中，关于如何使用这些资源的争论都必然是尖锐的。因此，在任何可以想象的社会中都会存在严重的冲突，其中有些冲突无疑是充满激情和煽动性的——而马克思主义并没有为我们提供解决这些冲突的任何方法，因为它否认在它的社会形态中会存在任何冲突。……正是因为马克思主义不承认在它的社会中存在严重冲突的可能性，所以当个人与社会其他成员发生冲突，或者当少数群体与多数群体发生冲突时，马克思主义对此完全没有说该怎么做。

泰勒：我觉得你有点不公允，因为马克思主义者会在这里回答说，他们确实预见到了某种冲突。但是，大体说来，他们确实相信，真正深刻的冲突，那些让人们大打出手的冲突，是基于经济剥削，并且会消失。因此，我同意你的基本观点，也就是马克思主义者没有资源来应对他们自己那种社会中的冲突，无论是智识资源还是其他方面的资源。相反，有这么一种感觉，如果你开始考虑到这一点，你就超越了马克思主义的界限。

麦基：我认为这对政治理论来说是一个严重的问题——但我们继续来讨论其他话题吧。你认为马克思主义理论还有哪些问题？

泰勒：……马克思的理论明确指出，共产主义将在最先进的工业社会中出现。这意味着……马克思主义面临的最大的智识问题是：为什么共产主义没有出现在英国或者德国？这指出了马克思主义理论的一个主要问题，也指出了马克思主义者之间持续讨论的一个主要领域。

麦基：你同意我的看法吗，也就是马克思主义在下述意义上也有局限性？世界上的伟大哲学、主要意识形态和主要宗教都同时在三个不同的层面上做出解释——个人层面、社会层面和宇宙层面。每个层面都有经典且基本的哲学问题需要解决。比如，在人类个体层面，存在着自我问题、身心问题，所有关于认知的认识论问题，关于道德感、关于意识、关于灵魂存在与否的问题，死亡问题以及死而复生的可能性问题。在社会层面，存在着所有那些从个人和社会关系中产生的问题，也就是指大多数道德问题和所有政治、经济、文化和历史问题；所有跟语言、法律和其他人类建制有关的问题。在宇宙层面，这里有所有与自然世界有关的哲学问题，不仅包括关于时间、空间、因果性和物质客体存在的基本问题，还有物理学、化学和生物学提出的几乎所有问题。现在，真正伟大的理论体系在这三个层面都有丰富的解释。马克思主义不是这样。马克思主义几乎完全忽略了其中的两个层面：它对宇宙和个人几乎只字未提。它几乎只在社会存在和社会问题这一中间层次发挥作用。这就意味着，即使它所说的一切完全正确……依照最高标准来看，它仍然是一个未完成的思想体系，任何一个马克思主义者仍然必须大量地从非马克思主义资源中补给自己的观点，否则就不再问自己那些有意思的哲学问题。

泰勒：嗯，我不确定我是否同意你的一个说法，也就是马克思主义对宇宙无话可说；恐怕在有些情况下，它对宇宙有太多可说的了。就拿自然辩证法来说吧……这种理论的发展源于恩格斯（Engels）。……我认为你提出的另一个问题有力得多，那就是马克思主义并没有提到个人层面——我想知道这是否完全正确。迄今为止的历史记录也是如此：马克思主义者（在个人层面上）着墨不多。但我不知道这在多大程度上是某种历史偶然。马克思主义成为某些重大政治运动的旗号，这些运动有其他事情要考虑，而且确实想要压抑某些关于个人的问题。但是当你看到马克思主义作为一种解放理论所蕴含的丰富资源时，你就会看到它所能产生的艺术理论。可以设想我们文化的另一种发展——你可以想象它正在发生——在这种发展中，马克思主义的这一面可以得到真正的探究，可以得到马克思主义经济学或马克思主义发展理论所经历的那种探究和发展。我们在马克思主义美学家身上就看到了一些迹象。当然，这里可能会出现一个终极的问题——关于个体，关于孤独的个体，他们经常独自面对自己生命中最具戏剧性和最重要的面向——马克思主义是否能够适当地理解生命的这个维度。但这是一个我们无法事先知道答案的问题，因为这是马克思主义完全没发展的一面。如果我们的文化生活出现转折，马克思主义思想家不再只关注革命为什么没有发生的理论，或者为什么明天会发生革命的理论，或者国家理论，诸如此类……而是能够关注马克思主义关于艺术、关于人类审美经验和道德经验的理论的发展，那会富有意趣且激动人心。有些萌芽从未真正被人接纳，但也许会变成有意思的事情。

麦基：马克思主义接受暴力……对此，你怎么看？

泰勒：不能因为它主张暴力本身就反对它，因为除了彻底的和平主义理论之外，很少有理论不会在某些情况下主张暴力。即使像洛克这样伟大的自由主义理论家也在某些情况下支持革命。但我确实认为你提到的一点是有道理的，那就是，那种相信我们可以在革命之后建立一种无冲突的社会的看法赋予了人们一种权力去摧毁和削弱现存事物——甚至是暴力地这么做，只要它带来的是一个没有冲突的和谐世界。毫无疑问，马克思主义者对此深信不疑，这使他们能够接受应该用暴力摧毁制度这样的观念。可以说，这是他们救世主式希望的一个特征。

麦基：但是，无论是在个人还是在群体中，这种看法太容易成为一种假定，即他们（而不是其他人）完全可以使用暴力来达成他们的任何目的。

泰勒：这当然是根据理论得出来的，因为如果理论是正确的，他们就站在了正确的一边。在某种意义上，马克思主义是一种应用于政治的永恒的正义战争理论。

麦基：但是马克思主义理论的地位究竟如何——我是说，整个马克思主义理论的地位如何？当然，它声称自己是科学理论。在马克思自己的著作中，他反复重申这一主张。我想他真正的意思是，其他社会主义者要么兜售理想社会的愿景，要么提出道德要求，而这两者他都没做；他所做的，或者说他试图做的，是研究社会的实际运行过程，看看它们会导致什么结果。不过，尽管马克思总是声称自己采用的是科学方法，人们还是会被他的理论中的大量预言所震惊。……

泰勒：嗯，马克思在对未来的任何细节提出主张时都相当谨慎。他对未来、对共产主义社会的性质以及对将会发生的事情都避而不谈。他的重大主张涉及资本主义的崩溃。这是关于未来的宏大主张，但有待得到事实的证明。但我们也必须记住，德语中通常被翻译成"科学"的那个词——"*Wissenschaft*"，其含义要宽泛得多。人们用德语谈论历史"科学"（historical "science"），这和谈论物理科学（the science of physics）一样恰当。这个词适用于任何形式的训练有素的智性探索。尽管如此，我认为毫无疑问的是，随着马克思的发展，他逐渐把他的"资本科学"的确定性和严谨性视为与物理学的完全一致。……

麦基：撇开你对德语"*Wissenschaft*"这个词的看法不谈，为了对马克思公平起见，我们还应该补充一点，那就是自他写作以来的一百年里，关于什么是科学的观念发生了根本性的变化。在 19 世纪中叶，所有有识之士都理所当然地认为，科学知识是一种特别安全、确定和绝对可靠——因而是不可更改的——的知识；而现在，这种观点已经被抛弃了，我们意识到科学是可错的，因而是可更改的。我相信，如果马克思本人今天还活着，他一定会对这方面的问题以及他自己的理论的地位持截然不同的看法。

泰勒：是的，他会有不同的模型。19 世纪末，人们普遍认为达尔文已经厘清了演化领域，就像物理学厘清了无生命的世界一样；而现在，可以说马克思终于开始厘清人类社会历史领域了。

麦基：许多人把马克思主义和宗教相提并论。我想请你就此做点评。显而易见，马克思主义有其圣书和先知，有教派……有殉道者……就连它的传播也跟宗教一样。一百年前，马克思还是个相对默默无闻的流亡知识分子，靠朋友的接济在伦敦生活，然而在他去世后不到 70 年的时间里，全世界三分之一的人生活在以他的名字命名——自称为"马克思主义者"——的政权之下。

这确实是个令人震惊的现象，我能想到的唯一与之相似的就是基督教和伊斯兰教的传播。

　　泰勒：……当我们回到马克思本人和他的著作中，寻找其中的宗教元素时，我觉得我们会发现，除了科学观之外，还有一些东西是这一切的内核，那就是马克思主义与救世主传统*、欧洲千禧年运动（European millenarian movements）传统有着如此明显的联系。该传统始于中世纪的运动，预示着新秩序、新世界的到来；它爆发于宗教改革时期。在某种意义上，它出现在法国大革命的极端教派中，他们也有同样的新开端的想法：如你所知，1791 年，他们实际上以"L'an un"（元年）开启了一个新的日历。†这是马克思主义通过黑格尔著作而获取到的一个非常重要的特征，尤其是汲取了黑格尔的如下想法，即在和谐、和平与圆满的新时代到来之前，会有一段最激烈和最痛苦的时期，会有一场伟大的终极斗争。这未必与科学不相容。如果事实证明马克思关于人类历史的看法是正确的，那么救世主运动就是非比寻常的

---

* "救世主"是基督教徒对耶稣的称呼。基督教认为耶稣是上帝的儿子，降生为人，是为了拯救世人。后对于拯救黎民百姓于水火之中的时代英雄，人们往往也称之为救世主。无论疾苦悲伤，他都肩负着拯救人类的重任。——译者注

† 时间或为口误，应指的是法国共和历（法语为"calendrier républicain français"），通常也称为法国大革命历，是法国大革命期间创建和实施的历法，从 1793 年到 1805 年共使用了约 12 年。该历法规定，法兰西第一共和国诞生之日即 1792 年 9 月 22 日为"共和国元年元月元日"，将一年分为 12 个月，每月 30 天，每月又分为 3 周，每周 10 天，废除星期日，每年最后加 5 天，闰年加 6 天。根据自然，特别是巴黎及其周边地区盛行的天气，12 个月依次定为葡月、雾月、霜月、雪月、雨月、风月、芽月、花月、牧月、获月（或收月）、热月、果月。法国大革命中发生的热月政变、芽月起义、牧月起义等，就是按共和历的月份命名的。——译者注

先见之明，就像某些神话可以被视为原子理论的先驱一样。不过，无论对错，毫无疑问，这是马克思主义理论所具有的强大吸引力的一部分。然而，这和你所指出的内容仍然相去甚远——建制宗教的要素，包括异端审判、圣职以及在马克思主义社会正式建立起来的地方发展起来的所有配置。

麦基：也就是说，你同意，马克思主义理论在这些方面确实和宗教惊人地相似。

泰勒：噢，是的，毋庸置疑。

麦基：……如何解释马克思主义对这么多人具有如此大的吸引力呢？

泰勒：我想，如果我们回到马克思主义的那两个方面，看看它是如何把这两个方面结合起来的，我们就能多少理解这一点。历史上一些最有吸引力的理论都是把人们想要结合而生活中又不容易结合的两种价值观结合在一起的理论。现在，马克思主义理论声称自己是一门科学，是非常现代的东西，它摒弃了旧时代的一切迷信，同时又回应了人们对新时代、新纪元、自由和成就感的深切渴求——它声称这两方面可以结合起来，这种说法具有非常强大的吸引力。马克思主义理论的吸引力遍及各个人群，从西方社会半省悟的知识分子（对他们来说，马克思主义很大程度上是一种私人的智识生活取向）一直到第三世界的民众，在后者中，一套既已确立的传统正在迅速瓦解，必须有新东西取而代之，必须有一幅新的全局图景，如果可能的话，还得是一幅能许诺一个未来并且能自诩现代的图景。马克思主义的这第二种功能可能会被其他意识形态胜过，就像它已经部分地被民族主义胜过一样。或者，我们会在世界上不同的社会中发现很多混合体，官方意识形态从马克思主义中汲取了一些东西，并将它们与其他元素尤其是民族主义元素混合在一起，所以我们有了非洲社会主义（African Socialism），又比如说阿拉伯社会主义（Arab Socialism），这两种意识形态都与马克思主义有些渊源，但都试图使其成为更广泛混合体的一部分。在所有这些例子中，你都可以看到它们在努力达成同一种目标：一种全局性观点，既能保存人们所从出的传统，又能以某种方式宣称自己是全新的，是新的开始，具有现代内核，建立在现代文明最坚实的基础（即科学）之上。

麦基：结束讨论之前，我们必须面对大多数人最感兴趣的问题：马克思主义理论与实际的共产主义社会的关系是什么？关于这种关系，似乎有两派基本观点。一派认为，某些以此原则建立的社会……是对马克思主义理论的曲解，是对理论的错误操作。但另一派认为不是这样，共产主义社会始终隐含在理论之中。有意思的一点是，一些自身就是左翼革命者的人一直持有第二种观点。……你同情这两种基本思想流派中的哪一种？

泰勒：……如果你回头看看任何一位在他生前从未将其理论

付诸实践的理论家，你会找到很多东西，它们只要加上这个或那个，几乎就可以导致任何结果。想想人们和卢梭（Rousseau）玩的学术游戏吧。卢梭是极权主义者吗？他是自由主义者吗？然而，关于马克思的看法毫无疑问的一点是，革命之后应该是一个民主的、自我管理的社会。你可以从他对 1871 年巴黎公社的溢美之词中看到这一点，巴黎公社在纸面上拥有比当今任何西方社会都更激进、更基本的民主，包括罢免代表等。……你唯一能说的是，认为自己能带来一个无冲突的社会，这个看法本身正如你刚才所说的那样，会让你无法具备建立一个关于如何在冲突中运转的模型的能力。如果马克思的理论在其有生之年真的付诸实施，那他会遇到很多麻烦。……

麦基：就像我之前说的，考虑到有些实际掌权的马克思主义运动建立了限制性官僚制度，你认为他们有可能在保持马克思主义不变的同时摆脱这些制度吗？

泰勒：……自打人们在思想上受到马克思主义运动改天换地的冲击以来……就一直有所谓的修正主义者——主要是西方的其他马克思主义者，但也有其他地方的马克思主义者，比如南斯拉夫的马克思主义者——试图重新发现人道主义马克思主义的基础。沿着这些路线发展出了极其有趣和富有成效的想法。我认为，在 1968 年的捷克斯洛伐克已经可以开始看到自由社会的雏形，它的某些智识来源本应是经过修正的马克思主义。但这个社会在萌芽状态就消失了。如我所提到的，在南斯拉夫，有人进行了大量的思考，但同样无法真正付诸实践。事实上，其中一些思想家已经失业，但这仍然是对马克思主义的一种方兴未艾的发展，它能够成为这种社会的基础。东欧的政治条件是否能让这种思想结出果实，则是另一个问题。

麦基：直到刚才，我们的讨论还局限于马克思的马克思主义，但现在……你也提到了当代马克思主义思想家的修正主义，我想请你挑一两个近期的马克思主义思想家，特别说道一番，以此结束我们的讨论。

泰勒：我认为有两种相当不同的发展，它们出现在相当不同的领域。一种是南斯拉夫的实践派，我们之前提到过，其中一些思想家试图回到马克思主义人道主义的基础，并建立一种基于马克思主义的自由至上主义社会的理论。这是最有意思的发展之一。他们是一场国际性对话的中心之一，许多其他国家都对这一对话做出了贡献。在我们所说的两个领域中的另一个领域，马克思主义在发展世界经济的经济理论方面硕果累累。马克思主义的优势始终在于将经济体系看作一个整体，而这个整体决定了其余各部分的作用。这在当代欠发达理论中取得了成果，即世界经济结构在某种程度上迫使欠发达的情况产生，也就是说，它实际上造成了某些社会的欠发达，阻碍了它们的发展。我觉得我们以上说到的也许就是非官方马克思主义两个最有意思的发展。

麦基：共产主义国家历史的一个突出特点是，很多伟大政治领袖……都曾以哲学家自居。你认为政治领袖中谁具有真正的哲学才能呢?

　　泰勒:他们的才能不在哲学思考上。……期望这样的人同时成为哲学家,本来也不切实际。

3

The Frankfurt School

马尔库塞与法兰克福学派

对话赫伯特·马尔库塞

赫伯特·马尔库塞
（Herbert Marcuse，1898—1979）

引　言

麦基：两次世界大战之间的经济动荡折磨着大多数西方社会，彼时大多数马克思主义者认为这就是马克思主义理论所一直预言的资本主义制度的崩溃。依据马克思主义理论，这应该会导向共产主义，但没有一个西方社会出现共产主义政权。……一些马克思主义者对此大失所望，乃至抛弃了马克思主义这一理论……另一些马克思主义者则拒绝质疑这一理论。但也有少数人介于两者之间——他们仍然是或希望继续是马克思主义者，但他们认为，要想让马克思主义理论保持其可信性，就必须予以严格的重新审视，并在一定程度上进行重构。

20 世纪 20 年代末，一群抱持这样想法的人聚集在法兰克福，自此被称为法兰克福学派（The Frankfurt School）。事实上，他们待在法兰克福的时间并不长，但这个名头却一直沿用至今：他们在纳粹主义爆发时离开了德国，到 30 年代中期，核心人物已在美国定居。这里只提三个人：西奥多·阿多诺（Theodor Adorno），他似乎同时精通哲学、社会学和音乐；马克斯·霍克海默（Max Horkheimer），哲学家兼社会学家，他不如阿多诺有才华，但也许更扎实；另一位最后成为他们当中最有名气、最有影响力的人，那就是政治理论家赫伯特·马尔库塞（Herbert Marcuse）。他们的影响力增长缓慢，但在很长一段时期内仍在增长，并在 20 世纪 60 年代达到了辉煌的顶峰。这有许多原因。其中一个原因是，在整个东欧共产主义国家的马克思主义者中开展了声势浩大的修正主义运动，并在 1968 年的"布拉格之春"中达到高潮。这使法兰克福学派首次与共产主义世界内部的实际发展接轨。另一个明显相关的原因是，西方人，尤其是受过教育的年轻人，对马克思主义的兴趣大大复苏。这也在 1968 年达到了顶峰，这一年，整个欧洲和美国的学生暴力运动达到了高潮，巴黎的形势在一些人看来甚至一度可能接近真正的革命。当时的准革命志士宣称有个人比其他人更堪为他们的政治导师，这就是马尔库塞。他们在墙上写满了他书里的词句，向全世界表明他们的目标是将他的思想变为现实。虽然革命没有实现，但在此后的岁月里，马尔库塞和法兰克福学派的思想已经在欧洲各大学的一些社会科学系占据了主导地位，并通过它们对西方一些最聪明的年轻人产生了持续且重要的影响。

讨 论

麦基：为什么 20 世纪 60 年代和 70 年代早期的学生革命运动会转向你的作品？

马尔库塞：呃，我不是 60 年代和 70 年代早期学生活动的导师。我所做的，是提出并阐明当时已然呼之欲出的一些想法和目标。仅此而已。那些年活跃起来的学生一代不需要一个父亲式或祖父式的人物来带领他们抗议这个社会，这个每天都在暴露出其不平等、不公正、残酷和普遍破坏性的社会。他们能够体验这一切——他们目睹了这一切。作为这个社会的一个特征，我只提到了法西斯主义的遗产。法西斯主义在军事上被打败了，但仍有可能死灰复燃。我还可以提到种族主义、性别歧视、普遍的不安全、环境污染、教育恶化、工作恶化，等等。换句话说，在60年代和70年代初爆发的是巨量的可用社会财富与其悲惨的、破坏性的和浪费性的使用之间的鲜明对照。

麦基：无论人们是否同意你在任何或所有这些问题上的看法，我相信你的魅力都会因为如下事实而得到提升，即整个西方的学院和大学所教授的哲学压根就没有处理这些问题。

马尔库塞：确实没有处理，而我们——在法兰克福，以及后来在美国——无法设想任何真正的哲学不以这样或那样的方式反映人类的具体处境，也就是社会和政治处境。在我们看来，自柏拉图始，哲学在很大程度上就是社会和政治哲学。

麦基：不仅哲学在你的一生中对你有着重要的意义，而且实际上你的一生都是作为专业学者度过的——大学教师、讲师、作家，等等。然而，你一手创立的新左派运动最显著的特征之一就是它的反智主义（anti-intellectualism）。我想你不会赞同这一点，对吗？

马尔库塞：相反，我从一开始就反对这种反智主义。在我看来，出现反智主义的原因在于学生运动脱离工人阶级，以及显然没有采取任何大规模的政治行动的可能性。这就逐渐导致了某种……好吧，我会说是自卑情结，某种自我施加的受虐倾向（self-inflicted masochism），主要表现为轻蔑知识分子，觉得他们只是知识分子而已，"在现实中一事无成"。这种轻蔑很符合当权者的利益。

麦基：批评新左派的人不少，但能亲耳听到你这样批评新左派，还是件相当有意思的事。你认为新左派还存在哪些重要的缺陷？

马尔库塞：嗯，首先，我想说——也许一个主要的缺陷是——他们的语言不切实际，而且很多时候他们的策略也完全不切实际。这绝不是整个新左派的普遍现象，但在他们中间确实存在。他们拒绝承认，我们这些先进工业国家还没处于革命的形势，甚至还没处于革命前的形势，必须根据实际情况调整战略。其次，新左派成员不愿意重新审视和发展马克思的范畴，倾向于崇拜马克思主义理论，把马克思的概念当作物化的、客观的范畴，而不是最终逐渐意识到这些都是历史的、辩证的概念，不能简单地重复，必须根据社会本身的变化来重新审视它们。

麦基：我必须说，从你口中听到这一切让人耳目一新。这表明，在那些自诩为你的追随者、年轻得可以做你孙子的人停止思考之后，你仍在思考。

马尔库塞：我在这方面遇到的问题已经够多了……

麦基：你直接把我们带到了法兰克福学派的存在理由（*raison d'etre*）——重新审视马克思主义的概念。就像我在这次讨论的引言中所说的那样，正是感觉到必须重新审视和重构马克思主义，这才催生了你们的运动。在解释为什么会出现这种情况时，我特意提到了法西斯主义的兴起，但法西斯主义并不是唯一的催化剂，还有其他因素。你能挑出其中一些因素并做评价吗？

马尔库塞：（法兰克福学派的）另一个关注点是批判性地重新审视资产阶级时期一些具有代表性的自由主义（思想和政治）运动——伟大的自由主义或自由至上主义传统从一开始就包含了专制主义和极权主义要素，而这些要素在我们这个时代开花结果了。我要特别提一下霍克海默写的《蒙田》（"Montaigne"）和《利己主义与自由运动》（"Egoismus und Freiheitsbewegung"）这些文章。但最重要的也许是(这个学派)对社会主义概念本身的关注。在马克思式理论的发展过程中——不是在马克思本人的发展过程中，而是在他的理论的发展过程中——社会主义概念越来越关注生产力的更合理、更大规模的发展，关注不断提高的劳动生产率，关注越来越合理的产品分配——而不是强调马克思（至少是青年马克思）所设想的社会主义社会将是一个与以往所有社会有着性质上的区别的社会。那么，在哪些方面有性质上的区别呢？我想说的要点是，在社会主义社会中，生活本身就有本质的不同：男人和女人同舟共济，共同决定他们的生存——一种没有恐惧的生存（阿多诺）。劳动将不再是衡量财富和价值的尺度，人类不必在全职的异化表演中度过一生。这一点无人问津，结果就是，先进的资本主义和所谓的"真正的社会主义"之间在形象上出现了某种可怕的连续性。

麦基：社会主义看上去越来越像它的敌人。

马尔库塞：确实如此。

麦基：我从你的著作中了解到，你和你的同事对马克思主义理论还有其他意见。我想提两点——这两点显然是相互联系的：第一，马克思主义理论很少或根本没有考虑到人类个体；第二，它是反自由至上主义的，或者至少是不那么自由至上主义的。

马尔库塞：马克思本人不太关心个体，他也用不着去关心，因为在他那个时代，无产阶级的存在本身就使该阶级成为潜在的革命阶级。自那之后情况大变，眼下的问题是："目前发达工业国家中的工人阶级在多大程度上还能被称为无产阶级？"欧洲共产党已经完全放弃了无产阶级这个概念。从现在的情况看，多数人也许都已经大规模地融入了现有的资本主义制度。有组织的工人阶级可失去的不再只有锁链，还有更多的东西，这种变化不仅发生在物质层面，也发生在心理层面。受供养人口（dependent population）的意识发生了变化。最令人震惊的是，统治权力机构不仅可以操纵、管理和控制个体的意识，还可以操纵、管理和控制个体的潜意识和无意识。这就是为什么我在法兰克福学派的朋友们认为心理学是必须与马克思主义理论相结合的主要知识分支之一——这绝不是取代马克思主义理论，而是被纳入其中。

麦基：你自己也曾试着将弗洛伊德主义（Freudianism）和马克思主义结合起来。但有些人会说，这根本办不到——这两种解释方式互不相容。简单来说，马克思主义理论把对人类事务的终极解释定位在技术层面。它的观点是，在任何特定时期，任何社会的生产手段所达到的发展水平决定了阶级的形成，而阶级又决定了个体之间形成的关系；在此基础上又发展出马克思主义者所说的"上层建筑"，包括意识形态、宗教、哲学、艺术和各种建制——伦理和法律体系，以及其他一切。但弗洛伊德认为，对人类事务的终极解释具有完全不同的特征。据他说，这种终极解释位于我们无意识的感受、愿望、情感、幻想、恐惧等层面。这些东西被压抑是我们的原生家庭关系——最主要是我们与父母的关系——扭曲的结果。这样的压抑会产生冲突，而这些冲突会产生我们大部分的精神能量，这种无意识的驱力会激励我们一生。依这种看法，马克思主义所谓的上层建筑，其实大部分都是被压抑的精神内容的外化。现在，这不仅是两个不同的解释，而且是对同一现象的完全不同的两类解释。你怎么能够把它们结合到一个统一的理论中呢？

马尔库塞：我认为它们很容易结合，而且很可能是合适的结合。我认为这两种解释针对的是同一整体、同一总体的两个不同层面。弗洛伊德所规定的主要驱力，无意识的主要驱力——也就是爱欲能量和毁灭性能量、爱神和死神、生本能和死本能——是在特定的社会框架内发展起来的，而社会框架以这样或那样的方式调控着这些驱力的表现形式。其社会影响甚至远不止于此。弗洛伊德认为，社会中的压抑*越强烈，反抗这种压抑的剩余攻击性就越是无所不在地被触发。那么，同样根据弗洛伊德的观点，既然压抑必然会随着文明的进步而加剧，那么与此同时、与之并行的是，剩余攻击性将以更大的规模释放出来。换句话说，随着文明的进步，我们将变本加厉地毁灭，毁灭自我，毁灭他人——毁灭主体也毁灭客体。在我看来，这个假设很好地解释了今天所发生的一切。

麦基：到现在为止，一些一直在听我们讨论的人一定会有以下想法。你列出了马克思主义理论的一份问题清单：未能预测资本主义的成功；无产阶级概念因此而过时；马克思主义传统过分吸收了它本应反对的社会的唯物主义价值观；马克思主义中的反自由至上主义要素；没有任何关于个体的理论，连对个体的态度都没有。而你的著作对此则有更多的具体论述。你还强调了晚近理论——比如弗洛伊德主义——对于现代思想的不可或缺性，这

---

* 在这里以及整篇对话中，我都是在非专业意义上使用"压抑"（repression）一词的，意思差不多等同于压迫、克制。——原注

些理论是在马克思之后出现的，因此不可能被马克思纳入他自己的观点。很多人会自问：既然如此，为什么你和法兰克福学派的其他成员仍然是甚至还想继续是马克思主义者呢？坚持这一理论有什么意义呢……为什么不试着把你的思想范畴完全从马克思主义中解放出来，重新看看现实呢？

马尔库塞：一个简单的回答是，因为我不认为马克思主义理论本身已经被证伪了。实情是，就像我之前说的那样，必须重新审视马克思理论的一些概念；但是，这不是从外部强加到马克思主义理论中的，而是马克思主义理论作为历史的、辩证的理论本身所要求的。我可以比较轻松地列举出马克思的那些被资本主义的发展所证实的决定性概念，或者给你一份目录：经济权力集中，经济与政治权力融合，国家越来越多地干预经济，利润率下降，需要采取新帝国主义政策以创造市场，以及大量累积起来的资本的机会，诸如此类。这是一份让人望而生畏的清单——这份清单充分支持了马克思主义理论。

麦基：不得不说，我很想和你就这一切争论一番，但我不能让自己……

马尔库塞：有何不可？

麦基：因为这次讨论的目的是引出你在相当广泛的话题上的看法，如果我们就你刚才所说的内容展开争论，我们将永远无法触及其他大部分话题。即便如此，我还是没法把你说的这番话当耳边风。我几乎完全不同意它们的含义。比如，你说经济权力越来越集中。但通过发明股份公司，现在资本所有权比以往任何时候都更加分散，这是可以肯定的吧？你谈到了经济和政治权力的融合。是的，确实如此，但至少西方民主国家的现状是，人民直接选举产生的政治代表已经掌握了总体决策——经济和政府两方面的总体决策——的最大份额。

马尔库塞：嗯，你知道，在你关于股份公司的第一个陈述中，你表述了马克思主义修正主义的一个主要概念（恩格斯本人首次使用了这个概念）。人们把股权分散的股份公司看成是社会主义社会的雏形。现在我们知道，这显然是错的——比如，你不会坚持说，在大型跨国公司中，股东控制着这些公司的国内或全球政策。重要的不只是所有权，掌控生产力才是决定性的。就国家和政治家的作用而言，你相信政治家完全是由他们自己——作为自由的个体——做出决定的吗？政策制定者和社会上的经济势力之间难道就没有某种联系吗？

麦基：我可以向你保证，政治家们并不受私人经济利益的支配。相反，是私人经济利益集团一直在试图游说政治家。不过，唉，我觉得我们得按下这些不表，回到法兰克福学派（这个话题）上来。我在开场白里提到了该学派的两三位成员，如果能从你们这些非常了解他们的人这里听到更多关于他们的个人信息，那会很有意思。

马尔库塞：嗯，研究所[*]的所长就是霍克海默。他不仅是一位训练有素、学识渊博的哲学家和社会学家，而且，从某种奇怪的意义上说，他还是一位金融奇才，能够很好地照管研究所的物质基础——不仅在德国，后来在美国也是这样：他是个才华横溢的人。研究所期刊上的所有文章以及之后的文章，都是在与他以及其他合作者讨论之后写成的。阿多诺——一位天才。我不得不称他为天才，正如你已经提到的，因为我从来没见过有谁能在哲学、社会学、心理学、音乐等任何领域如此游刃有余——这太不可思议了。当他（就这些领域）交谈时，（他所说的话）可以不加任何改动地刊印出来：完全可以发表出来。还有一些人遭到了不公正的忽视或遗忘：利奥·洛文塔尔（Leo Lowenthal），研究所的文学评论家；弗朗茨·诺伊曼（Franz Neumann），杰出的法律哲学家；奥托·基希海默尔（Otto Kirchheimer），也是位伟大的法哲学学者；特别是亨利·格罗斯曼（Henry Grossman），一位优秀的经济学家和历史学家，也是我所见过的最正统的马克思主义经济学家——他曾预言资本主义将在某一年崩溃！

麦基：就像中世纪的某些教士预言世界末日一样。

马尔库塞：对研究所的经济工作起了更具决定性作用的是弗雷德里克·波洛克（Frederick Pollock），我想是他撰写了第一篇

---

[*] 当指法兰克福大学社会研究所。霍克海默于 1930 年出任法兰克福大学社会研究所第二任所长，直至 1953 年退休。——译者注

文章，提出从内部经济原因来解释资本主义为何应该崩溃是没有说服力的。波洛克还对国家资本主义及其基础和历史前景做了批判性的分析。

麦基：继卢卡奇[*]之后，你们所有人促成了一种思想上的转变，那就是把重心从成熟时期马克思的著作转移到青年马克思的著作，也就是他受黑格尔的直接影响时所写的著作。从那以后，人们就一直对"异化"概念很感兴趣。我认为这个术语的现代意义是由黑格尔创造的，然后由马克思继承并赋予了新的意义。接着，在长达半个多世纪的时间里，它几乎从西方思想中消失了。既然你作为法兰克福学派成员在一定程度上促成了它的回归，那么听听你对它的看法会很有意思。

马尔库塞：嗯，这是个非常复杂的故事。在马克思看来，"异化"是个社会经济概念，它的基本含义是（这是非常粗暴的概括），在资本主义制度下，男人和女人在工作中无法充分调用自己的个人能力，也无法满足自己的需要；这是由资本主义生产方式本身造成的；只有彻底变革这种生产方式，才能予以解决。如今，异化概念已经扩张到这般地步，乃至其原始内容差不多已经

---

[*] 格奥尔格·卢卡奇（György Lukács，1885—1971），匈牙利著名哲学家、美学家、文学史家和批评家。卢卡奇是西方马克思主义这一思想流派的重要奠基者，重视对经典马克思主义思想之阐释传统，提出了著名的物化理论，并在马克思阶级意识的理论基础上做出了重要贡献。他同时也是一位列宁主义哲学专家，将列宁的革命实践提炼为一套正式的先锋党革命哲学。主要著作有《审美特性》《社会存在本体论》《历史与阶级意识》等。——译者注

完全丢失了；它已经被应用于各种心理问题。但一个人遇到的每种麻烦或问题——比如与他或她的女朋友或男朋友产生的麻烦或问题——未必都是资本主义的生产方式造成的。

　　麦基：换句话说，你认为（包含在异化概念之中的）思想已经被淡化了。

　　马尔库塞：被淡化了——需要恢复其中的思想。

　　麦基：因为，考虑到其最初的意义，它仍然至关重要。

　　马尔库塞：至关重要……

　　麦基：至此，我们已经用相当负面的措辞谈论了法兰克福学派所反对的东西——我们谈论了它对马克思主义的看法，并且至少由此间接地谈到了对资本主义的批判。但这是为了什么呢？或者，如果这是个无法回答的问题（也就是说，不对整个社会描绘一番就无法回答，而在当前的讨论过程中几乎不可能指望你做到这一点），那我向你提个相关的问题：在你看来，法兰克福学派的积极贡献是什么？

　　马尔库塞：就从最简单的部分开始回答吧。首先，法兰克福学派具有决定性的积极贡献之一就是预言和理解了法西斯主义与资本主义的内在关系。其次（这也是霍克海默本人所认为的一个显著特点），采用跨学科的方法来解决当时重大的社会和政治问题：跨越学术分工，运用社会学、心理学、哲学来理解和阐发当时的问题，并且（在我看来是最有意思的贡献）试图回答如下问题："西方文明究竟出了什么问题，以至在技术进步的顶峰，我们却看到了对人类进步的否定——丧失人性，残暴无情，酷刑作为'正常'审讯手段的复兴，核能的破坏性发展，毒害生物圈，等等？这一切是怎么发生的？"我们回顾了社会史和思想史，试图界定整个西方思想史上——比如，尤其是在启蒙运动中，人们通常认为这是历史上最进步的阶段之一——进步和压抑这两种范畴之间的相互作用。我们试着理解解放和压迫这两种趋向的融合，很明显，这种融合已经势不可当。

麦基：你所描绘的这幅图景——即一群马克思主义者近乎痴迷于"（西方文明）哪里出了错"这一问题——表明了一种幻灭的政治。这一切似乎都建立在一种希望落空的态度之上，不仅是对马克思主义理论失望，也是对社会现实失望，比如对工人阶级未能成为有效的革命工具的失望。法兰克福学派是否在本质上带有某种失望、幻灭，甚至悲观？

马尔库塞：嗯，如果"失望"的意思，如你所表述的，是对工人阶级的失望，那我坚决反对。我们任何人都无权指责工人阶级在做的或没有做的事。所以，这种失望当然不是对工人阶级的失望。然而，还存在另一种失望，不过在我看来是一种客观的失望——我之前提到过——失望的是，在西方文明中积累起来而主要被看成资本主义成就的惊人社会财富，越来越多地被用来阻碍而不是建设一个更体面、更人道的社会。如果你把这叫作失望，那是这么回事。但是，如我所说的，我认为这是合理的、客观的失望。

麦基：我想，可以说，你们法兰克福学派的核心任务就是研究为什么会产生这种失望，以及这种失望是如何产生的。

马尔库塞：确实如此。

麦基：所以，法兰克福学派的核心事业在本质上是批判性的。

马尔库塞：那肯定。这才有了"批判理论"（Critical Theory）这个有时被用来指代法兰克福学派著作的说法。

麦基：法兰克福学派成员从一开始就特别关注的一个领域是美学。这使它有别于大多数其他哲学，更有别于大多数其他政治哲学。近年来，你自己也写了很多关于美学问题的文章。为什么你和你的同事总是把美学看得如此重要呢？

马尔库塞：嗯，我相信——在这方面，我和阿多诺最为接近——在艺术、文学和音乐中表达出来的见解和真理是其他任何形式都无法传达的。在美学形式中，一个在现实中不是被压抑就是被忌讳的全新维度被打开，展现出这样一些意象：人之生存和本性不再受限于压抑性现实原则的规范（the norms of a repressive reality principle），而是真正为其实现和解放而奋争，甚至不惜一死。我来试着说明这一点……好吧，我用个可怕的说法……艺术和文学的要旨是，世界就是历代恋人所经历的那个样子，就像李尔王（King Lear）所经历的那样，就像安东尼（Antony）和克利奥帕特拉（Cleopatra）所经历的那样。换句话说，艺术是与既定现实原则的决裂；与此同时，艺术唤起了解放的意象。

麦基：你现在所说的与你在我们讨论开始时所坚持的观点是一致的，即社会主义必须被理解为事关生命品质的不同，而不仅仅是物质上的变革。如果你将文学视作新价值观的宝库，那一定意味着你并不像许多马克思主义文学评论家那样，仅仅将文学视作对现存社会的批判，或仅仅将其视作革命工具。

马尔库塞：我认为所有真正的文学作品都是两者兼而有之。它一方面是对现存社会的控诉，但另一方面（与前一方面有内在联系）是对解放的承诺。我当然不相信，仅仅从阶级斗争或生产关系的角度就能充分解释一部文学作品。

麦基：就像我刚才所说的，这是法兰克福学派传统的思想家——比如你本人——目前正在研究的领域之一。你认为在不久的将来，你们这个哲学流派还会关注其他哪些领域？

马尔库塞：嗯，在这方面，我只能说说我自己（的看法）。

我想说，女性解放运动需要得到更多的关注。在如今的女性解放运动中，我看到了非常强大的激进潜能——要解释其中的原因，我可能得开个讲座。我试着用一两句话说说。到目前为止，历史上的所有统治都是父权统治，因此，如果我们在有生之年不仅能够看到女性在法律面前平等，还能看到所谓的女性特质在整个社会得到发挥——比如非暴力、情感调节能力和接受能力——这实际上将是，或者说可能是，一个有着质的不同的社会的开始，是带有暴力和野蛮特征的男性统治的对立面。现在，我完全意识到这样一个事实，即这些所谓的女性特质是受社会条件制约的……

麦基：有些人认为，说女性有什么什么特质的都是性别歧视——我本以为你的大多数追随者都属于这类人。

马尔库塞：我不在意这些。这些女性特质是受社会条件制约的，但在很大程度上它们就在那里，所以为什么不化弱为强，把"第二天性"转化为社会力量呢？

麦基：在讨论结束之前，我想向你提一两个对你著作最常见的批评。其中最重要的一个批评，我已经跟你说过了：你执着于一种已被证伪的理论的思想范畴……结果，你坚持把一切都看成和描述成与事实不符的东西。你所说的世界根本就不是我们所看到的那个世界。它只存在于你的思维结构中。对于这种批评，你还有什么想说的吗？

马尔库塞：我并不认为马克思理论被证伪了。事实与理论的背离可以由理论本身来解释——由其概念的内部发展来解释。

麦基：既然你承认马克思主义的所有这些问题，但连这都不能使你离开它，那什么才能让你离开它呢？

马尔库塞：当我们不断增长的社会财富与其破坏性使用之间的矛盾在资本主义框架内得到解决；当对生命环境的毒害得到消除；当资本以和平的方式扩张；当贫富差距不断缩小；当技术进步被用来服务于发展自由，马克思的理论就会被证伪。我再说一遍，所有这一切都要在资本主义的框架内实现。

麦基：在我看来，你似乎是在说，只要资本主义没达到完美的程度，就没有什么能证伪马克思主义——这实际上相当于拒绝接受马克思主义可以被证伪。但我还想向你提一些其他的批评。人们常说新左派是精英主义者。这些小群体大部分是中产阶级，并且常常是自我陶醉的知识分子，他们脱离了工人阶级（就像你自己之前承认的那样），但却自认为是革命先锋。该学派的很多内容都变得时髦、新潮，最重要的是他们脱离了真正的工人阶级，而工人阶级本是整个事业的初衷所系。与此同时，真正的工人阶级显然是反对革命的，如果说有什么不同的话，那就是他们有点儿保守——无论如何，他们与新左派的观点相去甚远。

马尔库塞：嗯，我完全不接受"精英主义者"这个说法。我认为这是新左派自我施加的受虐倾向的另一种表现——它并不是一种精英主义。我们真正有的是些小团体，我愿称之为催化剂团体（catalyst groups），由于他们有幸受到的教育和训练，所以他们在智识和理论上的发展很大程度上远离物质生产过程。这是任何宣言都无法弥补的，只有在变革的过程中才能弥补。眼下，我从不认为这些催化剂团体可以取代工人阶级成为革命的主体和施事者（agent）。他们是教育团体，主要从事政治教育，但不仅仅是政治教育。他们的主要任务是发展意识——他们试图抵制既有权力结构对意识的管理和控制，在理论和实践中预测变革的可能性。不过他们肯定不能取代工人阶级本身。

麦基：常见的另一种迥然有别的批评是，法兰克福学派的著作不仅难读，而且通常很枯燥，有时甚至无法理解。就拿阿多诺来说吧。你之前说他是个天才。我觉得他的东西很难读懂。在我看来，这是法兰克福学派试图传播的思想和这些思想的受众之间的巨大障碍。无论如何，这都是个严肃的批评——如果说有什么批评的话——而更优秀的作者阐述了另外的哲学体系这一事实则使该批评变得更为严肃。比如，在分析哲学中，有种清晰甚至风趣机智的传统。毕竟，伯特兰·罗素获得过诺贝尔文学奖，让-保罗·萨特（Jean-Paul Sartre）也得过，他是存在主义的阐述者里最有名气的。因此，当人们阅读存在主义哲学或分析哲学（的著作）时，就很有可能读到散文水平本身高超的文章。但当人们读到法兰克福学派成员的著作时……

马尔库塞：好吧，我多少同意你的说法，我承认我没理解阿多诺（书里）的很多段落。不过，我想至少就他对此提出的理由说几句。日常的语言、日常的散文，甚至是精妙的散文，已经被当权派渗透得如此之深，已经如此充分地表达了权力机构对个体的控制和操纵，乃至为了抵消这一过程，你必须在你所使用的语言中表明你必须和墨守成规决裂。因此，我们试图用句法、语法、词汇甚至标点符号来表达这种决裂。我不知道这样做人们是否会接受。我唯一想说的是，把我们今天所面临的极其复杂的问题草率地通俗化，这种做法同样存在着巨大的危险。

麦基：如果可以的话，我想向你提一个个人问题来结束我们的讨论。历史上很少有人遇到过你这样的经历。作为一名学者，你一辈子几乎只为一个小圈子——你的学生，以及你的著作和文章的相当专业的读者——所熟知，而几乎在一夜之间，你在晚年成了世界级的人物。这事发生在任何人身上都是很神奇的。这是种什么样的感觉呢？

马尔库塞：嗯，一方面，我非常享受，但另一方面，我又多少觉得自己不配。如果我们的讨论就此结束，我可能会以傲慢无礼的方式来结束我们的讨论。我……不，这不算傲慢无礼。当有人问我"这怎么可能？"时，我总是说："我之所以成为这样的人物，是因为其他人似乎更不配。"

麦基：这种事没谁能预料得到。我想实情是，你做梦也没想到会发生这种事。

马尔库塞：是的，我当然没想到。

4

海德格尔与现代存在主义

对话威廉·巴雷特

威廉·巴雷特
（William Barrett, 1913—1992）

引　言

麦基：不时会有严肃的哲学姗姗来迟地席卷知识界，这通常是某些特定的社会或历史环境造就的。两次世界大战间的马克思主义就是这样——主要是俄国革命造就的。"二战"之后就轮到了存在主义，这一风气开始在欧洲大陆流行，很大程度上是对纳粹占领（德国）经历的回应。当我说一种哲学走红的时候，我指的是，它不仅受到学术界的追捧，而且受到各类作家——小说家、剧作家、诗人、记者——的追捧，就这样，它开始渗透到一个时代和一个地方的整个文化氛围之中。比如，在战后的巴黎，各方似乎一直都在提存在主义，（存在主义）不仅出现在谈话、某些艺术和较为严肃的新闻报道中，也出现在大众新闻甚至是大众娱乐中，尤其在歌舞厅和夜总会的一些娱乐场所中也会出现。无论在当时还是现在，与这整个思想和社会发展相关的最出名的名字就是让-保罗·萨特。但是，20世纪的存在主义实际上不是源于法国，而是源于德国，而且不是源于"二战"之后，而是源于"一战"之后的时期。就思想上来说，这场运动中最重要的人物不是萨特，而是海德格尔，也就是说，认真研究现代存在主义的学生几乎一致认为，海德格尔是更深刻、更具原创性的思想家，而且在时间上，他也早于萨特。所以，在这次讨论中，我们将主要通过海德格尔的作品来探讨现代存在主义——尽管我们也会就萨特以及他如何融入这幅图景说上几句。

马丁·海德格尔（Martin Heidegger）于 1889 年出生于德国南部，终其一生都生活在欧洲这同一小片地区。在成为一名专业的哲学教师之前，他曾师从胡塞尔（Husserl）。1927 年，38 岁的他出版了其最重要的著作《存在与时间》（*Being and Time*）。此后，他又活了将近半个世纪，写了很多作品，其中一些作品很有意思，但他的其他作品都不如《存在与时间》那么厚、那么好、那么有影响力。这不是部容易读的书，但与我一起讨论这部书的人，是我认为对普通读者来说最好的一部存在主义入门书的作者——威廉·巴雷特（William Barrett），纽约大学哲学教授，《非理性的人》（*Irrational Man*）这部出色著作的作者。

讨 论

麦基：如果我对马丁·海德格尔的哲学一无所知，而你想给我讲讲他的基本思想，你会从哪里开始？

巴雷特：我会从尝试将海德格尔置于他的历史背景中开始，但这个背景要比你所指出的更广大。它的尺度是几个世纪而不是几十年。事实上，我所选择的背景是从 17 世纪的笛卡尔开始的整个现代哲学的时代。笛卡尔是新科学——也就是我们如今所说的现代科学——的创始人之一，而他推出新科学的模式涉及意识与外部世界之间奇特的分裂。心智将自然图式化，用于测量和计算的量化目的，最终目的是操纵自然——与此同时，正在做着这一切的意识，也就是人类主体，则与自然对立。于是，在心智和外部世界之间出现了非常突出的二元对立。在随后的两个半世纪里，几乎所有哲学都适应了这个笛卡尔式的架构。但在20世纪初，我们发现，反对笛卡尔主义的浪潮正通过各种形式和哲学流派慢慢涌现，遍及世界各地——在英国、欧洲大陆和美国。海德格尔是笛卡尔的反叛者之一。事实上，我们可以把这场反叛当作一把很好的钥匙来了解他的思想。总之，我会从这么一个历史背景开始给人讲授他的哲学思想。

麦基：那么，你（讲授）的入手点是这样的：随着现代科学——其黄金时代是在17世纪——的兴起，我们的文化中有了这样一种假定，也就是整个实在被分成感知者（perceivers）和被感知者（perceived），也可以说被分成主体和客体。有人类（也许还有上帝）在观察世界，也有人类在观察的世界。这种二元论，这种将整个实在一分为二的假定，在我们的思想包括我们的哲学和科学中无处不在。然而，与大多数西方人的想法可能相反，这是西方人所特有的一种实在观，更为重要的是，这种观点只是在过去三四个世纪里才为西方人所特有。

巴雷特：这是种让人不安的观点，因为从某种意义上说，我们实际上并没有生活在其中。我不认为你的心智附着在身体之上。我也不认为我在跟你说话时你的存在有什么可疑之处——我并不认为那是我推断出来的。如果把心智和外部世界这样对立起来，那就违背了我们对事物的日常感觉。因此，作为 20 世纪哲学的特征之一，对二元论的反叛是很容易理解的。海德格尔有他自己的反叛策略。他从我们实际所处的情境出发。你和我在同一个世界里——我们是同一个世界里的两个人。我会从"在世"（being in the world）这一基本概念开始向别人介绍海德格尔的哲学。"存在"（being）这个词可能会让我们望而却步，听起来有些遥不可及、高高在上；但我们必须在最俗常、最普通、最日常的意义上来理解它。我们从普通人在这个世界上的具体存在方式开始。这就是我们开始哲学思考的地方。

麦基：我必须说，我觉得这个起点很好。实在被分割为两个范畴上不同种类的实体这个想法是我从来没有自然而然地产生的——这是我必须在学校或作为一名学生去学习的东西；最初，我认为这是个奇怪甚至陌生的想法。我们作为个体的经历更符合你现在所说的：我们从婴儿期的无意识中走出来，发现自己是在这个世界中的存在者。我们就是发现自己在这里。这就是我们的起点。

巴雷特：一旦你扎根于世界，哲学的首要任务就变成了描述。哲学家试图研究和描述我们在这个世界上生存的各种模式。在这里，海德格尔的进路与像 G. E. 摩尔那样反笛卡尔的叛逆者的进路截然不同，后者专注于知识和感知问题。就拿摩尔那篇理所应当出名的论文《对外部世界的证明》（"Proof of an External

World"）来说吧，如果我没记错的话，它最初是在一群听众——英国国家学术院(The British Academy)——面前宣读的。我猜想，这些听众不会认为，他们自己的实际存在取决于摩尔能否成功地证明这一存在。事实上，当你提出这样一个认识论问题时，你必须已经在这个世界上，你才能提出这个问题。获得进入日常世界的入场券并不取决于你已经解决了认识论难题。认识论是我们或我们中的一些人作为世界上的存在者所开展的一项智性活动。

麦基：“存在主义”(existentialism)这个名头是否意味着存在主义哲学家认为我们在这个世界上的存在是最重要的哲学问题？

巴雷特：从我们必须应对的意义上说，这是一个问题。但它是给定的，而不是推论出来的。接下来的问题是如何描述它的特征。顺便说一句，强调海德格尔的目标是描述性的，这很重要。他不是一个好思辨的形而上学家。他并不是在建立一个关于终极实在是什么的抽象理论。

麦基：以下是对我们到目前为止的讨论所做的扩展性重述，请听一下你是否赞同？西方的科学、技术、哲学和社会本身在过去三四百年间都以某种方式得到了发展，一部分原因是它们之间的发展密切相关。西方人的主要事业是征服自然。这使得他以某种方式看待自然，仿佛他是主人而自然是奴隶，他是主体而自然是客体。这导致西方人对实在的看法发生了分裂，而这种分裂又渗入他的所有思想，包括他的科学和哲学。在哲学中，给定这种对实在的看法，知识问题就几乎不可避免地占据了舞台的中心。
"我们知道什么？我们怎么知道我们知道？我们要去知道的是什
么？知道和确信是一回事吗？"这些是自笛卡尔以来我们整个哲
学传统的中心问题。但是海德格尔并不关心这些问题。他关心的
问题不是知道是什么，而是存在是什么。生存（to exist）是什么？
我们发现自己身在其中或与之共在的这种生存是什么？

巴雷特：是的，是这么回事。

麦基：因此，从逻辑上讲，海德格尔在开始研究时，首先
分析了我们最直接、最切身体会到的存在方式，也就是我们自身
的存在方式。《存在与时间》的第一部分是对自我意识——也就
是我们对自身存在的最基本的直接认识——的细致分析。他称之
为"生存论分析"（the existential analytic）。人们可能会认为，
正因为这种体验是直接的，所以它是不可分析的。但是海德格尔
通过成功地结合两种方法反驳了这一点。一种方法是现象学，也
就是把最细致、最强烈的注意力集中在实际体验到的现象上。另
一种方法是康德式的，他问自己："要做到这一点，需要具备哪
些条件，也就是说，这种体验有哪些必要的先决条件，以至如果
这些先决条件不是这种体验的构成要素，我就不可能拥有这种体
验？"按照这种方法，他接着将我们有意识的自我意识的结构分
解成不同的部分。举例来说，既然没有对"某件事情正在发生"
的某种感觉就不可能设想有任何自觉的自我意识，那就必须得有
某种"发生之场域"（field of happening），某个"世界"，所以，

不具有"世界性"（worldish）的存在是不可设想的。其次，我们意识到我们所意识到的任何东西都意味着我们的意识必须与之发生某种牵连，他将此命名为"*Sorge*"，通常译为"操心"（care），但也许译为"关切"（concern）或"牵连"（involvement）更好一些。最后，如果没有某种持续性，这一切都不可设想——这一切都必须有一个时间维度，因此，存在必须是时间性的。诸如此类，不一而足。每项研究，就其本质而言，都是费力而漫长的，但在海德格尔那里，就像在康德那里一样，你会有种惊心动魄的感觉，你会认识到，在你一直以为是我们的意识的地面层的下面，还有个完全不同的楼层，你可以进入它、研究它。

听到这里，有人可能会说："没错，所有这些都很有意思，但这八成是内省心理学（introspective psychology），而不是哲学吧？"简短的回答是，这不是内省心理学，海德格尔做这番研究的目标不是要弄清楚人的行为或者我们的心智是怎么运行的，而是通过试图确定当我们说"我们生存着"时，我们关于自己所说的内容有哪些是不可还原的。这无疑是一项哲学事业。在有些方面，我觉得它是所有哲学事业中最迷人的。但我确实也意识到，有些人对此很难理解，也许是因为它不符合我们习惯的思考模式。对哲学家来说，这往往是个棘手的问题，因为它完全不同于知识问题——而知识问题是我们传统哲学的核心问题——因此在传统哲学的背景下，它就显得如此不同寻常。

．．．．

巴雷特：是不同寻常。但我想再次强调的是，知识问题在哲学中先声夺人，或多或少是自笛卡尔以来哲学才有的特点。早期的哲学家也讨论过知识问题，但它并没有像笛卡尔之后那样占据绝对的中心位置。因此，在某种意义上，海德格尔认为自己回到了希腊，尤其是回到了前苏格拉底时代。

麦基：我们已经说过，海德格尔试图做的是描述我们所处的实在，这意味着对我们在这个世界上的存在进行描述性的分析。外行人可能会问："这有什么意义？我们当然拥有这种生存。我们在这里。我们生活于其中。从某种意义上说，这就是我们所拥有的一切。对我们最为熟悉的事物描述一番，怎么可能给我们带来任何有价值的东西呢？它能切实告诉我们哪些我们还不知道的东西呢？"

巴雷特：在生活中，我们常常会忽略那些熟悉的事物。眼前的事物是我们最后才看到的。诚然，海德格尔所描述的人类存在的特征在许多方面都司空见惯；但等你看完他的分析，你会以一种前所未有的方式来看待它们。

麦基：你会说海德格尔给我们提供的完全是对平凡、日常和为人熟知的事物的分析吗？

巴雷特：作为（介绍海德格尔的）出发点，我会这么说。但我接着会说，海德格尔也强调非凡无比和不同寻常的东西——存在之中的不可思议的要素总是会突然出现。在这方面，我想将海德格尔与另一位日常哲学家（在其最一般的意义上使用该术语），即后期维特根斯坦做对照。这种对照很有意思，因为维特根斯坦设想，哲学的任务就是解开我们日常语言中的桎梏，这样我们就能够在世界之中的同一层面上继续有效地沟通。在这个意义上，我们几乎可以和维特根斯坦一起来设想这样一种可能性：如果我们解开语言中的所有桎梏，那么把我们带入哲学的所有难题或问题就会消失，哲学本身也会随之消失。但是，在海德格尔的带领下，我们在日常的现实平面上前进，突然间，我们脚下出现了巨大的裂缝。

麦基：你想到的是什么呢——死亡？

巴雷特：死亡是其中一种情况。

麦基：那其他的情况呢？

巴雷特：焦虑。良知。不过我们来说说死亡。你问我："他的描述怎么能给我们带来我们还不知道的东西？"他对死亡的描述颠覆了我们通常的观念。因为我们通常的观念都是极力回避死亡的现实。我们通常认为死亡是世界上的一个事实——是我们在讣告上读到的东西。它发生在其他人身上。可以肯定的是，它也会发生在我身上，但现在还没有发生，因此它仍然是世界上的某样东西，但对我来说是外在的。奇特之处在于，如果我停下来把它当作我的死亡，我就会意识到，对我来说我的死亡永远不会是世界上的事实。我永远不会知道我自己已经死了。

麦基：维特根斯坦在《逻辑哲学论》（*Tractatus Logico-Philosophicus*）中也说了这话："死亡不是生命中的事件。人不可能体验死亡。"

巴雷特：的确如此。我的死亡对我来说意义重大，但在我的世界里，它永远不会是事实。在我的世界里，这只能是一种可能性。然而，这种可能性永远存在。我可能随时都不在了。如他所说，这种可能性"取消了我其他所有的可能性"。就此而言，这是所有可能性中最极端的一种。而海德格尔的观点是，一旦你意识到这种可能性渗透在你存在的经纬之中，你要么在恐惧中逃避事实，要么崩溃，要么直面它。如果你正视它，你就会问自己："面对这种可能性，我的生命还有什么意义？"换句话说，在海德格尔思考的这个阶段，他会同意托尔斯泰的观点，也就是每个人，因而也是每个哲学家，都必须问自己一个基本的问题："既然人是要死的，那我的生命还有什么意义？"这个问题是在面对我们如何看待死亡的真相时自然而然产生的，而这个真相与人们通常思考和谈论死亡的方式不一致。和把死亡看成是世界上的一个事件相比，把死亡看成是一种永久的内在可能性则具有全新的意义。

麦基：我必须再说一遍，我对此深有同感。虽然我接受的是与此完全不同的哲学传统的训练，但你所说的一切对我来说都非常有意义。我有种强烈的感觉——我想很多人都有这种感觉——我们的日常生活既平淡无奇、充满陈词滥调、司空见惯，又神秘莫测、非同寻常。我有种更为强烈的感觉，面对死亡，人们开始寻找自身存在的意义。在来到这一点之后，海德格尔是如何着手回答他自己的问题的呢？

巴雷特：他没有回答。他所指出的只是人类生存的结构，作为提出问题的框架。他表明，这是人类生存必须要面对的一个维度。对"我的生命有何意义？"这一问题的具体回答将取决于个人。就此而言，海德格尔没有伦理学。

麦基：即便如此，某些主题还是以自然的方式出现，成为他思想的核心；他在发展这些主题时有很多话要说——你刚才提到了其中的一两个主题。我们可以谈谈（他思想中）最重要的主题吗？比如，他非常关心生命的一个特点，那就是我们只是发现自己到了这里，没有人邀请我们，也没有人请我们离开。我们所有人都被扔到了这个世界上——事实上，他用来表达这个概念的那个词的字面意思就是"被抛"（thrown-ness）：*Geworfenheit*。

巴雷特：我们没有选择自己的父母。我们被这样的父母生在了这个特定的时代、我们这个特定的历史时段、特定的社会之中，我们生来就有父母赋予我们的基因结构——有了这些，我们才能过生活。因此，人的生命从一开始就像掷骰子一样。它的偶然性深深植根于无法逃避的事实之中。它们对我们来说是"给定的"——我们可以赋予这个认识论术语以生存论的意义。

麦基：与这种"被抛"一道，以及随之而来的遍及我们生活方方面面的偶然性，还有一种同样不可避免的有限性，不是吗？
生命的整个经历持续的时间很短。我们不仅只是在这个世界上醒
来，发现自己在这里，而且我们刚刚习惯了这一切，一切就又停
止了。对我们大多数人来说，它停止的事实是可怕的。海德格尔
建议我们如何面对这一切呢？

巴雷特：没有建议。关键在于，无论你做出什么样的决定，
是为了赋予生命意义，还是为了迎接死亡，你都必须以这样或那
样的方式来面对人的境况。海德格尔没有这么说，但他提示，也
许所有哲学都是对死亡问题的回应。苏格拉底说过，所有哲学都
是对死亡的沉思——我们可以灵活地将其解释为，如果人不必面
对死亡，他就不会进行哲学思考。如果我们都是亚当，永远生活
在伊甸园里，我们只会四处闲逛，想想这个又想想那个，而不会
思考任何严肃的哲学问题。

麦基：海德格尔和存在主义者所面对的一个问题，我认为之
前的哲学家们并没有完全正视，那就是我们意识到死亡会引发焦
虑。事实上，这很可怕。这种直面自身有限性的焦虑正是存在主
义哲学的核心主题之一，不是吗？

巴雷特：是的。而如下事实加剧了我们的焦虑，也就是，要
生存下去，就必须迈向包含着我们无可避免的死亡的未来。这就
把我们带到了海德格尔的另一个核心主题——事实上，我们存
在的整个本质是被时间浸透的（time-saturated）。实际上，他的

《存在与时间》一
书 的 书 名 就 由 此
而 来。我 们 一 开 始
就 是 作 为 一 项 任
务 而 存 在 的，就 此
而 言，任 务 是 强 加
给 我 们 的，然 后
由 我 们 自 己 来 承
担。人 的 生 存 是 持
续 的 —— 用 蒲 柏
（Pope）的 话 来 说，
它 从 来 都 不 存 在，
但 它 一 直 将 要 存
在。[*] 我 们 总 是 牵

马丁 · 海德格尔
（Martin Heidegger,1889—1976），于 1965 年

连进创造自我的任务之中——而且总是从我们偶然的、事实性的
起点出发。

麦基：并且一直在迈向开放的未来。

巴雷特：对。在海德格尔那儿，未来是最主要的时态，因为
在他看来，人本质上是一种开放的、前行的生物。我们之所以构

---

[*]　蒲柏的原诗是："Man never is, but always to be blest."（人类从未幸福，但幸福永在
　　前方。）出自蒲柏论述人性的哲理长诗《人论》（*An Essay on Man*）。——译者注

建时钟时间（clock time）的概念，制造手表和其他计时器，就是因为我们打算利用我们的时间。我们把自己投射到未来。现在对我们来说，只有当它通向一个可能的未来时才有意义。只有当现在通向可能的未来时，现在对我们才有意义。

麦基：刚才我们刚谈到"焦虑"（anxiety）这个话题，转眼又开始谈论"时间"。我们能回到"焦虑"话题上来吗——回到你认为焦虑是存在主义的核心主题之一这一点上来？

巴雷特：在现代文化中，"焦虑"的命运可谓一波三折。几十年前，当奥登出版《焦虑的年代》*一书时，这甚至成了一种时尚。那时候焦虑是"流行"的东西。人们培育自己的焦虑——这是件愚蠢的事，因为（记住我们关于死亡的讨论）焦虑是与生俱来的。焦虑只是我们人类存在的偶然性在意识层面上的显现——人类存在的纯粹偶然性在我们心中荡漾。现代人的另一种态度——一部分原因是我们处于技术社会，掌握着某些工具、药物和各种疗法——是我们想象一定有某种工具或手段，这样我们就可以按下按钮，摆脱我们的焦虑。这里的错觉是，焦虑不是必须面对和

---

* 1947 年 7 月，美籍英国诗人奥登（W. H. Auden）出版了他的长篇诗作《焦虑的年代》（*The Age of Anxiety*），诗作描绘了"二战"结束时，四位对未来抱有憧憬的美国人在酒吧相遇后喝酒聊天，战火的结束挫败了他们的美梦和理想，所有人都沉浸在失望中。这部诗篇在 1948 年获得了普利策奖，两年内再版了四次，美国作曲家伦纳德·伯恩斯坦（Leonard Bernstein）认为这部诗作是英国诗歌史上具有纯粹艺术美感的最令人震惊的作品之一。这首诗不仅激发了伯恩斯坦的灵感创作出"第二交响曲（钢琴与乐队）"，还成就了一部同名的芭蕾舞作品。——译者注

经历的。无论哪端都是不幸的。焦虑只是人类存在状态的一部分。海德格尔曾在某个地方说过大意如此的话："有各种模式的焦虑：在某些形式中，它具有创造性渴求的平和（peacefulness of a creative yearning）。"换句话说，如果我们不焦虑，我们就永远不会创造出任何东西。

麦基：人试图逃离自己的焦虑，逃避自己死亡的现实，这引向了另一个存在主义大主题——异化。我们把目光从对自己存在的可怕现实中移开，实际上尽量避免生活在这些现实中。我们仿佛置身于自己生活的现实之外。像焦虑一样，存在主义哲学家对异化已有很多论述，这两个术语都遭到现代作家的广泛误解和滥用。

巴雷特：是的，事实上"异化"这个词已经被用滥了，以至如果现在有人使用这个词，人们会说："哦，那是个无聊的话题。"然而，它恰好是现代文化中最深刻的主题之一：它困扰着黑格尔和马克思，并成为20世纪文学的一个主要特征。我们的文明拥有如此之多的信息手段——这样人们就知道什么"在"、什么"不在"，像"异化"这样的字眼会被反复提及，直到它们变成空洞的陈词滥调——仅这一事实本身就助长了我们的异化，这是造成这种异化的力量之一。我们喋喋不休地谈论异化，只会让我们更加异化。

麦基：当然，以时髦的方式对待这些事情，就是不把它们当回事，因而是逃避它们。

巴雷特：是的，但是你看，异化发生在好几个层面。一个层面是，我们可能会在非个人的社会自我中迷失自我——一个人把自己埋葬在他的人格、他的社会角色中。

麦基：正如华兹华斯所说：

> 世与我纷纷；时光中浮沉，
> 得与失同在，荒芜了此生；
> 看不见，天性之所爱丘山；
> 心为形役……*

巴雷特：但还有另一种异化。就此而言，这确实是个问题——我这么说有点儿好笑，但我想你们会理解的。我从天空降落，来到伦敦——我还没完全找到自己。一切看起来似乎很陌生。

麦基：你感觉自己脱离于现实。

巴雷特：是的。当我走在街上，这些人都很陌生。再过几天，我可能就会有"宾至如归"的感觉了。从根本上说，"异化"一

---

* 此处的诗句选自英国浪漫主义诗人威廉·华兹华斯（William Wordsworth）的十四行诗《世与我纷纷》（"The World Is Too Much with Us"）。——译者注

词的意思是成为陌生人。*

麦基：我们在陌生的城市都会有这种感觉。但有些人会觉得自己在这个世界上就是个陌生人。

巴雷特：他们以陌生人的身份生活在这个世界上。

麦基：我们谈到了《存在与时间》中的一些核心主题：书名中提到的两个主题，以及死亡、焦虑和异化。书里还有很多其他内容，其中很多内容太过技术化，或者至少很难在眼下简短的讨论中深入展开。在我看来，其中最有价值的内容是对意识的现象学分析——这是一项异常深刻、富有想象力和独创性的研究，确实堪为天才的成就。总之，这是本真正触及了基本主题的书。即使在它没有提供答案的地方，它也为问题投下了光亮，这点无疑具有巨大的价值。

然而，像许多其他哲学家一样，海德格尔在年轻时就做出了"大"哲学，随后他继续前行，在某种意义上远离了他早年的关切。虽然《存在与时间》是作为两卷本著作的第一卷出版的，但第二卷却从未问世，所以我们读到的只是半本书。他为什么没有完成

---

* "异化"（德文为"die Entfremdung"，英文为"alienation"）一词源于拉丁文 *alienatio* 和 "*alienar*"，有脱离、转让、出卖、受异己力量支配的意思。作为哲学概念，异化的含义是指主体在发展的过程中，由于自身的活动而产生出自己的对立面，然后这个对立面又作为一种外在的、异己的力量转过来反对（控制）主体本身。——译者注

自己的计划呢？

巴雷特：这是人们讨论和猜测的话题。事实证明，海德格尔留下了这第二部分的手稿。手稿将以《遗稿》（*Nachlass*）的形式出版。但我个人认为，这对理解海德格尔帮助不大。我想我知道他要在手稿里说什么——他在《存在与时间》里论述康德时说过一些。但是，在 1936 年左右，出现了研究海德格尔的学者所说的"转向"。从某种意义上说，他觉得自己在《存在与时间》中把注意力过于集中在人身上了。他发现自己的哲学是一种强有力的人文主义，但也发现它使人所植根之处的问题变得模糊不清。

麦基：你是指自然界，即物质世界？

巴雷特：宇宙。在一个意义上，海德格尔自称是巴门尼德（Parmenides）的追随者，这你知道。海德格尔曾写过一篇关于巴门尼德——这位希腊智者提出了"万物即一"（the all is one）这一直击心灵的观点——的文章。在人类历史上，你第一次在这里获得了"存在之整体"（the totality of being）这一概念，我们必须在思考中将自己与之联系起来。现在，海德格尔认为，现代文化所发生的恰恰是我们失去了这些宇宙之根，脱离了我们与整体的联系感。

麦基：为什么要把这独独归咎于现代文化呢？这难道不是人的境况的一部分吗？

巴雷特：在人是一种既追求真理又远离真理的存在的意义上，它是人的境况的一部分——而巴门尼德对自己同时代人身上的这种"异化"提出了抗议。但我认为，这种情况独独发生在现代社会的原因之一是，我们已经建立了一个更加复杂的技术社会。我们比过去任何时候的人都更加被关于物事的完全属人的框架（sheer human framework of things）所裹挟。来到伦敦，我不禁想到，现在的伦敦与莎士比亚笔下的伦敦大不相同，莎士比亚笔下的伦敦离乡村更近——你可以直接走进去。

麦基：那么，将异化置于历史背景中，从而关注 20 世纪人类处境的特殊之处，是海德格尔在完成《存在与时间》之后开始沉迷于其中的主题吗？

巴雷特：是的。但后期海德格尔（的思想）并不系统，甚至不如他在《存在与时间》中所试图做到的那样系统。后期海德格尔主要关注诗歌问题和技术问题。他认为，我们这个时代的哲学家的任务之一是努力思考技术所涉及的内容。就技术这个主题而言，现代思想过于肤浅，太不可靠。你会发现人们的态度非常轻率：他们要么反对机器，要么支持技术。海德格尔说，在这个特殊的历史关头，人类支持或反对技术都是没有意义的。我们致力于技术。如果把它拿掉，整个文明就会崩溃。这是我们生存的赌注的一部分，某种意义上，我们在以身试险。另一方面，原子弹使人类普遍意识到，技术拥有巨大的可能性。迄今为止，人们抗议技术，认为它给当地带来了麻烦——失业、污染，等等——但是，人可以自我毁灭的观念向我们展示了技术复合体（technical complex）中可怕的可能性。后期海德格尔关心的是，思考在人的历史命运中，他的技术存在的根源在哪里，以及它可能会把他带到哪里。

麦基：他对诗歌的关注与他对技术的关注是怎么联系在一起的——如果他没把它们看作同一枚硬币的两面的话？

巴雷特：它们是同一枚硬币的两面。正如你从当代哲学的其他分支所知道的那样，有些哲学家倾向于认为语言是一种形式演算（formal calculus），一种可以操纵和控制的工具。这种观点代表了技术性思维的延伸。现在，在海德格尔看来，诗歌的特点在于它不以我们的意志为转移。诗人无法意欲写诗，诗只是自己到来。作为诗人的读者，我们也不能意愿我们的回应：我们必须服从这首诗，让它对我们产生影响。海德格尔将该文明的技术提升与其浮士德式的意志联系在一起，后者最终成为权力意志（will to power）。这里的关键引文来自弗朗西斯·培根（Francis Bacon）："我们必须拷问大自然，迫使它回答我们的问题。"——以戏剧性的方式认可了实验方法。但是，如果你停下来想一想，即使我们把受尽折磨的可怜大自然置于刑架之上，我们仍然必须倾听它的反应。从某种意义上说，我们必须奉献自己，必须乐于接受。在某一点上，我们的扭曲必须让位于任何需要倾听的东西。

麦基：这让我不禁想起你的出发点，也就是海德格尔与西方哲学主流传统的决裂。即使是这一传统中的革命性哲学，像马克思主义，也理所当然地认为征服自然是人类正在进行的事业，并且这么做很正当。但海德格尔的一个主要想法却与此截然相反。这个主要想法就是，如果我们真的想理解我们的处境——或者换种说法，如果我们真的想理解现实——我们就必须尽量不把自己强加于它，而是要顺应它。你认为这与东方思想（Eastern ideas）——人们习惯将其与佛教、印度教或者一般意义上的东方哲学联系在一起的思想——有什么严肃的联系吗？

巴雷特：我认为有联系。在海德格尔后期的一些著作中就有这方面的迹象，其中顺便提到了道教，还一度提到了禅宗。从某种意义上说，海德格尔认为，在这个历史节点上，这是对整个西方的一个考验。原子弹的可能性迫使他想到了这一点，而我们必须从哲学上加以考虑。一味追求掌控和权力的文明也可能在某一时刻失控。因此，也许在某一时刻，我们应该停止坚持己见，顺其自然就好。如果你愿意，这里有种类似东方精神的感觉。

麦基：我在海德格尔身上看到了如此多真正的见解和深度，以至我发现自己无法理解，为什么那么多其他明显具有天赋的哲学家——我想到的是鲁道夫·卡尔纳普（Rudolf Carnap）、卡尔·波普尔（Karl Popper）、A.J. 艾耶尔（A. J. Ayer）等人——会这样嘲笑和蔑视他。不仅在谈话中，而且在发表的作品中，他们都把他的作品斥之为无稽之谈、空洞的修辞，不过是一串文字而已。然而，在我看来，只要读一读《存在与时间》的导论第一章，你就会发现，他的作品绝非空话连篇，而是既蔚为大观又意味深长。为什么这么多的能人都对他嗤之以鼻呢？

巴雷特：好吧，我不想对哲学的现状说三道四，但确实存在着某种专业上的畸形。人有了某种看法，就会对别人的看法视而不见。我认为其中的一个障碍是海德格尔的词汇，初读之下是相当不和谐的。但如果你读他的德文，你会发现他写的德文相当直白——如果你把他的散文和诸如黑格尔的散文做对照，海德格尔就是明晰的化身。但恐怕我们总会在哲学中发现，人们会先入为主地赞同某些选定的词汇。你提到了卡尔纳普——我研习卡尔纳普多年，我之所以对海德格尔感兴趣，一部分原因是想探个究竟：他有他们说得那么差劲吗？

麦基：你真的是因为卡尔纳普攻击海德格尔而结识了海德格尔，并且现在你把他认作比卡尔纳普更为伟大的人物吗？

巴雷特：对……

麦基：在我们离开海德格尔这个话题之前，我认为有必要强调一下，大多数分析哲学家对海德格尔的作品似乎持有某种印象，他们把这种印象传授给了他们的学生，而他们的学生又不明就里地重复着这种印象，但这种印象根本就是错的。他们认为海德格尔的作品根本不是真正的哲学，但事实上，这明摆着就是哲学。

他们似乎认为，海德格尔关心的是告诉我们应该如何生活——然而，正如你所强调的，他明确避开了这一点，所以他们认为他是规定性的（prescriptive），而实际上他是描述性的（descriptive）。他们似乎还认为这一切都是大手笔的挥霍——浪漫的、辞藻华丽的、自由散漫的——而事实上，至少《存在与时间》的大部分内容都是相当慢条斯理且以德式风格煞费苦心的描述性分析，如果不是因为这项工作富有独创性、激动人心且重要，这种分析就过于学术化了。既然如此，人们惯于从分析哲学家那里听到的对海德格尔及其哲学的那种嘲弄或谩骂就太过离谱了，以至它明确无误地暴露出辱骂者的无知。从纯粹个人的角度来看，我认为，这在他生前看来，即使不是不可饶恕的，也一定是极不像话的。不过，他当然不是哲学史上唯一一个遭到诋毁的重要人物——在某些情况下，这似乎是任何真正具有原创性的人都必须付出的一部分代价。

不过让我们继续讨论吧。我想在讨论中带进另一个人物——我在开场白部分曾承诺我们会谈谈萨特。我指出，尽管萨特已成为最出名的存在主义者，实际上也是大多数人会跟存在主义联系在一起的唯一名字，但他并不像海德格尔那样是一位富有独创性的思想家。尽管如此，他还是做出了贡献。你认为萨特的主要贡献是什么？

巴雷特：我个人认为，萨特的一些小说和戏剧比他的任何哲学著作都更重要，但我还是同意他是一位相当杰出的哲学家。他的主要哲学著作名为《存在与虚无》（*Being and Nothingness*）。

这是一个巨大的误称。这本书无关存在，也无关虚无。萨特对存在没太多领悟。无论人们对海德格尔有什么异议，人们都得承认，这个人确实充盈着存在感。萨特这本书实际上是一出关于两种笛卡尔意识的情节剧。这两种意识自然都是笛卡尔式的，因为他是法国人——每个法国人都是笛卡尔主义者，只要他被推得足够远。这两种意识永远无法相互理解。它们是两种误解了对方的主观主义思想：我，作为主体，强加于你，并将你转化为客体；而你也做出相同的回应。就这样，这种歪曲事实和充满误解的魔鬼对话一直在继续。最终，我们不可能真心实意地交流。因此，萨特的这本大书实际上是一本关于真诚（sincerity）问题的书——我认为这是法国文学的主要问题，从蒙田经由莫里哀（Molière），到普鲁斯特（Proust）。

萨特最出名、最积极的学说是他的自由观。该学说在公众心中最受欢迎，因为它向我们展示了最为广阔的自由前景。作为人类，我们的自由是完全的和绝对的。没有什么能阻止我们在任何时候做出任何铤而走险的举动。

麦基：我想你的意思是，比如说，我现在可以拿起这个沉重的玻璃烟灰缸，用它砸你的脑袋，或者从这栋楼的楼顶跳下去，或者搭乘下一班飞机离开伦敦，这辈子都不再回来。只要我愿意，我真的可以做这些事情，没有人能阻止我。任何时候我都可以自由地采取无数其他这样的行动——任何可能的行动，无论多么极端、暴力、反复无常或不合常规，事实上，没有人能够出于不可抗力阻止我这样做。而萨特一直强调的是我们并没有正视我们现实处境的这一方面。相反，我们对自己伪装，仿佛我们远比实际情况更受限制、更不自由。结果，我们让自己在远大于必要的程度上被习俗和别人的想法支配。在我们的生活方式方面，我们让自己发挥的想象力远远少于我们可以创造性地发挥的想象力——因此也就少了很多自由。

巴雷特：你举的例子特别棒——它们指出了萨特观点中最值得怀疑的地方。这种绝对的和完全的自由在什么时候会变得病态？在具有毁灭性和自毁性的时候？传统上，自由总是和责任观念联系在一起，我想保留这种联系。毫无疑问，惯例（convention）确实给一些人带来了沉重的负担，扼杀了他们获得自由的可能性。但我想知道，到眼下为止，我们是否还没有夸大惯例的僵化作用。那些因循守旧的人自然通常没多少个人特质（personal substance）。而很多蔑视惯例的人自己也没有什么东西可用来蔑视惯例。在 20 世纪 60 年代，我观察到很多年轻人不按常理出牌，他们中的很多人甚至把"本真"（authentic）和"非本真"（inauthentic）这两个存在主义术语挂在嘴边，而在大多数情况下，其结果实际上是最浅薄、最不可信的。如果他们遵循一些惯例，他们就会成为更真实的个体；事实上，他们中的一些人确实毁了自己。某些惯例具有积极的价值：毕竟，语言本身就是一种惯例，没有它，你我就无法对话。如果你按常规行事，而你也有点创意，那无论如何，你最终都不会落俗套——但这不是你努力争取而来的。问题在于如何取得平衡——但萨特更喜欢纠缠于极端。如果你留意他的言辞，你就会发现，尽管他是这么说的，但他推荐的这种自由所具有的破坏性的可能性一直困扰着他。因此，他告诉我们，这种完全的自由会让人头晕目眩——这就像站在悬崖上，我随时都可能从悬崖上一跃而下。没有什么能阻止我。这里的自由形象是一种自我毁灭的形象。

麦基：但是，萨特将如下事实戏剧化肯定是对的吧，也就是，我们在生活中实际拥有的选择和自由的现实，多数时候远远超过我们自己愿意面对的？

巴雷特：戏剧化没问题。问题在于，他是否把整件事的某一方面过分戏剧化了。在这一点上，我认为海德格尔的洞察力远超萨特。如果你想在某个地方找到你的自由，那它最终必须是在日常平凡的现实生活中。在经历了绚丽、孤独和壮观的自由飞跃之后（顺便说一句，我认为把自由问题窄化至单个行为的问题是错的），你将不得不再次回到日常世界。你跳上飞往塔希提岛(Tahiti)的飞机，开始新的生活——而你还是那个你。猛然投身于他贸然抉择的个人，可能是往错误的方向——对他个人来说错误的方向——一路狂奔。在这种情况下，尽管他表面上行使了自由，但他仍会像刚开始时一样盲目，因此也是不自由的。

在海德格尔看来，根本的自由是我们向真理敞开的自由——行动的自由从属于真理或随真理而来。如果我们自己没有开悟，我们的行动又有什么意义呢？就像任何一个精神分析学家都会告诉你的那样，向真理敞开不是件容易的事。接受精神分析的病人无法看到自己处境的真相，因为他本人在自己的视野中设置了障碍。我们都有能力以相当具有破坏性的反常意志来扭曲我们每天遇到的人之处境。我们很难后退一步，让事情顺其自然，让人们看清事情的本来面目。我们必须至少暂时放弃我们疯狂的自我主张，以及随之而来的所有扭曲。后期海德格尔的所有作品实际上是对权力意志的长期抨击，这种权力意志甚至在我们的个人关系问题上也影响了西方文明。

麦基：根本之点仍然是，只有在某种意义上顺从现实或自然时，你才能真正理解现实或自然。

巴雷特：是的——而且记住，自然也包括我们的人之本性。我们不仅要停止试图主宰物质世界，也要停止试图主宰人类；不仅要停止试图主宰他人，也要停止试图主宰自己：我们要停止试图主宰自己的个人生活。正如精神分析所表明的，人可能会与自己交战，有意识与无意识交战。也许在某一点上，我们必须停止强迫自然的那一部分，也就是我们自己，在某一点上，我们必须顺从自然。现在，海德格尔唯一能提供的是某种反思性思考，（他说）这种思考类似于诗歌，因为它思考的是存在，而不是它可以操纵的对象。这也许能让我们对存在的某些非技术性维度有所了解。

麦基：但是，如果我们想继续生活在一个拥有桥梁、医院和脑部手术的世界里，我们就必须生活在一个拥有高水平技术的世界里，因此，我们必须从技术和其他方面进行思考。

巴雷特：没错。但这正是海德格尔的观点。那些"反对技术"的人是完全不真实的。他们没有清醒而明智的历史观，因为技术是我们命运的一部分。我们的生活离不开技术。从某种意义上说，技术就是我们的存在——在某种程度上，我们是通过技术而使我们成了现代人。所以，我们不能简简单单地抵制技术。任何这样的观点都不构成真正有深度的思考。尽管如此，技术带来了问题。比如，如果我们不把自己炸死，那么我们现在拥有的技术在一百年后就会显得过时和微不足道——就像有很多现代技术，衬得 19 世纪的抗议现在看来过时了一样。但这意味着我们的生活要发生转变，而我们在思想上还没有做好准备。考虑一下基因操纵、基因工程的问题：我们准备好说出我们想要设计出什么样的基因构成了吗？你看，我们很可能获得了这方面的工具，却没有发展出人类的智慧来利用它们为我们的最终利益服务。

麦基：但我不明白海德格尔是如何做到这一点的。他要怎么帮我们做出这样的选择呢？

巴雷特：通过警示我们，除了技术性的思考方式之外，我们必须让自己投身于另一种截然不同的反思之中。我经常在住处附近的树林里散步；如果我下午在树林里散步，我就会一直在思考。但如果我回来，有人问："你解决了什么问题？"我会不得不说："我没有那样想过。我在沉思，在为自己和自然定位。"当我从这种思考中回过神来的时候，我觉得自己更加健全和完整了。但你可以想象其他人会想："这太奇怪了。他说他在思考，但他没有考虑任何问题，也没有计算任何东西。"

麦基：我花了很多时间沉浸在这种自我定位（self-orientation）中，所以我不需要别人来说服我相信它的价值。然而，这本身还不够。尽管你说了这么多，我仍然认为海德格尔缺乏积极学说（positive doctrine）是一种局限，尽管我承认这是哲学本身的局限。我们通过研究他的哲学而对我们的处境有了更多的理解，难道这纯粹是被动的吗？难道我们就不能以不同的方式行事，以不同的方式生活吗？如果海德格尔继续——就像受他影响的神学家所做的那样，就像西方人传统上所常做的那样——说世界的终极解释是，世界是由上帝创造的；这位神在创造世界和我们的时候有特定的目标；对我们来说，正确的生活方式就是与这些目标相一致；上帝已经采取措施让我们知道这些目标是什么——如果海德格尔继续说这些，那他就和神学家是一回事了。但他没有。他仍然没有给我们任何指引，告诉我们如何继续下去。宗教世界观既给了西方人一种宇宙解释，也给了他们一个价值体系，从而给了他们一个目标。对许多人来说，失去对上帝的信仰带走了这一切。我们中的许多人现在觉得自己生活在一个没有意义、没有目标、没有价值的世界里。现在，我完全可以想象，有人会从存在主义哲学中寻找这些事物的意义；但在我看来，海德格尔并没有提供这样的意义。

巴雷特：是的，他并没有提供你所要求的这些东西。但你确实提出了很多要求，我不知道哲学，任何哲学，能否提供你所寻求的答案。一段时间以来，哲学一直在质疑它是否能为我们提供任何"积极学说"，即一个连贯的命题体系。各种哲学流派都反复强调，哲学主要是一种阐明（clarification）的活动。记住维特根斯坦那句非常简单却极具杀伤力的话："哲学让世界如其所是。"它不会给我们带来关于世界的新信息或新理论。所有这些都是康德留下的遗产，即形而上学只有是调节性的而非构成性的才有效。当然，我们不能指望哲学能为普罗大众提供任何像宗教信仰那样曾经至关重要的东西。

现在，海德格尔和其他哲学家处于同一历史时期，他非常清楚这一时期所带来的局限性。在这一时期，哲学可能不得不承担起一种更为谦卑的角色。他有句话说得特别好："哲学必须学会再次陷入其质料的匮乏之中。"在我们还没有学会与问题本身打交道之前，就匆匆忙忙地进行某种新的哲学综合，有什么意义呢？我们只是从一个虚假的解决方案过渡到另一个——这些系统盛行了十年，然后就废弃了。就我自己的哲学经历而言，从学生时代到现在，我已经接触过六种不同的正统学说——而且我已经看到最新的学说即将过时。至于宗教，我们可能也得从头开始。海德格尔坚持认为，哲学家应该审视自己所处的时代，并意识到我们这个时代所特有的黑暗。我想是马修·阿诺德*说过这样一句话，很有预见性，他说我们处在两个世界之间，一个世界已经死了，另一个世界无力诞生。这也是海德格尔的思想，但他引用的诗人

---

*　马修·阿诺德（Matthew Arnold，1822—1888），英国诗人、评论家。曾任牛津大学诗学教授（1857—1867）。主张诗要反映时代的要求，需有追求道德和智力"解放"的精神。其诗歌和评论对时弊很敏感，并能做出理性的评判。——译者注

是荷尔德林（Hölderlin）：我们正处于已隐遁的诸神与未到来的神之间的黑暗时期。海德格尔本人从小是天主教徒，在一所天主教神学院学习成为一名牧师时，他第一次读到了康德的《纯粹理性批判》（*Critique of Pure Reason*），并被康德证明上帝存在的证据不够有力的论证所折服。他转入大学，学习了一段时间的自然科学，然后是哲学。因此，他没有特定的宗教信仰。他称自己是"不信神"（godless）的——仿佛有意把这当作他个人遭受的命运。但在晚近的一篇文章中，他说："也许我的不信神比哲学上的有神论更接近上帝。"因此，他保留了康德的信念，即通往上帝之路并非通过理性论证或证明。我们"面向上帝的存在"必定与纯粹的智识信念（purely intellectual conviction）截然不同。他既不是无神论者，也不是有神论者，而是一位为重新理解宗教的意义铺平了道路的思想家。

麦基：我不是一般意义上的宗教徒，但在我看来，在我们研究完海德格尔之后，终极问题依然存在。他对我们一直在谈论的所有事情都很有启发，但他仍然让我们面对一个无法逃避的事实，那就是我们都会死，这反过来又使我们产生了一种强烈的情感需求，那就是需要在我们的这一生中找到一些意义——而他仍然没有给我们丝毫的暗示，告诉我们这意义可能是什么，甚至它可以是什么。有必要采取下一步行动。我们该何去何从……？在我看来，海德格尔的哲学似乎并不是一个可能的落脚之地。它几乎是另一种哲学的前奏，而不是哲学本身。

巴雷特：这是为哲学做准备，但不是说可以把它看成逻辑学手册这样的准备。海德格尔告诉我们，他的思想为最终的哲学铺平了道路，而最终的哲学可能与我们现在所拥有的哲学大相径庭，甚至根本不能称为"哲学"。它可能不同于我们现在的哲学，就像希腊哲学不同于在它之前的那种觉解一样。海德格尔在这里是否过于空想了？好吧，考虑一下这一简单而庞大的历史背景——哲学孕育了科学；现在，科学技术已经到来，并改变了地球上人类的整个生活。哲学是否有与人类所处的这一独特的历史性存在层次相称的新视野？也许这就是为什么我们的很多学院哲学没有引起学科以外人士关注的原因。只要我们在旧框架内进行哲学思考，我们就只能用新的技术细节来点缀它，而这些技术细节到头来会变得微不足道。寻找一条新的思考道路的努力必然是试探性的和摸索性的。就像我刚才说的，海德格尔喜欢把自己说成是一个在路上的思想家。也许他有时似乎走得太慢了，但我相当喜欢后期海德格尔的这种悠闲的步调。他自己也说不出他的目的地是哪里。要说得出，他就必须已经抵达目的地——到目前为止，他只是在路上。毫无疑问，这种摸索和等待的局面一定会考验那些想要拥抱一个大体系或急于皈依宗教的人的耐心。但我们还能做什么呢？

麦基：在某些现代艺术中，人生活在一个没有上帝的宇宙中，这种感觉让人感到害怕，比如，在塞缪尔·贝克特 * 的戏剧中。《等

---

* 塞缪尔·贝克特（Samuel Beckett, 1906—1989），爱尔兰作家，创作的 （转下页注）

待戈多》（*Waiting for Godot*）以几乎难以忍受的方式表达了个人的孤独感和无意义感，他将自己视为宇宙中没有目标的存在。在我看来，海德格尔的作品里几乎没有那种让人看了《等待戈多》后痛苦不堪的恐怖感。

巴雷特：你提到《等待戈多》，这真有意思。我听说海德格尔在德国看了一场演出。演出结束后，他说："那个人一定读过海德格尔的书。"顺便说一句，戏剧标题强调的是"等待"——海德格尔说他的全部思考都是一种等待。然而，坚持这种等待包含着某种肯定：它是一种探究，一种思索。海德格尔没有进入应许之地（Promised Land）。但他也许会使其他人能够进入。

麦基：归根结底，在我看来，存在主义是先于宗教的。也就是说，如果你通过这种哲学来做研究，它最终会让你走到宗教的门槛上，或者，也许我反而应该说，它让你面对一个涉及宗教的终极选择。最后，要么存在的东西的确存在这一事实是有意义的，要么一切都毫无意义。

巴雷特：是的，只要哲学涉及终极态度，它就会把你引向生存的宗教领域，无论你在这一领域的立场如何。

（接上页注）领域主要有戏剧、小说和诗歌，尤以戏剧成就最高。他是荒诞派戏剧的重要代表人物。1969 年，他因"以一种新的小说与戏剧的形式，以崇高的艺术表现人类的苦恼"而获得诺贝尔文学奖。——译者注

5

Wittgenstein

维特根斯坦的两种哲学

对话安东尼·昆顿

安东尼·昆顿
（Anthony Quinton，1925—2010）

引 言

麦基：20 世纪英语世界最有影响力的两位哲学家是伯特兰·罗素和路德维希·维特根斯坦（Ludwig Wittgenstein）。罗素不仅是一位大哲学家，还是个大人物。他几乎一生都沉浸在政治和社会事务中，以主持人、记者和社会评论家的身份为公众所熟知。人们正当地将他与某些一般性的思想联系在一起，也将他与一种解决社会问题的特殊进路联系在一起，即使他们对他的哲学知之甚少，而他的哲学里最好的那部分内容高度数学化和技术化，因此非专业人士无从理解。维特根斯坦则完全不同。他是一位技术性哲学家，仅此而已。他不参与公共活动，甚至在他自己的专业领域也避免曝光，而且很少发表作品。结果，在很长一段时间里，他的影响虽然巨大，但仅限于专业哲学领域。直到最近，这种影响才开始渗透到周边的思想领域，并影响到其他活动领域的人。所以现在的情况是，很多人开始对维特根斯坦有所耳闻，但他们还不知道他做了什么，不知道他的思想为什么重要。我希望接下来的讨论能够针对这种情况，清楚地勾勒出维特根斯坦的思想脉络，并让大家对他的思想所产生的影响有所了解。牛津大学三一学院（Trinity College, Oxford）的院长安东尼·昆顿

（Anthony Quinton）（他在这所大学教授哲学长达二十多年）承担了这项主要任务，这殊非易事。

在请安东尼·昆顿开始谈论维特根斯坦的思想之前，我想先介绍一下维特根斯坦这个人。他于 1889 年出生于维也纳，1951 年逝世于剑桥，中年时入了英籍。他的父亲是奥地利最富有、最有权势的钢铁巨头。毫无疑问，一部分是由于他的家庭背景，当然也受到家庭背景的推动，他对机械产生了浓厚的兴趣，这为他的整个教育奠定了基础。他的父母把他送到一所专攻数学和物理科学的学校。从那时起，他成了机械工程专业的学生。19 岁时，他前往英国，去了曼彻斯特大学，成为航空工程专业的研究生。正是在那里，他开始对数学基础的哲学性质问题着迷。他读了伯特兰·罗素的名著《数学的原理》（*The Principles of Mathematics*）*，这似乎给了他某种启示。他放弃了工程学，前往剑桥大学师从罗素学习逻辑学。没过多久，他就写出了富有独创性的作品，从那时起直到现在，许多人都视之为天才之作。这就是他生前唯一出版的著作《逻辑哲学论》（*Tractatus Logico-Philosophicus*，英文中常简称为"the *Tractatus*"）。这本书于 1921 年在奥地利出版，1922 年在英国出版。它篇幅短小，比一篇文章长不了多少，但它无疑是 20 世纪出版的最有影响力的哲学著作之一。然而，当这本书在随后的年月里发挥巨大影响时，维特根斯坦本人却对它越来越不满。事实上，他开始认为这本书

------

* 《数学的原理》是罗素 1903 年发表的作品，提出了罗素的很多重要的逻辑学和数学哲学观点。罗素后来评价该书是"其后那部著作的一个粗糙、很不成熟的草稿"，"其后那部著作"即《数学原理》（*Principia Mathematica*）。——译者注

从根本上就是错的，并提出一种全新的哲学，否定了他之前的哲学。在他有生之年，这第二种哲学只面向他在剑桥大学的学生传播，并通过他们散播开去。但在他去世后，他积累的大量作品得以出版，这些作品也都体现了第二种哲学。其中最重要的是1953 年出版的《哲学研究》(*Philosophical Investigations*) 一书，这本书的影响力不亚于 30 年前的《逻辑哲学论》。

　　我相信，这是哲学史上独一无二的现象：一位天才哲学家创造了两种不同且互不相容的哲学，每一种都对整整一代人产生了决定性的影响。让我们回到故事的开头——回到写于 20 世纪第二个十年的《逻辑哲学论》——从那里开始追溯。

讨　论

　　麦基：《逻辑哲学论》是本篇幅极其短小的书——标准版不到 80 页。维特根斯坦在这本书里试图解决的核心问题是什么？

　　昆顿：我认为核心问题可以简明扼要地表述出来，那就是：语言是如何可能的？如何可能将语言用于维特根斯坦心目中它的本质目的，即描述世界、陈述事实、告诉我们真相——以及在没做到传递真相时，则向我们传递假象？

　　麦基：很多人可能一下子没明白过来这为什么是个问题。我们倾向于认为语言是理所当然的。为什么语言的存在本身会成为一个哲学问题呢？

昆顿：嗯，如果从或多或少统计学的角度来看待这个世界，那就可见这个世界的很多事物都在因果层面相互作用。岩石撞击岩石，月亮影响潮汐，诸如此类。但是，就在这个世界上，有这样一种非同寻常的现象——世界上的某些元素本身以可理解的方式表征着世界上的其他元素。对语言的使用和理解，是人与单纯的物的区别所在。语言是我们内心世界的基本肌理（essential texture）。我们与同伴的大部分交流——尽管不是全部——都是通过语言进行的。我认为，维特根斯坦提出了一个看似显而易见，以至大多数人懒得去问的问题，就像牛顿认真地追问为什么行星不会向四面八方飞去，为什么一松手石头就会掉下来一样。维特根斯坦的问题同样具有率直、质朴、根本的特质。

麦基：可以这么说吗？我们人类有能力思考不在我们面前的事物并就其相互交流，从而有能力以各种各样的方式应对这些事物。我们之所以能够做到这一点，一定程度上是因为我们拥有语言。这就提出了两组问题：第一，语言与世界的关系是什么？第二，语言与思想的关系是什么？我想你也会同意，这两组问题都是《逻辑哲学论》所努力解决的核心问题。

昆顿：是的。以前，人们也曾以零敲碎打的方式就这些事绪追问过这些问题。《逻辑哲学论》的最大魅力在于，它们是以人们可以设想到的最具一般性的方式提出来的。对于你提到的两组问题，维特根斯坦都给出了回答。一种乍看之下显然不太有用的回答是，语言通过描画世界来表征世界。他说，命题是事实的图画（pictures）。其次，命题是思想的表达。它们是思想的载体。它们是我们思考所依凭的东西。

麦基：同一件事还有另外一面，不是吗？维特根斯坦关心的是确定语言能够以及不能够以可理解的方式被用来做什么，这一事实本身就带有确认和摒弃语言的不合理使用的隐含方案。他不仅试图弄清楚语言能做什么，他还试图弄清楚语言不能做什么。

昆顿：这是整本书的一个根本特点，没准也是最有影响力的一个特点。维特根斯坦坚持认为，语言的界限是可陈述的，这源于他的观点，即语言本质上——我得重复一遍——是字面意义上的图画。有一则广为人知的逸事，说的是维特根斯坦听说有人用某些模型来表征街上事故的情形（我记得是在一个法国的法院上），而他在面对这件事时便有了阿基米德大喊"尤里卡（Eureka）！"的那种体验。"我明白了，"他大意上是这么说的，"这就是语言的本质。"这种信念给语言施加了非常严格的限制：语言必须准确镜映（mirror）对象所处的事态。这就非常明显地限制了我们所能说的话。特别是，他认为语言与世界的关系本身不能用语言有意义地表达出来，也不能用语言来讨论。

麦基：维特根斯坦的理论通常被称为"意义的图画论"（the picture theory of meaning），而你强调，他的意思是要让人们相信他所说的，语言是字面意义上的图画。我想，大多数人很难理解一个句子在什么意义上可以是一个事实的图画，事实上，很难

理解一个句子怎么能是任何事物、现实的任何片段的图画。你能
解释一下吗？

昆顿：嗯，我想他的观点是，虽然日常语言的句子看起来不
像图画，但如果它们要有意义，就必须能被分析或分解成一组终
极的基本句子，这些句子是真正意义上的图画——这些句子纯粹
由名称组成，这些名称与所谈论的对象直接相关，其中，名称的
排列镜映对象的排列。

麦基：我们得确保我们已经完全讲清楚了这一点。维特根斯
坦认为，如果你分析任何关于世界的话语，你就可以将其还原为
作为事物名称的语词，并且，句子中语词之间的关系对应于世界
中事物之间的关系。句子通过这种方式得以描画世界。

昆顿：没错。这是维特根斯坦从基本原理出发做出的论
证。他认为，这是因为他要求每个真正的命题都必须有明确的意
义——他认为，任何命题都不可能有确定的意义，除非它最终是
由这些基本的描画性命题（pictorial propositions）组成的。他
没有举任何描画性命题的例子。受他影响的其他哲学家提了一些
描画性命题的例子，但维特根斯坦完全没有举这样的例子。他只
是说，可以证明一定存在这种终极的描画性命题。

麦基：人们脑海中出现的第一个问号就是：我们所说的很多
话都是不准确的或不真实的，这意味着在这些情况下，我们所说

的话与世界上的事并不相符。意义的图画论对此做何解释呢？

昆顿：嗯，从我们已经讲到的内容来看，这一点很好解释。对象可以有各种不同的排列方式，我们为这些对象取的名称也可以有各种不同的排列方式。一个有意义的命题将一组名称以其所允许的一种可能配置组合起来，这些名称组合的可能性直接平行于这些对象组合的可能性。所以，一个有意义的命题本身，描画的是一种可能的事态。如果命题所指的对象的排列与命题中对象名称的排列相同，则命题为真。如果两种排列不同，则命题为假。这就好比可以把筹码挪来挪去，以组成各种配置。其中大多数句式只表征可能的事态。当它们按照所指对象的排列方式配置或排列时，则命题为真。

麦基：我们在日常生活和哲学中所说的很多话压根就和事实无关。我们会做出道德判断、美学评论，诸如此类——这些又如何用意义的图画论来解释呢？

昆顿：嗯，就伦理判断和审美判断来说，事实上，意义的图画论并没有对它们做出解释——（意义的图画论）只是说，它们不是语言本身的一部分。

麦基：这话从任何人口中说出来都挺古怪。

昆顿：维特根斯坦认为，伦理学是超验的。伦理学不涉及事实，并且他坚持认为，语言的真正功能是描述事实——若有可能，就真实地描述，若没有可能，就虚假但仍然有意义地描述。这就是语言的本质。

麦基：我再复述一遍：当我说出一个关于世界的句子时，我是在以一种与世界上事物的可能排列方式相对应的方式把名称排列在一起。如果这种排列确实在世界上应验了，那么我的陈述就是真的。如果不是，我的陈述就是假的。如果世界上的事物不可能按我句子中名称的排列方式来排列，那么我说的话就没有意义。因此，我们有一个三分法：真、假、无意义。

昆顿：你说得对。

麦基：这整个意义理论以一种本体论为前提，以存在的事物必须具有某种特征为前提。根据这一本体论，世界必须以独立于我们和语言的方式最终由简单对象组成，而这些对象能以特定方式相互联系。

昆顿：这正是维特根斯坦在《逻辑哲学论》这本书开头所说的话。他不加论证地说道，世界是由事实构成的；事实是对象的排列；对象必须是简单的（用你的话说）。在阅读这本书时，人们会觉得这些只是教条式的断言。但是，这些断言后来得到了以下论点的支持，即语言必须具有确定的意思，而只有当语言具有某种结构，它才能具有确定的意思——因此，世界必须具有这种结构才能被语言所表征。

麦基：那不可言说的东西是什么呢？维特根斯坦的语言理论——就像我们现在所描绘的这样——如何看待不可言说的东西呢？

昆顿：我想，不可言说学说的基本特征——也就是哲学上最重要的特征——就是语言与世界的关系是无可言说的。这是《逻辑哲学论》至关重要的悖论，维特根斯坦在临近全书末尾处说："任何理解我的命题的人最终都会认识到这些命题是无意思的。"接着他试图缓和这一悖论，他说，我们必须把他的论述想成一架梯子，我们爬上梯子，达到一定的理解水平，然后一脚把它踢开。他的论点是，语言和世界必须共享某种结构，语言才有可能表征世界，然后他说，这不是一个能够有意义地用言语探讨的事实。它是在语言中显示出来的东西，但语言无法用来报道它。所以哲学的这种论证模式有损于其自身。

麦基：那么，维特根斯坦的意思是说，要使一个句子镜映世界，不仅句子中的名称与世界中的对象之间必须存在一一对应的关系，而且还必须存在一种结构，这种结构内在于句子本身，它将句子中的名称相互联系起来，其相互联系的方式与世界中的对象通过一种内在于事态的结构而相互联系起来的方式一致。正是这两种结构的同一性使意义成为可能，而这种同一性正是语言与世界的连接点，就此而言，它实际上就是意义。

昆顿：是的。

麦基：就命题而言，这种结构就是维特根斯坦所说的逻辑形式（logical form）。而且，就像我们所说的那样，它镜映了一种现实中可能存在的结构。不过，这种描画关系本身无法被描画，所以它本身无法被语言所表征。因此，关于语言与现实之间的联系实际上怎么建立起来的，我们无可言说。命题的逻辑形式呈现出一种结构，这种结构使命题具有意义成为可能，然而这种结构是什么却无法用语言陈述出来。它是什么，可以被显示出来，但不能被说出。

昆顿：正是如此。

麦基：为什么人们会认为这一学说如此神奇——为什么它会产生如此巨大的影响？这太奇怪了。更为重要的是，在我看来，它显然有缺陷，尤其是它遗漏了很多东西。比如，对语言最具表现力的使用——既是最复杂的，也是最深刻的——肯定是那些创造性艺术（诗歌、戏剧、小说等），然而维特根斯坦的这一理论根本容不下对语言的这些用途的解释。你会接受对它的这种批评吗？

昆顿：是的，意义的图画论是有局限的。但如果要求维特根斯坦为这一点辩护，我想他会说，语言的所有其他用途——只要这些用途是被当真，而不是玩某种形式的文字游戏——都需要对语言的这种基本的运用，也就是说，语言首先应能用来描述事实或者说描述世界。不过，关于人们为什么认为这种学说很重要，你把它很奇怪这一点作为反对它很重要的论证。我倒以为，它有魅惑力的一部分原因就在于，它恰恰是那么奇怪。可以说，这不是一本口气非常谦逊的书。他在序言中说过大意如此的话："我确信，所有哲学问题的最终解决方案都包含在这里。"当然，与此相应的是，一写完《逻辑哲学论》，他就在相当长的一段时间里放弃了哲学——大约有十年之久。还是那句话，它的奇异性正是其吸引力的一部分。但不只如此——它的文学性相当惊人。它就像从旋风中发出的声响，（整本书）句子短小精悍，寓意深远。开篇第一句话——"世界就是所发生的一切"（The world is everything that is the case）——就是个莫名其妙的宣言，让人不知所云。书末最后一句"对于不可言说的东西，我们必须沉默待之"乍一看是老生常谈；但后来人们意识到这并非完全是老生常谈。他说，整本书的要旨是为能以可理解的方式言说的东西划定界限。

麦基：每一个第一次读《逻辑哲学论》的人都会被它的写作方式震撼：完全不是连续的行文，而是非常简短的段落，按照精细的子条目、子–子条目乃至子–子–子条目系统进行编号。（顺便说一句，此后有相当多的书模仿它的编排方式，但这些书并不都是哲学书。）其中相当多的段落只有一句话那么长。就像你刚才指出的，这些段落之间的联系并不总是显而易见的，其含义也不总是显而易见的。他为什么要用这种神秘莫测、近乎隐秘的方式来写这本书呢？

昆顿：首先，他是个非常严苛的人——我认为他在各方面都是如此，但可以肯定的是，任何读者都能从这些迹象中看出他在智性上的一丝不苟。他厌恶我得称之为布尔乔亚学院哲学（bourgeois academic philosophy）的观点——把哲学当作一个行当，一种朝九晚五的职业，你用自己的一部分精力来做这事，然后离开，以一种与之抽离和不相干的方式度过此外的生活。他是个道德感极强的人。他对待自己和他的工作都非常认真。当工作进展不顺利时，他会陷入绝望和痛苦之中。这一点在他的写作方式中表现得淋漓尽致。你会觉得他所说的每句话背后都是他对自己的全盘看法。这也意味着，他往往无视或鄙视以更随和、轻松、公务式、职业化的方式做出来的哲学。他希望与之完全保持距离，也不想让事情变得过于简单——他不想用一种人们只需扫一眼书页就能读懂的方式来表达自己。他的哲学是改变读者整个智性生活的工具，因此通往他的哲学的道路变得困难重重。相对于他的意图，我认为这可以成为他行事方式的正当理由。

麦基：但我必须说，在我看来，这本书的文字确实品质非凡。这些句子仿佛被增压过似的，有种萦绕在脑海中的能力，你会发现自己在读完这本书多年后还会引用它们。我认为维特根斯坦是为数不多的同时是伟大的作家、伟大的文学艺术家的哲学家之——就像柏拉图、叔本华（Schopenhauer）和尼采（Nietzsche）那样。

昆顿：我认为他当得上。他当然是一位非常自觉的艺术家。他有杰出的思想，是个有教养的人。他把自己最好的那面写进了《逻辑哲学论》。你没法说他的作品矫揉造作：它自命不凡，大言不惭，但在我看来，他思想的文学外衣配得上思想本身的严肃性。

麦基：在我们像维特根斯坦本人所做的那样离开《逻辑哲学论》之前，如果你能通过复述把我们到目前为止提到的要点当成一套完整的学说体系标明出来，对讨论会很有帮助。

昆顿：他说的第一件事，也是《逻辑哲学论》中提出的最基本学说，就是命题是图画。这不是作为一种比喻性的描述提出来的，而是作为一种说明命题表征世界的更形象的方式。他非常非常认真地对待命题是图画的说法。事实上，他一直坚持认为，命题在字面意义上就是图画。这就引出了他的第二个学说，也就是图画中的元素与其所描画的场景相对应。命题本质上是复合物，这一点可以在由不同语词组成的句子中看出来：命题是由作为名称的语词构成的，而名称直接对应于进入事实的对象——名称在句子中的排列方式就像对象在事实中的排列方式那样。与此相关联的一种观点是，如果世界能够被语言所表征，那么它就必须是具有各种组合可能性的对象的排列或阵列。实际发生的，就是这些对象的排列方式。其结果是，话语——也就是以其真正要紧的使用方式而被使用的语言——的最基本的、有意义的内容，就是对构成世界的事实的描画。现在，我们所说的很多话看起来并不是这样，还有其他各种形式的话语，维特根斯坦因此不得不对它

们说点儿什么。为了使该描画学说至少与我们所使用的语言中的
一些表观事实（apparent facts）相适应，他提出的第一个理论是，
所有在我们所使用的语言中真正有意义的命题，即使它们本身不
是简单直接的对象图画，也可以被分析或分解成命题的集合，而
这些命题是对象的配置的图画。该理论实际上是说，分析才是正
确的哲学方法，因为它能让藏匿在语言的缩写惯例（abbreviating
conventions of language）之下的东西浮出水面。当然，事实证
明，这是个非常有影响力的学说。维特根斯坦从未给出这些基本
的描画性命题的例子——也许我们在日常生活中说出的命题都不
是例子。但是，他要求，如果语言要有意义，就必须有明确的意
思，而这种明确的意思在于，语言要执行一种本质上描画性的任
务，那么这在他看来就要求每个真正的命题，即使本身不是单独
的一幅图画，但如果要有意义，就必须是很多图画的一个庞大的
复合体、合取式。

　　语言的另一个部分似乎不具有描画性，或者说，如果将其视
作具有描画性，就很难看出它所描画的是什么。这就是必然真理
的领域，即逻辑学命题和数学命题。如你所说，维特根斯坦曾师
从罗素学习逻辑学。他写《逻辑哲学论》的灵感来自他与罗素在
逻辑学方面的合作。该书名为《逻辑哲学论》——它是受逻辑学
新发展的启发而进行的哲学思考。罗素极大地系统化了逻辑学。
继弗雷格（Gottlob Frege）之后，他认为，逻辑学和数学构成了
一个连续统一的系统，显然，这一思想深深影响了维特根斯坦。
他想深入探究这一思想。一面是逻辑学和数学的命题，另一面是
描述构成世界的事实的一般命题，这两种命题的地位完全不同。

维特根斯坦承认这一点，并对此做出了解释，即逻辑学命题和数学命题分别是重言式（tautologies）和等式，其中等式只是确认等式一边的表达式与等式另一边的表达式是表达相同意思的另一种方式。这两种命题都没有传达任何有关这个世界的实质性信息：它们只是表明了这样一个事实，即我们实际提出的复杂断言是如此相关，以至一个断言的要素包含在另一个断言的要素中。当一个命题的最终的描画性成分包含另一个命题的要素时，后一个命题就是前一个命题的逻辑结果。当后者中的一切都已经是前者的构成要素时，前者为真而后者为假就是不可理解的。维特根斯坦在《逻辑哲学论》的一些段落中就一套非常基本的逻辑原则形式地发展了这一观点，这种方式为他的论点提供了大量的实质内容。这一论点并非没有先例。甚至在大卫·休谟（David Hume）那里，你也能找到它的一个版本。但维特根斯坦（的论点）的要义在于，他把逻辑推理的同义反复、纯粹重复的特性——因而也是断言这种推理有效的逻辑规律——的工作原理呈现得清晰明了。

还有一点需要提到，那就是他的不可说学说。首先，他对语言提出了非常严苛的要求，如果语言要发挥其真正有意义和描述世界的作用，这就意味着有些事情是语言不能做的。它不能谈论价值——价值不是世界的一部分。因此，关于道德和审美价值的判断不算是真正的、有意义的语言使用。他并没有对这些判断是什么给出任何正面的论述。其次，那种试图把世界作为一个整体来谈论的传统哲学是不可能的。谈论世界的唯一方式就是描述构成世界的特定事实。最奇特的是这样一种学说，即语言与世界之间的关系——本质上是语言元素与世界元素之间形式上的对应关系——本身是无法描画的。可以说，命题描画世界这一点内在于命题本身。我们无法置身于命题和世界的关系之外，因此我们不能谈论它。当然，悖论是，维特根斯坦一直在谈论命题和世界的关系。他情愿接受这一悖论，他在书的结尾明确说，任何理解他的命题的人都会意识到它们是无意思的——这是一个有点让人望而生畏的观察——接着他继续缓和这句怪怪的话，他说那些爬上他所提供的梯子的人可以把它踢开。

麦基：我想很多人听到你说维特根斯坦认为数学和逻辑学丝毫不镜映世界时都会感到惊讶。毕竟，数学在我们的生活中发挥着巨大的实际作用：我们建桥，修路，造摩天大楼，驾驶飞机，做各种各样的事情，而数学对这些事情都是不可或缺的，而且也管用。数学怎么可能构成这些活动，却与世界不相适配呢？

昆顿：数学适用于世界，这话的意思在于，数学断言各种表达之间意义的同一性和差异性。一段复杂的数学推理以重复一些已经被断言过的东西而告终，这些东西在数学推理的起点也就是前提、第一原理和假定中已经被断言过了，尽管它们是以隐蔽的方式被断言的。这当然是非常有用的，因为我们所知道的事情并不总是完全显而易见或一目了然。逻辑学和数学的功能是为我们提供技巧，以便把我们所说的东西转换成另一种形式；但是，在逻辑学和数学让我们得到的转换版本中，我们所说的仍然是与我们在最初的陈述中所说的本质上相同的东西，或者说是相同的东西的一部分。举个最简单的例子：2 + 2 = 4。如果我在口袋里放了两个苹果，然后又放了两个苹果，我总共放了四个苹果。这只是对我所做事情的两种不同的说法。而在维特根斯坦看来，最复杂的数学运算（mathematical process）从根本上说也具有这种特点；但是，当然，数学运算的复杂性使该特征变得不明显，并使逻辑学和数学真理的显式表述（explicit formulation）在实际层面变得不可或缺。

麦基：当维特根斯坦开始对《逻辑哲学论》的整个哲学思想感到不满时，他的不满从何而来？

昆顿：我认为这里应该说一下维特根斯坦在这期间做了些什么。你之前大致谈到了他的职业生涯——在曼彻斯特大学学习工程学，开始对数学的本质产生兴趣，师从罗素，去剑桥大学与罗素共事，在这段时间里，他极其孤僻，可能主要沉浸在自己的思想中，只与一两个人（尤其是罗素）交谈。《逻辑哲学论》的哲学思想在某种程度上反映了这一点，它是一种极端个人主义的哲学。它没有从任何角度提示语言是一种交流工具。语言是向自己报道的工具，是描述的工具。没有强调它是一种交流媒介。

麦基：没有包含语言之为一种社会建制的观念。

昆顿：就像我说的——与《逻辑哲学论》的学说颇为吻合——他认为他已经得到了所有正确的答案，所以在那个时候他放弃了这个话题。20世纪20年代，他当了几年小学教师；后来他在修道院当园丁；接着，他帮姐姐设计了一所房子；直到 20 世纪 20 年代末，他才重新开始研究哲学。他与后来将组成维也纳学派 (Vienna Circle) 的许多重要人物展开了讨论，这让他再次对哲学产生了兴趣。从那时起，维特根斯坦开始发展出非常不同的第二种哲学。起先，他似乎相当赞同维也纳学派对他关于语言的基本要素是什么的论述所做的特殊阐释，也就是他们认为语言是经验的报道，而不仅仅是简单对象的经过配置的名称——至于这些对象怎么跟我们的意识相关，维特根斯坦本来并无解释。但我觉得，他很快就不再这么想了。别忘了，他在 1929 年回到了剑桥，并在那里担任各种职务，直到"二战"期间参与各种战争工作。在这一时期，他提出了一种完全不同的哲学，这种哲学没有提供关于语言本质的清晰、明确、抽象的原则，而是将语言视为一种自然的人类现象，一种在我们周遭随处可见的东西，一系列复杂、重叠的人类实践——在某些方面彼此相似，在另一些方面又有所不同。这种后期哲学的一个基本特征是，语言本质上被视为一种公共或社会现象，只有存在被很多人所接受的规则时，语言才能发挥作用。这样，任何一个人在使用指导他说话的规则时，都可以通过其他人的观察加以纠正和改进。

麦基：我认为，进入维特根斯坦后期哲学最简单的方法——进而看到它与前期哲学有何不同——是通过意义的两个比喻之间的区别。在早期哲学中，意义被视为一种图画关系。在后期哲学中，意义被视为工具的使用：语词的意义被视为其可能用途的总和。正如你刚才所说，这与人类活动有关，最终与种种生活方式的整体有关。这种从图画比喻到工具比喻的转变绝对是根本性的。随之而来的是一系列其他变化。你能继续往下讲讲吗？

昆顿：好的。我想，在某种程度上，我们在这里有个最好的表述方式是借助另一个比喻。该比喻来自他不断将语言的使用与玩游戏做对照，这种对照被纳入他后期哲学的一个至关重要的术语，即"语言游戏"（language game）概念。

麦基：我能否打断一下？我觉得这个比喻非常不合适。很多人从维特根斯坦总是在谈论语言游戏，而且把语言的使用当作一种游戏这一事实得出结论说，不知怎的，他认为所有的话语都是轻浮的。这个结论被用来印证许多人对语言分析哲学*的偏见，即"一切不过是文字游戏而已"。

昆顿：这当然不是他的本意，他只是想让大家注意到游戏的两个特点。首先，游戏是受规则约束的实践。由此可以得出很多东西，比如，游戏规则如何变化，游戏如何以各种不同的方式彼此相似。这就引出了游戏的第二个特点，即不存在一切游戏共有的特征。维特根斯坦说，游戏是通过家族相似（family

---

* 本书把 linguistic philosophy 译为"语言分析哲学"，主要是为区分于"语言哲学"（philosophy of language）。两者的差别在于，前者以对特定语词和语言现象的分析为进路、为方法，解决各种各样的哲学问题，后者则以语言为主题，集中关注语言的意义、语言与世界的关系等问题。约翰·塞尔和伯纳德·威廉斯在各自的对谈章节中都对这一区分做过解说。——译者注

resemblance）相互关联的。这也适用于语言，适用于我们用语言进行的各种活动：提问、咒骂、问候、祈祷，这是他列举的一部分例子。我同意，游戏的类比似乎提示这些东西只是好玩、消遣或别的什么；但你提到的另一个比喻是语言和一套有目的的工具之间的类比。因此，语言有这两方面的特点：它是一种有目的的活动，但它赖以进行的东西是受约定俗成的和可改变的规则制约的。

麦基：这种新的意义概念在哲学之外，尤其是在人类学和社会学领域产生了很大影响。你能谈谈其他学科是如何受其影响的吗？

昆顿：在回答这个问题之前，我们需要先谈谈他后期对哲学本身的看法。他早期和后期对哲学的总体看法是一脉相承的，即哲学本质上是一种活动，而不是一种理论（套用《逻辑哲学论》里的说法）。哲学是你要做的事情。它不是一个可陈述的学说体系。（他在《逻辑哲学论》中非常明确地指出了这一点，但这仍然是《哲学研究》中的一个基本假定。在后一本书中，他说人们不应该提出哲学理论，因为它们只会增加混乱。）作为一名哲学家，我们所要做的就是采集回忆（assemble reminders）——有关各种形式的语言的实际使用方式以及语言在各种截然不同但并非毫无关联的语言游戏中的使用的回忆。我们收集这些回忆，是为了防止人们用误导性的类比敷衍塞责。他想到的最突出的误导性类比可能是，人们倾向于认为，因为我们说"我感到疼痛"或者"我有疼痛感"，因此疼痛就成了某种明确的、可辨认的内在对象，它对我们来说是私人的，我们会在心里注意到它并向其他人报告。《哲学研究》的大部分内容都是为了挣脱我们谈论自己的精神生活的那种图景，这种图景就像在报道私人经验一样。

路德维希·维特根斯坦
（Ludwig Wittgenstein，1889—1951），于 1930 年

麦基：当然，他现在所否定的图景正是他先前的语言理论所引导人们接受的那种图景。既然如此，你认为以下说法有道理吗？维特根斯坦在出版《逻辑哲学论》时，被某种语言理论（即图画论）所迷惑。后来，他意识到这是错误的，并导致了错误的哲学。他从这次经历得出结论：在进行哲学思考之前，最好对语言能够以及确实误导我们的各种方式展开研究。从那时起，这本身就成了他做哲学的方式：我们对语言的错误假定以不同的方式误导了我们对世界的思考，维特根斯坦对此展开了多重探究。

昆顿：毋庸置疑，《哲学研究》的很多内容都是对他早期学说的批判。该书前四分之一的篇幅主要用于抨击语词本质上是名称这一观点。他认为，名称的使用只是我们玩的众多语言游戏之一，是语言的一个要素。他坚持认为，为了理解某人试图告诉我们某物名称是什么的活动，我们必须已经理解语言中的很多内容。所以他想说，命名的概念并没有绝对的或根本的优先性。它只是语言所做的事情之一。基于这一点，他继续抨击他早先的观点，即存在终极简单的对象和终极简单的命题。他坚持认为，简单性总是相对于某种特定的研究而言的。因此，他现在认为，语言是一种可公开通达的社会现实，而非某种你可以在头脑中通过纯粹推理探得的本质。

麦基：经常用到的一个类比是精神分析。维特根斯坦说，首先，我们对现实某些特定方面的看法会因语言造成的错误假定而遭致扭曲，这时，哲学的任务就是找出症结并解开它们。这种关于哲学活动的准治疗观点常常被比作弗洛伊德认为精神分析师应该对某些其他类型的困扰所做的事情。你认为这两者真的有相似之处吗？

昆顿：是的，我认为确实有相似之处。维特根斯坦在其后期哲学中回避理论，就像弗洛伊德式分析师回避说"你的问题在于你疯狂地爱上了你的母亲"这句话一样——这话根本不会产生任何效果。这个过程要迂回得多。病人必须重温大量的过往经历，回忆自己曾经有过的各种想法和感受，直至某个临界点，他才能最终从无意识中唤起某些东西。在维特根斯坦这里，隐藏的东西并不是以完全相同的方式隐匿起来的——必须让那些在哲学上感到困惑或迷茫的人看清的，是人们实际使用的语言游戏规则。实情是，这个人被自己所看到的语词在一种游戏中起作用的方式和在另一种游戏中起作用的方式之间的类比冲昏了头脑。他把第一种游戏中的规则应用到第二种游戏中，结果陷入困境。他认为，因为我在商店里说"那是一辆自行车，那是一台电视机，那是一个烤面包架"，所以当我看着自己并说"我的左膝有种剧痛，我有种想喝杯茶的明确渴望，我有种希望今天是星期五的心愿"，我就在做着同样的事情。你可能会说，这是两种完全不同的操作。在自我描述中，人不只是在列出他在自己内心发现的东西。他坚持认为，弄清楚这一点的方法是，考虑语言的自然场景，考虑人们说某些话时的所有情形，以及他们说这些话时所特别伴有的行为。

麦基：我现在可以把你带回到这种哲学在哲学之外产生了哪些影响这个问题上来吗？

昆顿：我没有回答这个问题，你提醒得对。影响的层次多种多样。我觉得可以有帮助地区分其中的三种影响。第一种影响其实违逆了他的观点，因为他认为哲学不应该提出理论，哲学应该零敲碎打地消除混乱，而不是提出普遍适用的一般原则。可以说，他已经让很多人接受了一条相当普遍适用的一般原则，那就是，为了理解我们用来谈论自己和他人的精神生活的语言，有必要关注那些有情感和思想的人所处的环境和所做的行为。我并不是说维特根斯坦是行为主义者，也不是说那些受他影响的人，确切来说，是真正意义上的行为主义者；我只是说，行为和环境在精神生活中起着一定的作用，这对理解我们讨论精神生活的方式是不可或缺的。这是他对哲学家产生的相当广泛的，可以说是直截了当的学说上的影响。现在，我们已经不可能再用笛卡尔的老方法来谈论我们对心智的认识——无论是对我们自己的心智还是对别人的心智的认识——这种老方法假定，世界的内容有两种截然不同的类型：一种是由空间和时间中有形可见的实体构成的可感知世界，另一种是由思想和情感构成的内心世界。这两个世界紧密重叠。事实上，谈论内心的想法和感受，不能不联系于想法和感受在其发生的环境中的表现。很多人都接受这一点，虽然他们不是一般意义上的维特根斯坦主义者。我认为，要成为维特根斯坦主义者，就必须采用维特根斯坦本人在后期作品中提出的哲学方法和概念，这方面的例子比比皆是。我不是特别执着于这个，在这种情况下，放弃哲学理论是游戏的绝对规则。人们认为，哲学之所以必要，是因为人们会陷入某种困惑，而这种困惑必须通过或多或少特定的程序来缓解。考虑一下这个特殊的困惑；思考一下这个困惑所使用的语词；仔细观察一下这些语词；听听哲学家给我们的提醒，即在产生困惑的语词所使用的语言的日常话语中，存在着各种不同的语言实践。很多人进行哲学思考时都采用这种方法。但我认为，只有一小部分人真正承认维特根斯坦作为哲学家的领导地位，并在某种意义上将自己视为他的门徒。大多数受他影响的人都不由自主地回到了他所明令禁止的领域，也就是生产理论和哲学著作中结论部分的斜体字。最同情他的评论家往往会被理论哲学的旧笔触玷污。他们大多没有以这种零敲碎打的方式开展哲学工作，尽管从某种意义上说，我想他们觉得自己应该这样做。

不过，说到第二种影响，还有一个更广泛的影响领域，最好概括为支持某种文化相对主义。维特根斯坦坚持认为，哲学的任务不是干预语言，也不是纠正语言的实际使用——当然，这是后期维特根斯坦的主张——这成了一种宽容原则，针对的是几乎所有有效进行着的语言实践。这具有人类学的意义。它与18世纪启蒙运动的人类学观点截然相反，当时人们根据人类学研究者所在社会的普遍原则来判断处于完全不同环境中的人是理性的还是愚蠢的。维特根斯坦会完全反对这一点。对他来说，所有生活形式都是平等的，你无法声称完全理解了一个社会，或一个社会的某个方面或某个部分，或一个以某些人际行为准则为纽带的群体，除非你真正进入了那个体系，然后对它有一种内部的理解。这就排除了存在一个普遍标准来评估人类安排生活的不同方式的想法。此外，人类的所有社会活动都渗透着语言，而这正是它们之间产生联系的地方。不可能存在针对这些活动的外部批评，必须从内部去审视和理解它们。

第三种，也是最后一种源于维特根斯坦的影响，可能是所有影响中最广泛、最重要的。从广义上说，它是维特根斯坦对人类生存的社会性的阐述。其中一个阶段是他对人们所熟知的"人本质上是一种社会存在"这一观点的诠释。维特根斯坦认为，人类与其他动物物种的区别在于，人类使用语言。但他认为，语言是一种具有不可还原的社会性的现象。它是一种受规则支配的话语实践；他主张，对规则的遵守和执行只存在于社会群体中。这就是他关于不可能存在私人语言（private language）的著名论点——应该补充说，这是一个备受争议的论点。与此相关的是，他对解释人类行为所采取的立场。关于人类意志自由的传统问题毫无疑问地假定，大多数人类行为都是有原因的。问题就在于此：如果人们要对他们所做的什么事承担道德责任，那么是不是他们的某些所作所为必须是无原因的（uncaused）？维特根斯坦主张，恰当意义上的行动（与条件反射活动或诸如消化功能之类相对照）根本不是有原因的，从而破坏了这个问题——关于行动的因果问题（causation）完全是种误置，而（对行动）唯一适当的解释要求涉及行动的理由（reasons）。（他在这里假定原因和理由是相互排斥的，而这是许多人都会起疑的。）如果这是真的，那么对人类社会进行科学研究的整个计划就受到了质疑。因为如此这般构想的筹划不可避免地具有因果性（causal）。维特根斯坦的行动理论似乎暗示，不可能存在使用与自然科学方法相似方法的社会科学和人文科学。相反，对人和社会的研究必须是阐释性的（interpretative），就像把用另一种语言写成的东西翻译成自己的语言一样。事实上，对社会的研究总体上就是这样一种翻译，而不是像这样的一种翻译：人们可能会说，所研究的社会生活形式是充满语言的。维特根斯坦坚持认为，语言本身就是"生活形式"（forms of life）。

麦基：如果把维特根斯坦的两种哲学综合起来看，那么那些本身就卓尔不群的哲学家们对它们的评价似乎至少有三种不同的方式。许多人，也许是大多数人，认为前期和后期哲学都是天才的产物。另一些人，比如伯特兰·罗素，认为前期哲学是天才的产物，而后期哲学则琐碎不堪。还有一些人——卡尔·波普尔就是其中之一——对这两种哲学都不屑一顾。你如何评价这两种哲学？

昆顿：嗯，我也许已经被驯化到确信维特根斯坦是个天才，他两个阶段的作品都是天才之作。但是，正如在哲学著作中经常出现的那样，这并不是因为其中所说的一切都是真的。毕竟，谁会否认柏拉图是个天才，又有谁会当真相信柏拉图的宇宙观呢——真正存在的是抽象的永恒实体，而空间和时间中的物事组成的世界只是影影绰绰的表象？人们即使不接受一位哲学家所说的很多话，也能看出他是天才。这种天才可能在于——比如，康德的情况就非常之明显——比前人提出更根本、更有力的问题，挑战迄今为止尚未受到挑战的假定。我认为维特根斯坦的两部作品都做到了这一点。

6

Logical Positivism

逻辑实证主义及其遗产

对话 A. J. 艾耶尔

A. J. 艾耶尔
（A. J. Ayer，1910—1989）

引 言

麦基：在艺术界，人们经常注意到这样一个显著的事实，即现在仍被我们视之为现代绘画、现代音乐、现代诗歌和现代小说的所有这些东西，大致都是同时发展起来的。它们都是在20世纪初起步的，大约在20世纪20年代开始流行。在所有艺术领域，现代主义产生了一些惊人相似的后果。比如，每种艺术都离开了对世界或经验的无自我意识的描绘，把眼光转向自身。艺术变成了其自身的主题——比如说，把写诗的过程或成为诗人之艰难作为诗的主题，已经是人们熟悉的做法。戏剧和小说是如此，甚至后来的电影也是如此。音乐和绘画也以各自不同的方式表现出对自身内部构造的关注，往往将其转化为自己的主题并加以展示。同样，在所有艺术领域（也许这与上一点有关），传统的形式正在瓦解，人们倾向于建造新的结构，而且是用精心制作的细小碎片来建造。

所有这些也都是哲学的真实写照，而且非常准确——这说明了哲学的发展是如何深深地植根于其时代的文化母体之中。现代哲学可以说始于1903年，当时 G. E. 摩尔和伯特兰·罗素摆脱了主宰19世纪的观念论。继罗素的开创性工作之后，紧接着是罗素当时的学生维特根斯坦的工作。而后，在 20 世纪 20 年代，第一个致力于研究新哲学的成熟学派在奥地利诞生。该学派被称为维也纳学派。他们将其发展起来的哲学命名为"逻辑实证主义"（Logical Positivism）。此后很长一段时间，在很多非专业人士的心目中，现代哲学普遍被贴上了这一标签，事实上，人们仍然会遇到这样的人，他们设想所有的当代学院哲学或多或少都与逻辑实证主义相似。

将逻辑实证主义引入英国的人是 A. J. 艾耶尔，从那时起，他的名字就一直与逻辑实证主义联系在一起。1936 年 1 月，年仅 25 岁的他出版了一本至今仍广为流传的名著《语言、真理与逻辑》（*Language, Truth and Logic*）。这本书很适合年轻人读，写得震撼人心，至今仍是逻辑实证主义核心学说的最佳简明指南。这本书的进攻性是整个（逻辑实证主义）运动的典型特征。他们自觉地将自己组织得像个政党，定期举行会议，出版刊物，召开国际大会，以传教士的热情宣传他们的理论。如果我们研究一下他们如此热血沸腾地与之斗争的对象以及其斗争的原因，我想这将为我们的讨论提供最佳起点。

讨 论

麦基：逻辑实证主义者如此激烈地反对的是什么呢？

艾耶尔：他们反对的主要是形而上学，或者说是他们所谓的形而上学，即任何认为在科学和常识的平常世界——由我们的感官呈现给我们的世界——之外可能存在另一个世界的想法。康德在 18 世纪末就已经说过，人们不可能对超出感官经验范围的事物有任何知识；但维也纳的这些人走得更远。他们说，任何陈述，只要既不是形式陈述（逻辑学或数学中的陈述），也不是经验上可检验的陈述，那就是一派胡言。因此他们摒弃了康德意义上的一切形而上学。这有一些更深远的蕴意。比如，这显然是在谴责一切神学，谴责任何关于存在超验上帝的观念。虽然除了奥托·纽拉特（Otto Neurath）之外，他们本身并没有政治意识，但他们的立场仍具有政治的面相。当时在奥地利，社会主义者与以多尔弗斯*为首的右翼教权主义者之间的斗争十分激烈；维也纳学派反对形而上学在某种程度上是一种政治行为，尽管他们自己并不主要关心政治。

麦基：听你这么说，似乎维也纳学派反对的是整个当权派——几乎可以说是与过去本身背道而驰。是这样吗？

艾耶尔：逻辑实证主义者并不是反对整个过去。他们确实在追求一种古老的哲学传统，但他们反对的是我们所谓的德国的过

---

* 恩格尔伯特·多尔弗斯（Engelbert Dollfuss, 1892—1934），奥地利政治家，隶属于基督教社会党(Christlichsoziale Partei)。1932 年 5 月被任命为总理，1933 年 3 月，奥地利议会议长和副议长为了能在议会中投票而辞职，多尔弗斯趁机下令议会无限期休会，颁布紧急法令，成为事实上的独裁者。同年 9 月将支持他的独裁政权的政党合并为"祖国阵线"(Vaterländische Front)，1934 年 2 月镇压了二月起义，同年 4 月 30 日颁布新宪法，正式建立起了法西斯政权。同年 7 月 25 日被奥地利纳粹分子暗杀。——译者注

去（the German past）。他们反对 19 世纪初以来一直存在于德国哲学思想中的浪漫主义。他们反对黑格尔的追随者，或者说黑格尔观念论的追随者：当然，他们并不反对马克思。

麦基：你提到了维也纳学派一位成员的名字，奥托·纽拉特。既然我们要讨论的是一群人，那我们能否先弄清楚这个群体的主要成员都有谁呢？

艾耶尔：嗯，学派的官方领袖名叫莫里茨·石里克（Moritz Schlick）。他原先是个德国人，20 世纪 20 年代初来到维也纳，当时他四十出头，几乎一到维也纳就开始组织这个学圈。像学派中的大多数人或者许多人一样，他最初是作为物理学家接受训练的，并且主要对物理学哲学感兴趣：事实上，维也纳学派的主要特征之一就是他们极端崇敬自然科学。石里克当时是他们的主席。第二位最重要的人物是另一位德国人鲁道夫·卡尔纳普。他曾在耶拿大学师从伟大的德国逻辑学家弗雷格。他比石里克晚几年，也就是在 20 世纪 20 年代末来到维也纳，并于 30 年代初再次离开维也纳，前往布拉格，但他在这场运动中仍有非常强大的影响力。他是他们创办的刊物《认识》（*Erkenntniss*）的主要撰稿人。第三个人我已经提到过了，纽拉特：我想他是奥地利人。他是这些人中在政治上最活跃的，事实上，"一战"后，他在慕尼黑带有革命色彩的斯巴达克政府（Spartacus Government）＊担任过一

＊ 德国左派社会民主党人创建的革命组织斯巴达克同盟，德文为（转下页注）

些职务。他几乎是个马克思主义者——他想把实证主义和马克思主义结合起来。正是他很大程度上意识到逻辑实证主义是一场政治运动，他想从政治上组织这场运动。他是第三位大人物；第四位（我想，在现阶段，只要再提到他就够了）是一位年轻得多的人，名叫哥德尔（Gödel），只比我大几岁。他在形式逻辑方面有革命性的发现，但对一般性的哲学并没有什么兴趣。

麦基：从你刚才所说的话中可以明显看出，逻辑实证主义运动确实是一场革命运动，它对宗教、政治中的既定观念，尤其是对德国哲学传统具有破坏性。他们用来切除在他们看来已经死亡或病变的智性组织的两把手术刀，是逻辑学和科学（当然，逻辑实证主义也因此而得名）。你能谈谈他们是怎么使用这些手术器械的吗？

艾耶尔：当然可以。但逻辑实证主义没那么新奇。它延续了维也纳的一个古老传统。维也纳有位科学家和科学哲学家，名叫恩斯特·马赫（Ernst Mach），列宁的《唯物主义和经验批判主义》（*Materialism and Empirio-Criticism*）一书就是针对他而写

（接上页注）"Spartakusbund"，英文为 "Spartacus League"。近代以来，在伏尔泰和马克思的影响下，斯巴达克成为寻求解放的无产阶级的象征人物和社会主义者及共产主义者景仰的英雄。"一战"中，掀起了反战运动的德国社会民主党左派领袖卡尔·李卜克内西（Karl Liebknecht）和罗莎·卢森堡（Rosa Luxemburg）在政治性报刊《政治书信》上以"斯巴达克"为笔名，并将其组织的政治团体命名为"斯巴达克团"。后来斯巴达克团发展为德国共产党，并参加了 1919 年的武装起义，即斯巴达克团起义，起义失败后，李卜克内西和卢森堡等人均遭杀害。——译者注

的，他在 19 世纪末的维也纳大放异彩。大约从 19 世纪 60 年代起，他先是在布拉格，然后去了维也纳；恰好他对科学的看法和比如石里克一样：归根究底，科学必须只处理人的感觉。既然我们对事实的认识来自我们的感觉，马赫就推论说，归根究底，科学必须只是对感觉的描述。维也纳学派接过了这个看法，当然，在这里，他们遵循的是古老的经验主义传统。尽管他们本人不太了解也不太关心哲学史，但他们所说的话却和苏格兰哲学家大卫·休谟在 18 世纪所说的话如出一辙。所以从某种程度上说，维也纳学派这些人的观点没那么新颖，也不那么具有革命性。从某种意义上说，是他们的狂热具有革命性，他们认为这是把哲学带上了一条新的道路。他们觉得："我们终于发现了哲学的未来！哲学将成为科学的婢女。"与其说他们在其哲学中用到了科学，不如说他们认为科学占据了整个知识领域。科学描述的是世界，唯一的世界，这个世界，我们周遭物事的世界；没有任何其他领域让哲学去忙活了。那么，哲学能做什么呢？它所能做的就是分析和批判科学中的理论和概念。科学之于哲学的关系正在于此。而逻辑学的功用则是为哲学分析和批判提供工具。

自亚里士多德时代以来，逻辑学一直停滞不前：然后，在 19 世纪初，逻辑学向前迈进了一步。有一些开创者——有布尔*，以及德摩根†；但逻辑学实现真正的飞跃是在 19 世纪末德国的弗

---

* 乔治·布尔（George Boole，1815—1864），19 世纪英国数学家和逻辑学家。如果说数理逻辑的产生归功于莱布尼茨，因其提出了建立理性演算的设想，也就是把所有推理化归于计算，那么布尔则是第一次使莱布尼茨逻辑设想成为现实的人，他建立了现在称之为布尔代数（或逻辑代数）的逻辑演算系统。——译者注

† 德摩根（De Morgan，1806—1871），英国近代数学家、逻辑学家，最先 （转下页注）

雷格以及——就像你之前所说的——英国的罗素和怀特海那里。实际上他们并没有驳斥亚里士多德：他们把亚里士多德的工作作为逻辑学的一个小角落来展示。他们发展出了一种范围广泛得多、影响深远得多的逻辑学，从而为他们提供异常强大的分析工具。逻辑学使他们能够更精确地表达；由于他们对结构非常感兴趣（他们认为科学主要与结构有关，与物事之间的关系有关），19 世纪施罗德*和皮尔士[†]，以及 20 世纪罗素和怀特海对关系逻辑（logic of relation）的发展为他们提供了哲学分析的工具。

麦基：虽然我同意你认为马赫是逻辑实证主义运动先驱的观点，但世纪之交除了出现了新的逻辑学之外，还出现了新的科学——可以说，爱因斯坦就是这种科学的典型代表，这难道不也是实情吗？近 300 年来，源自牛顿的思想体系一直被西方世界的大多数人视为金科玉律，但在新物理学的冲击下，这一思想体系开始瓦解。这肯定对逻辑实证主义者的工作产生了巨大影响吧？

艾耶尔：爱因斯坦受到了马赫的影响——我听他亲口说过，

（接上页注）提出并研究关系逻辑；提出论域的概念和以他的名字命名的定理（德摩根律）。主要著作是《形式逻辑》。——译者注

*　恩斯特·施罗德（Ernst Schröder, 1841—1902），德国数学家、逻辑学家。早年致力于算术与代数方面的研究，后又转向对逻辑代数的研究。综合布尔和德摩根的思想，用代数方法研究推理、证明等问题，将布尔代数构成了一个演绎系统。——译者注

†　C. S. 皮尔士（C. S. Peirce, 1839—1914），美国哲学家、逻辑学家。皮尔士对于逻辑史特别是经院逻辑有着专门和深入的研究，并在逻辑思想的诸多方面都有着丰富的独创性见解，被认为是把作为研究学科的逻辑学引入美国之人，是现代逻辑的奠基人之一。——译者注

他从马赫那里受惠很多。逻辑实证主义者认为，爱因斯坦在相对论和新量子理论方面的工作维护了他们的方法，因为爱因斯坦的工作（反正他们是这么来阐释爱因斯坦的）是说，如果不考虑如何证实关于同时性（simultaneity）的陈述，就无法给同时性这样的概念赋予意义。也就是说，"事物是同时的"这种话的意思取决于如何在观察中实际确定同时性。他们认为这在科学上极大地维护了他们的哲学方法。在量子理论中，说一个粒子同时拥有确切的速度和确切的位置是没有意义的（因为这是无法检验的——如果你测量速度，它就会扭曲位置，而如果你测量位置，它就会扭曲速度），他们认为这一事实证明，科学概念的意思是由其证实方式决定的——而这正是他们自己的主张。这一切深深地激励了这些人。他们说："科学站在我们这一边。我们对科学的诠释是正确的。"（正如我所说，卡尔纳普和石里克起初是物理学家，而纽拉特是社会学家。）

麦基：我们现在有点理解他们工作的革命性了，也就是说，他们将新逻辑学和新科学应用于传统观念和传统思考模式，要么将其打破，要么将其重新表述。

艾耶尔：是的。他们想说的是，旧有的哲学问题要么毫无意义，要么可以用纯逻辑学技术解决。

麦基：在此过程中，他们发展出了哪些主要的积极学说？

艾耶尔：嗯，其实有三个。第一个积极学说是，一切都取决于所谓的可证实性原则，石里克将其简明地表述为："一个命题的意义就是证实该命题的方法。"这话表述得有些含糊，此后我们一直在努力将其精确化——从未完全成功——但它产生了两个后果。第一个后果是，任何无法通过经验证实——通过感官观察来证实——的东西都是没有意义的。我已经提到过这一点。第二个后果是，早先石里克将这话解释为，一个命题的意义可以通过说出"什么可以证实该命题"来描述。这样，一切陈述就都还原为了直接观察的陈述。因此，可证实性原则是第一个学说。它既有消极的一面，也有积极的一面：消极的一面是排除了形而上学，积极的一面是展示了一种分析有意义陈述的方法。第二个积极学说是，逻辑实证主义者认为，逻辑学和数学的命题，实际上所有必然为真的陈述，都是维特根斯坦所说的重言式。这个学说一定程度上是他们从维特根斯坦那里得来的，尽管有证据表明石里克独立得出过该观点。

麦基：换句话说，谓词只是把主词中已经存在的东西提取出来——同样，即使是数学或逻辑学中最详尽的论证，也只是把它的前提的内容提取出来，更明确地将这些内容作为其结论陈述出来而已。

艾耶尔：没错。就像说"所有的单身汉都是未婚男子"，或者"所有的兄弟都是男性"。一切逻辑学和数学都被认为是康德所说的"分析的"（analytic），如你所说，是对已经说出的内容的拆解。第三个主要学说是关于哲学本身的。逻辑实证主义者认为，哲学必须存在于维特根斯坦和石里克所说的"阐明活动"（an activity of elucidation）之中。维特根斯坦说过一句话，石里克也引用过，他说哲学不是一种学说，而是一种活动。哲学不存在于真假命题之中，因为这些命题属于科学范畴，哲学只是澄清和分析的活动，在某些情况下，它还会揭露胡言。维特根斯坦在《逻辑哲学论》的结尾说过，做哲学的正确方法是等到有人说了点形而上学的东西，然后告诉他那是一派胡言。（这对哲学家来说有点消极和丧气！）

麦基：就拿这三个学说中的第一个来说：任何关于世界的陈述，如果是真的，就一定会在某些事情上产生某种可观察到的差别——否则很难理解它怎么会有任何应用价值——虽然我认为人们对这个观点的含义很清楚，但当你说一个陈述的意义在于验证它的方法时，我觉得这一点就不那么一目了然。你能进一步解释一下吗？

艾耶尔：没问题，我解释一下。起初，石里克和在他之前的马赫都认为——维特根斯坦可能也这么认为，尽管我不太清楚维特根斯坦的原子基本陈述（atomic elementary statements）应该是些什么——你可以把所有陈述"翻译出来"，翻译成关于感觉材料、关于观察得来的直接资料的陈述。实际上这一点从未实现过，而且遇到了非常大的困难，比如拿全称命题来说——像"所有乌鸦都是黑色的"，或者"所有气体在加热时都会膨胀"这样的命题——因为"所有"所涵盖的范围可能是无限的；如果是无限的，你就不可能翻译出来。因此，出于心灰意冷的权宜之计，石里克实际上在说，这类陈述根本不是命题，而是规则；它们只是从一个特定陈述到另一个特定陈述的规则——推论规则。此外，还有其他困难。如果你试图把关于原子、电子、原子核等的非常高层次的抽象科学命题从感觉的角度写出来，从蓝色、圆形和温暖的感觉等的角度写出来，很显然，这根本行不通。出于种种原因，这一原则后来被弱化了。"翻译出来"的想法被放弃了，唯一的要求是：命题要有意义，就应该能够通过感官观察得到确证。这意味着命题的意义在某种程度上总是不确定的：命题从它们事实上得到确证的情况中，从实际进行了检验的情况中，获得意义；其余的仍然相当含糊。这导致了非常不可信的看法——比如，关于过去的看法。关于过去的陈述被等同于我们现在可以获得的证据：说"恺撒越过卢比孔河"的意思被认为实际上是"如果我翻阅这样那样的历史书，我将看到上面写着这样那样的文字"，或者"如果我在某个地方挖掘，我将发现这样那样的遗迹"，诸如此类。实际上，我在《语言、真理与逻辑》一书中提出过这一看法。现在我觉得这简直难以置信。关于他人心智也同样存在这个困难。虽然我说你有这样那样的感受，我却只能观察你的行为。在早期，人们只能说，这些陈述意谓有关人的行为的某种东西。这一点再次受到质疑。强形式的证实原则确实没有持续多久。

麦基：我们已经很快地讨论了很多内容。我来重述一下，只为确保我们已经把事情完全弄清楚了。依据我们可以称之为证实

原则的"强"版本，所有有意义的陈述有两种。它们要么是经验
性陈述，是关于世界的陈述，在这种情况下，它们之为真，就一
定会对某些事情造成某种可观察到的差别。因此，如果它们要有
意义，它们就必须是可证实的。当然，这并不一定是说它们就是
真的——我们可能会在试图证实它们的过程中发现它们是假的。
但是，如果一个经验性陈述要有意义，它就必须有可能为真，因
而必须有可能得到证实。所有这些适用于仅有的两种有意义陈述
的一种，也就是经验性陈述。另一种（有意义的陈述）在数学或
逻辑学里。这些是纯粹自指的（self-referential）：真陈述是重言
式，假陈述则是自相矛盾。如果一种陈述不属于这两种中的任何
一种，那它一定没有意义。有了这个原则作为武器，他们就能整
个地宣告一些传统话语领域的死亡，这不仅涉及宗教，涉及政治，
也涉及哲学，以及几乎所有其他生活领域。

艾耶尔：我想，某些形式的万物有灵论有可能会幸存下来。
但任何仍被人信奉的宗教都会被视为是荒谬的，这不假。以往的
大量哲学也是如此。

麦基：人们立刻想到一个问题。如果我们做出道德判断——
或价值判断，或审美判断——那似乎很清楚，这些判断既不是关
于经验世界的陈述，也不是重言式。对于逻辑实证主义者来说，
这一点从一开始就是显而易见的。他们是怎么处理的呢？

艾耶尔：嗯，这些陈述在他们看来并不显而易见地与世界

无关。伦理学中有一个相当悠久的传统，即把伦理陈述变成所谓自然主义的东西——也就是说，把它们视为关于什么有利于或不利于满足人类欲望，或促进人类幸福的陈述，诸如此类。比如，石里克就持这种观点。他写了一本名为《伦理学问题》(*Ethical Questions*，对应的德文是 *Fragen der Ethik*) 的书（写得相当不错），他在书中提出了这样一种学说：伦理学关涉人想要什么，以及如何满足他们的所求——大致是功效主义的一种形式。眼下其他人——比如卡尔纳普，还有我自己——则持不同的观点。我们认为，伦理陈述更像是命令，因此既不为真，也不为假。我发展出了所谓的"伦理学的情感论观点"(the emotive theory of ethics)，即认为伦理陈述是情感的表达。卡尔纳普认为，伦理陈述更像是命令。因此，引入伦理陈述有两种方式：一种是自然主义的方式，即什么有利于人类幸福，这关涉科学事实——关涉心理学、社会学，诸如此类；另一种是不把它看成形而上学的无稽之谈，但也不看成关涉事实，而是看成命令式的或情感性的。

麦基：逻辑实证主义者像使用奥卡姆剃刀（Occam's razor）*那样使用证实原则，左砍右切，剔除各种东西。这对受其影响的人们看待世界和哲学的方式产生了巨大的影响，不是吗？

艾耶尔：你在开场白中提到，逻辑实证主义运动产生的一个

---

* 该原理称为"如无必要，勿增实体"，即"简单有效原理"。它是由 14 世纪英格兰的逻辑学家、圣方济各会修士奥卡姆的威廉（William of Occam，约 1285—1347）提出的。——译者注

影响是，它使哲学家们对自己的所作所为更加自觉。他们必须证明自己的活动是正当的。假定自然科学占据了整个领域，那就必须为哲学找到一席之地——可以说，哲学不被允许与科学竞争。在哲学关涉什么的问题上，人们变得更加自觉。维也纳学派并非唯一起作用的因素。在英国，像 G. E. 摩尔这样的人也起了作用，出于不同的理由，他也捍卫着与维也纳学派颇为相似的观点。比如，摩尔认为，一些常识性命题肯定是真的，而且可以证明，这也可以扩展到科学领域——每个领域都有自己的标准。在维也纳学派的影响下，也在摩尔等人的影响下，哲学家们开始认为他们的职能只能是分析。那么问题来了，什么是分析？如何进行分析？它的方法是什么？它的标准是什么？

麦基：在这种刺激之下，分析技术达到了前所未有的精深程度。

艾耶尔：没错。尤其是对维也纳学派来说。这里有一点我们之前提到过：有了逻辑学的资源，我们就能以更形式化的方式进行分析。人们认为，哲学家的工作不是简单而谦卑地追随科学家，解释他在做什么，而是使科学所使用的概念（像概率概念或空间和时间概念）更加精确，从而为科学服务。他们认为，哲学家可以通过应用逻辑学，使那些在日常的常识性使用中相当模糊，甚至在科学使用中也不太精确的概念，变得精确，从而变得更加有用。卡尔纳普无疑认为他的主要职责就是做这个。

麦基：下面的简化有道理吗？在逻辑实证主义者看来，哲学的任务并不像人们所一直认为的那样是探明世界，也不是试图描述世界。可以说，这一整个空间都被各门科学占据了，没有一处是留给哲学的。因此，他们认为哲学的任务就是改进这些科学的方法——澄清它们所使用的概念和论证方法。最后一点也许是最重要的：把科学可用的合法论证方法与非法论证方法区分开来。

艾耶尔：没错。你可以用技术性的方式说，哲学开始被视为一门二阶（second-order）学科。一阶（first-order）学科在谈论世界，二阶学科则在谈论一阶学科对世界的谈论。因此——用吉尔伯特·赖尔的话来说——哲学开始被视为"关于谈论的谈论"（talk about talk）。

麦基：这就引出了语言问题（question of language）。逻辑实证主义的一个显著特点是，它以全新的方式强调了语言在哲学中的重要性。毕竟，罗素在他的《我的哲学的发展》（*My Philosophical Development*）一书中说，在四十多岁之前——那时他已经做出了他现在最著名的所有哲学研究——他"一直认为语言是透明的——也就是说，语言是一种无须注意就可以使用的媒介"。这可能是 20 世纪之前大多数哲学家的态度。但逻辑实证主义将语言带到了哲学家关注的最前沿。有些人甚至说，这是现代哲学最显著的特征，至少在英语世界是如此。

艾耶尔：我认为是这么回事。如果你愿意，你可以说，人类对语言的兴趣很早就开始了，甚至从苏格拉底开始，他就到处问他的（城邦）同胞："什么是正义？什么是知识？什么是知觉？什么是勇气？"但他并不认为这些都是字词问题（verbal questions）。柏拉图认为它们是关于抽象实体的本质的问题，而他认为这些实体是真实的——所以他也不认为它们是语言问题。然而，回过头来看，我们至少可以把它们看作关于意义的问题。我觉得，可能只有在 20 世纪初，人们才对语言有了这种极端的、有意识的关注——比如维特根斯坦和罗素对语言与世界之间关系的兴趣。这是维特根斯坦的大问题，是《逻辑哲学论》本意要回答的问题。当然，他在书的结尾说，这种关系无法被描述，只能被显示。

不过，我在这里必须做一点限定。霍布斯（Hobbes）和洛克也讨论过这个问题。洛克的书里有一整章都是关于符号的，等等。*霍布斯对符号问题一直很感兴趣。†19 世纪伟大的哲学家皮尔士对符号也极为感兴趣，并提出了一套最为详尽的符号理论。因此，我不能说对语言的关注在 20 世纪是全新的。哲学家不会对语言不感兴趣——它对我们思想的运行如此重要。但我认为，新颖之处在于——就像"二战"后在英国发生的那样——几乎每个哲学家都认为语言是最重要的事情。

麦基：这把哲学引到了如下的境地。只要有人提出任何一个

---

* 见洛克《人类理解论》第三卷。——译者注
† 见霍布斯《利维坦》第四章。——译者注

断言，你们就会立刻把它当作一个用语言表述的命题加以拆解。你们试图阐明其中使用的概念，分析命题中词项之间的关系，使命题的逻辑形式明了，诸如此类，不一而足。哲学很快开始呈现这副样子：仿佛它就是关于句子和语词的。的确，可以这样说，很多非哲学家已经形成了这样的观点，即哲学家们只关心语言。人们常常轻蔑地说，哲学家是在"玩弄文字"。你能解释一下为什么对哲学的这种偏见是错误的吗？

艾耶尔：嗯，大量的哲学当然是关于语言的，只要它区分不同类型的话语，并分析某些类型的表达。我不会为此辩解。但进一步说，我认为答案是，"关于语言"和"关于世界"之间的区别并不那么分明，因为世界就是我们所描述的世界，是呈现在我们概念系统中的世界。在探索我们的概念系统的同时，你也在探索这个世界。我们来举个例子。假设有人对因果关系问题感兴趣。我们当然相信因果关系是世界上发生的事情：我被按蚊叮咬，所以我得了疟疾——诸如此类：一件事是另一件事的原因。我们可以这样说："什么是因果关系？"这是一个完全值得尊重的、重要的、实际上很传统的哲学问题。但你也可以这样说："我们如何分析因果性陈述？我们说一件事是另一件事的原因是什么意思？"虽然你现在看上去好像提出了一个纯粹的语言问题，但实际上你提出的是完全相同的问题。只不过你换了一种形式而已。现在，大多数哲学家都会认为这是一种更为清晰的形式。我认为，曾经有一段时间，哲学家们有点倾向于为研究用法而研究用法，而不把它看作解决问题的一种手段。我认为，这是徒劳无益的。

但这种潮流早已过时。它大约在 20 世纪 50 年代风行，后来被称为牛津学派哲学（philosophy of the Oxford school），主要是通过一位名叫 J. L. 奥斯汀的哲学家的工作（为人所熟知）。不过，即便在当时，这也不是普遍现象。但如今，当人们试图探究语词的意义时，进行这种探究的原因则是他们正在研究这些概念，而这些概念在我们描述我们所认为的世界的真实面貌时，确实发挥着重要作用。

麦基：你刚才所说的可以归结为，对我们所使用的语言的探究，就是对人类所经验的世界结构的探究。

艾耶尔：是的。

麦基：这与如下看法之间有着显而易见的关系，即哲学的正确任务不在于提出学说而在于分析命题。

艾耶尔：是的。

麦基：在我看来，这对受过教育的非专业人士产生了巨大影响。"二战"结束后不久，我在牛津大学读本科，许多根本不是学哲学的人似乎都深受这种学说的影响。对他们来说，如果有人试图就任何话题——与哲学无关的话题——发表任何意见，他们就会立刻被这样的问题逼到墙角："你会如何证实这一说法？"或者："对这个问题你想要一个什么样的答案？"

艾耶尔：我想是这样的。我想我在某种程度上也有责任。

麦基：我们突然谈到了你个人，我想谈谈你个人与逻辑实证主义运动的联系会很有意思。你描述了维也纳学派的主要人物，你也谈到了他们的一些核心学说。众所周知，是你将这些学说引入英国的。你是怎么做到这一点的？

艾耶尔：我于 1929 年来到牛津大学，并于 1932 年获得学位。在基督教堂学院（Christ Church）*——我是吉尔伯特·赖尔的学生——获得学位后，我被任命为该学院的哲学讲师。不过，我先请了几个月的假。我本想去剑桥师从维特根斯坦，但吉尔伯特·赖尔说："别去剑桥，去维也纳吧。"他在两年前的一次大会上——我想也是在牛津——碰巧遇上了石里克。石里克只和赖尔谈了半个小时，但赖尔觉得石里克很有意思，他感觉维也纳正在发生一些重要的事情。我想赖尔也读过维也纳学派写的一些文章。所以他对我说："我们大致知道维特根斯坦在剑桥做什么，但我们不知道维也纳发生了什么。你去那里看看，然后告诉我们。"

那时候我几乎不会说德语，但我想，我也许能学到足够多的东西来了解正在发生的事情。于是我带着赖尔写给石里克的介绍

---

* 牛津大学的学院之一。该学院享有不称为"College"的特权，在牛津它通常被称为"The House"，即"堂屋"。这是牛津最大的学院，1525 年由红衣主教沃尔西（Thomas Wolsey）创建。基督教堂学院与英国政治的渊源很深，曾在内战时作为查理一世（Charles I）的临时首都，在近代 200 年内产生了 16 位英国首相。——译者注

信去了维也纳。石里克——现在回想起来，我觉得这很不可思议，但在当时看来却非常自然——说："来加入这个学派吧。"于是我就加入了。[获准入圈的仅有的另一个外国人是美国著名哲学家蒯因（Quine）。我们当时一起在那里。]我于1932年11月前往维也纳，一直

二十几岁的艾耶尔

待到1933年春天。那年我22岁。我坐在那里，听着石里克和纽拉特之间的辩论。我的德语还不够好，不能加入他们的辩论。他们非常关心"观察陈述（observation statements）是什么"的问题。石里克坚持旧的经验主义观点，认为它们是关于某人的感觉印象的陈述。纽拉特（他有马克思主义倾向——也许是受列宁的影响）和卡尔纳普——他已经去了布拉格，但他支持纽拉特关于这个话题的著述——都说："不，这会导致唯心主义。基本陈述必须是关于物理对象的陈述。观察陈述并不是'这是一个形状'或'这是一个颜色'，而是'这是一条长凳'或'这是一个烟灰缸'。我们从这里开始。"一周又一周，也许是两周又两周，他们

就这个问题争论不休。他们不停地讨论——我坐在一旁听着。我满载而归。我在《心智》（*Mind*）杂志上发过一篇名为《形而上学的不可能性的证明》（"Demonstration of the Impossibility of Metaphysics"）的论文，它只是对证实原则的一种应用。然后以赛亚·伯林对我说（他和我过去经常见面，一起谈论哲学）："你满脑子都是这些，为什么不写成一本书呢？"我说："为什么不呢？"于是我坐下来，用 18 个月的时间写出了《语言、真理与逻辑》。我写这本书时 24 岁。它出版时，我刚刚 25 岁。

麦基：这本书的爆炸性后果是否让你措手不及？

艾耶尔：它一开始并没有取得那么大的成功。牛津大学的老一辈哲学家对这本书的出版非常愤怒——事实上，这使我很难在牛津大学找到一份教书的工作，战前我一直没找到，一直是研究员。这本书的销量也不高。出版商维克多·戈兰茨（Victor Gollancz）（在我写这本书之前，我设法把书卖给了他）不相信会有人愿意读这样一本书，所以他一次只印了 500 册。他甚至不相信会有 500 人愿意读这书！所以，虽然该书在战前出了四版，但只卖出了大约 2000 册。直到战后，当它再版时，它才获得了巨大的成功。不过我想，在战前，当它第一次问世时，确实给年轻人留下了深刻的印象。他们对此非常兴奋，认为这是一种解放。你瞧，战前的牛津哲学毫无生气。有些老家伙只对哲学史感兴趣，只对重复柏拉图的话感兴趣，只对试图压制任何努力说出新东西的人感兴趣。我的书是埋在这些人脚下的巨大地雷。对年轻人来说，这似乎是一场解放——他们觉得自己可以呼吸了——从这个角度来说，这本书产生了巨大的历史影响。

麦基：你能谈谈这本书在哲学之外的影响吗？在我看来，它不仅在科学、逻辑学和哲学领域产生了显而易见的影响，在文学批评和历史学等领域也是如此。

艾耶尔：好的。它在科学界的影响可能不如卡尔·波普尔的作品。他的《科学发现的逻辑》（*The Logic of Scientific Discovery*）一年多前出了德语版，我想可能对科学家他们更有吸引力。即便如此，科学家们还是觉得《语言、真理与逻辑》不错。毕竟，这本书告诉他们，他们是最重要的人，他们喜欢这样。他们再也不必担心哲学家会站在他们面前说"哦，你们可千万别这么说"——这倒不是说他们有多担心，但有人告诉他们，他们正在做的事才是最根本的事，这对他们来说是件好事。

麦基：如果不只是谈你的书，而是谈这本书所从属的整个逻辑实证主义运动，那么你认为这场运动对其他领域有什么影响？

艾耶尔：它引发了对清晰性（clarity）的高度强调，以及对所谓的"混沌"（woolliness）的强烈反对。它发布了一项指令，要求人们正视事实，看清真相，摒弃鬼话。这就像汉斯·安徒生（Hans Andersen）故事里的孩子，正如你在开场白中所说的，他当时到处都在说"皇帝没穿衣服——他在那儿，到处招摇。可那

家伙光着身子"。"那家伙光着身子"这个概念对从事任何学科的
年轻人来说都是令人兴奋和有吸引力的。我想，这与人们对维多
利亚时代虚伪的普遍反感是一致的。

麦基：它本身就足以解释逻辑实证主义所引起的巨大而激烈
的敌意。专制政府……完全禁止逻辑实证主义。就连自由主义者
也对此感到不安。

艾耶尔：他们认为这太反传统了。

麦基：但它肯定有真正的缺陷。现在回想起来，你觉得它主
要的缺陷是什么呢？

艾耶尔：嗯，我想最重要的缺陷是，它的几乎所有内容都是
错的。

麦基：我想关于这一点你得多说点儿。

艾耶尔：好吧，也许是我太苛刻了，我还是想说它的精神是
真的——态度是对的。但如果你要细究起来……首先，证实原则
从未得到适当的表述。我试着表述过好几次，但总是要么不太够，
要么太过了。直到今天，它还没有得到一个在逻辑上精确的表述。
其次，它的还原论行不通。你甚至不能把关于烟盒、眼镜和烟灰
缸的日常简单陈述还原为关于感觉材料的陈述——更不用说去还

原更抽象的科学陈述了。因此，如我所说，石里克和早期罗素的如此令人兴奋的还原论是行不通的。最后，在我看来，逻辑学和数学中的语句是否在某种有意思的意义上是分析性的，这一点现在非常成问题。事实上，近来的哲学家如蒯因等人的研究已经对整个分析与综合的区分提出了质疑。我仍想以某种形式保留这个区分，但我不得不承认，这种区分并不像我曾经认为的那样明确。在某种意义上，数学中的陈述显然不同于关于经验世界的陈述。但我现在对此一点也不确定，也就是像我从前那样说它们"依惯例"为真是对的——无论如何，这需要很多辩护。同样，把关于过去的陈述，还原为关于现在和未来的有关过去证据的陈述，这种做法也是错误的。我们关于他人心智的学说是错误的。我认为我的伦理学理论是对路的，尽管过于概括。因此，如果你深入细节，能留存下来的东西就很少了。能留存下来的是这种进路的总体正确性。

麦基：如果我这样说，你会同意吗？回过头来看，逻辑实证主义的优点几乎完全在消极的方面。它确实清除了许多此前看似说得过去的哲学思考，我们现在可以通过新逻辑和新科学的视角看到，这些哲学思考是不可接受的。大片地面都被清理干净了。但现在看来，他们实际上所做的似乎只是清理了地面；因为他们试图在这块地面上建立的东西站不住脚。

艾耶尔：嗯，还不只这些。这是一种极大的解放。也许我们可以回顾下实用主义者威廉·詹姆斯（William James）而非逻辑实证主义者所说的话。（当然，实用主义出现得更早，它在许多方面都与逻辑实证主义非常相似。）威廉·詹姆斯有个短语，他要求提供陈述的"现金价值"（cash value）。这一点非常重要。早期的逻辑实证主义者错误地认为，你仍然可以维持金本位制——如果你出示纸币，你就可以用它们换取黄金——这当然是不可能的。黄金不够。而纸币太多了。但无论如何，货币必须获得一定的支持。如果有人做了个断言，好吧，也许你没法把它翻译为观察术语——但追问如何着手对它进行检验仍然很重要。哪些观察是相关的？我认为这一点仍然有效。

麦基：因此，尽管你现在说逻辑实证主义的大部分学说都是错误的，但像你这样的前逻辑实证主义者仍然采用着相同的一般方法；你仍然在探讨同样的问题，尽管是以一种更加自由、开放的方式，是吗？

艾耶尔：我想说，是这样。

麦基：这场完全由讲德语的人在维也纳发起的运动，后来在德语世界影响甚微，但却在英语世界的哲学中占据了主导地位，这是为什么呢？

艾耶尔：嗯，它对德国的影响姗姗来迟——现在才开始对德国人产生影响。这只是个浮皮潦草的回答。更深层次的原因是它符合英国的传统，这可以追溯到中世纪。当时的逻辑实证主义者应该是像奥卡姆这样的人，我们已经提到过，他用剃刀把东西削掉。这种冷静的头脑，这种经验主义，贯穿英国哲学——奥卡姆、霍布斯、洛克，甚至贝克莱（Berkeley）（以他那种怪异的方式），还有休谟、密尔、罗素，无不如此。同时，他们都有意识地敌视德国的浪漫主义形而上学传统。此外，被逻辑实证主义者反对的自然科学与社会科学之间的极端分离，也是来自德国。甚至在政治上也是如此——我的意思是，如果你以纳粹主义在德国的兴起为例，从某种意义上说，这也是某种走向邪路的浪漫主义。我想，在某种程度上，先于纳粹的人都是像尼采这样的人。这么说也许对尼采不公允，但在我看来，他代表了一种混沌的浪漫主义思想，正是这种思想让纳粹主义成为可能。因此，逻辑实证主义在思想上和政治上都与德国传统背道而驰。

麦基：鉴于你早期的学说，如果你能谈谈你最近在研究什么，那会很有意思。

艾耶尔：好的，我最近一直在写一本自传，讲述我刚刚跟你说过的关于那些激动人心的早年岁月的一些事。*不过我的上一本书是《哲学的核心问题》（*The Central Questions of Philosophy*）：在这本书里，我多多少少试图讲述我早年的进路还剩些什么，并从我眼下思考的角度来探讨同样的问题。我一直对知识论问题非常感兴趣——比如，我们关于物质世界的知识、

---

* 当指 1977 年出版的 *Part of My Life: The Memoirs of a Philosopher* 一书。——译者注

我们相信存在物理对象的理由，等等，我现在采纳的观点接近我原来的观点，只不过要弱得多。我试图表明，我们对常识的物理世界的看法，是基于我们的感官经验而建构起来的理论。我试图表明，在我们的感觉领域中存在着什么样的关系，使得这一理论变得可信和可行——或者，与其说可信，不如说有用，而且建构起来很容易。因此，可以说，我仍然在做着同样的事情。现在我年纪大了，做起事来可能会慢点儿，肯定没以前那么有才华了，但也可能更稳健了。我希望我在岁月中学到了一些东西。

Linguistic Philosophy

语言分析哲学的魔咒

对话伯纳德·威廉斯

伯纳德·威廉斯
（Bernard Williams，1929—2003）

引 言

麦基："语言分析哲学"（linguistic philosophy）和"语言分析"（linguistic analysis）这两个术语的意思是一样的，指的是一种哲学技术，它主要在盎格鲁－撒克逊（Anglo-Saxon）世界发展起来，并在 20 世纪 40 年代到 50 年代开花结果。我觉得可以公允地说，该方法影响了此后几乎所有研究哲学的人。牛津和剑桥是两大活动中心。在牛津，最有影响力的人物是 J. L. 奥斯汀，其次是吉尔伯特·赖尔。在剑桥，无人可比的是维特根斯坦。这些人和其他参与其中的人之间不可避免地存在分歧，但他们有一些共同的基本原则。其中最主要的基本原则也许可以用下面的方式来说明。

自苏格拉底以降，哲学家们就倾向于问"什么是真理？……什么是美？……什么是正义？"这样的问题，他们显然假定这些语词都代表着某种东西——也许是一种无形的或抽象的东西，但无论如何，这种东西有其自身的存在，独立于这些语词的使用方式。就好像哲学家们在试着穿透问题，穿透语言（pierce through the language），到达隐藏在语词背后的非语言实在。这时候，语言分析哲学家们出现了，他们说这是一个严重的错误，而且，这个错误会导致我们在思考过程中犯各种其他的错误。他们说，并不存在这些语词所依附的独立实体。语言是人的创造——是我们发明了语词，并决定它们的用法。理解一个词的意思，无非就是知道如何使用它。比如，对于像"真理"（truth）这样的概念，当你完全理解如何正确使用"真理"这个词——以及它的相关词，如"真的"（true）、"信实"（truthfulness）等——你就完全理解了它的意义。这个意义只不过是该词可能用法的总和，而不是存在于某些非语言领域的独立实体。

由此出发，语言分析哲学家们继续说，要想对人类思想范畴——或者说，我们用来与世界打交道或与彼此沟通的概念——加以分析，唯一令人满意的方式是研究它们实际上是如何被使用的。而做语言分析哲学就是进行这样的研究。事实上，语言分析哲学中最有名的书就叫作《哲学研究》（维特根斯坦著）。通常说来，这样的研究是一次研究一个概念，比如心智的概念（这也是语言分析哲学中第二出名的书的标题，作者是吉尔伯特·赖尔）。在这两部著作出版后——赖尔那一部出版于1949年，维特根斯坦那一部出版于1953年——的几年时间里，语言分析对哲学施了一道巨大的魔咒。在那些年里，它至少使英语世界里几乎每个人做哲学的方式都染上了它的色彩。和我一起讨论这个问题的是一位在牛津和剑桥待了很多年的人——伯纳德·威廉斯（Bernard Williams），他是剑桥大学仅有的两位哲学教授之一，即将辞去他的职位，成为国王学院的教务长，而他在牛津大学读本科时，正值牛津语言分析哲学的鼎盛时期。

讨 论

麦基：语言分析哲学代表了对它之前的哲学的一种突破。而在它之前的哲学主要是逻辑实证主义；换句话说，逻辑实证主义是一代人的主流正统学说，而语言分析哲学则是下一代人的主流正统学说。那么，我们可以继续刻画语言分析哲学的一种方式，就是讨论它与逻辑实证主义之间的对照。

威廉斯：我认为我们对语言分析哲学与逻辑实证主义的区别是非常有意识的，也许比审视这一切的后来者更有意识。我想，主要区别就在于，实证主义认为，有意义的人类话语（discourse）和知识的典范是科学。它承认也有其他形式的话语，但它以科学的标准来衡量其他话语的意义。对于实证主义来说，哲学就是科学哲学，而语言分析或语言分析哲学则自觉地意识到不同形式的人类话语的多样性。有很多不同的说话方式，除了科学意义之外，还有很多不同类型的意义，而我们的任务是试着发现这些不同的其他意义，以及科学意义是如何起作用的，而不是用科学的标准来衡量一切，并宣布其他类型的意义毫无意义。

麦基：逻辑实证主义者不是明确说过，任何不能通过经验证实的陈述都是没有意义的？

威廉斯：对，除了数学或逻辑学的陈述，它们被认为是凭借词语的意义而为真的；但可以肯定的是，所有伦理学、美学或宗教的陈述，乃至许多日常心理的陈述，依实证主义的标准来看都是没有意义的。

麦基：而语言分析哲学的兴起恢复了许多被逻辑实证主义者抛弃的话语领域。

威廉斯：是，当然。在某种意义上，它有一种高度包容的态度。它倾向于这样说："哲学是让我们自觉意识到我们使用语词的方式、语词的种种意义以及它们所属于的生活形式的事业。如果这些话语形式存在，那么这些生活形式也就存在，并且有待理解。"

麦基：因此，虽然逻辑实证主义者会特别地说，宗教话语是没有意义的，因为没有任何方法可以对其进行证实，但语言分析家可能会说："呃，在我们宣布这毫无意义之前，让我们仔细看看到底是什么概念被使用了，以及它们是如何被使用的——它们是如何在这个特定的话语世界中起作用的。"

威廉斯：是的。当然，它有一个相当反讽的面相，这都是因为，尽管语言分析哲学——如你所说——比实证主义对宗教语言更友善，但实证主义将宗教语言的前提作为经验上无意义的东西展示出来，这对宗教语言至少是某种意义上的致敬。语言分析家则有点想说："那好，这里有这样一种话语形式，它是一种生活形式，就像其他任何一种生活形式一样。"——而这已经在暗地里给宗教赋予了一种激进的人文主义阐释。它倾向于把宗教和宗教信仰视为人的生活的一种形式、人的需要的一种表达；虽然有很多人——包括现在的很多神职人员——都同意这种观点，但这并不是普通人对宗教信仰的传统观点。

麦基：在区分开语言分析哲学和逻辑实证主义之后，我们在讨论的一开始还应该做另一个区分，那就是区分语言分析哲学（linguistic philosophy）和语言哲学（philosophy of language）。这两个说法如此相像，乃至我们很容易原谅不熟悉哲学的人将其混为一谈或者认为它们是同一事物的两个名称。

威廉斯：这里的确有一个重要的区分。依照我的理解，语言哲学是哲学的一个分支，是哲学的一个领域。它是哲学的一部分，格外关注由语言本身引发的问题。它现在是一门蓬勃发展且在很多方面都非常技术化的学科，当然它和理论语言学（theoretical linguistics）非常接近。另一方面，语言分析哲学或语言分析不是哲学的一个分支，而是哲学的一种方法，一种可以应用于所有分支提出的哲学问题的方法。它提供了一种处理问题的方式，无论是形而上学、伦理学还是其他什么分支中的问题，它格外强调对提出这些问题的语言要有自觉。

麦基：语言分析哲学做出了某种许诺，对吧？这个想法是，我们概念框架中的内容无不是我们放在那里的，因此，一旦你对概念发挥作用的方式展开彻底的分析，就没有剩余，没有遗留下任何东西。这意味着哲学研究可以使问题最终得到解决。

威廉斯：是的。特别常用的说法是"并非解决而是消解"（not solved but dissolved），我想现在有时还能听到这个说法。其大意是，许多传统哲学问题都基于误解，基于对我们的语言是怎样运行的过分简单的设想，而一旦你对我们语言实际运行的方式有了自觉——一旦你开始理解我们实际上赋予我们的表达式的意义——你就会明白，你不能只是把某些词放在一起，并希望它们能到达自己的目的地，如果我可以这么说的话。思想无法只是掠过语词，而后到达实在。只有我们的实践才决定我们的问题的意思是什么。与此相关的是，许多哲学问题——它们中的每一个——压根就不是什么单一的问题。它们往往是不同忧虑、不同困惑的集合，在某个简化的套话名下被放到一起；当你参透了这一切，以分析的方式把问题拆解开，你会发现许多传统的哲学问题并不是得到解决，而是消失了。你不再需要问出这些问题了。如此做出的许诺非常宏大，而且极其令人振奋。当时确实有人说，整个哲学将在 50 年内终结。一切都将被完成。

麦基：因为当我们分析尽了所有的基本概念之后，就没什么可做的了。

威廉斯：或者说，至少我们会处理掉那些引发根本的哲学问题的概念。

麦基：然而，这和语言分析哲学所持的另一个许诺不一致。逻辑实证主义者让哲学完全听命于科学，但是，如你之前解释的那样，语言分析哲学家们乐意去考察任何事情。这样做的一个后果是，哲学技术被认为可以施用于人类话语的每一个领域。基于这个假定，我们完全有理由有一门医学哲学、一门经济学哲学、一门人口理论哲学、一门体育哲学——一门关于世间万事的哲学（但这里的"万事"只是从"任何一事"意义上说的）。以医学为例。"健康""疾病"和"治疗"是它的一些特有的核心概念，一旦加以认真考虑，都变得非常成问题。你可以对其使用哲学的分析技术，从而澄清医学领域的话语。那么，这件事对人类话语的所有领域都可以做，这本身就提出了一项永无止境的任务。

威廉斯：是的。我认为没人会觉得所有的概念都可以被澄清。他们的想法是，主要问题可以被消解。这是因为他们对主要问题来自何处有一种看法。当然，医学也有一些哲学性、概念性的问题需要回答——比如，拿心理健康来说，有人发现心理疾病的概念本身就有问题——依据这一点，已经有人在进行哲学探究。不过，就语言分析哲学的关注焦点而言，人们认为核心问题以两种方式出现。首先，问题在非常一般的概念那里出现——这些概念不是像健康这样特殊的概念，而是一些无处不在的概念，比如一个东西与另一个东西相同的概念，或者一个东西导致另一个东西的概念，或者时间和空间的概念。这些概念是我们在所有话语领域中都会用到的，它们的一般性产生了哲学问题的一个核心主体。第二类重要的根本问题是那些被认为出现在不同话语之间的边界上的问题，比如，在谈论物理的东西和谈论心理的东西的边界会出现的问题。你提到的赖尔的著作《心的概念》，明确地尝试将语言分析的技术应用于如下问题："我们怎么能知道他人也有体验？一个有生命的固形物有思想是怎么一回事？"这些确实不是新问题，若按这样来表述，它们是非常古老的哲学问题——要点在于，你选择了一个问题非常紧迫的领域，并运用这些新技术。然后这些问题看上去就不会和以前一样了，它们会消解成一系列我们也许能够处理的互相分开的概念问题。

麦基：除了消解所有问题的许诺——这显然很有吸引力——之外，语言分析哲学对这么多如此聪明的人还有什么特别的吸引力呢？毕竟它确实有种魔咒般的魅力。人们几乎像染了病似的对它着迷。

威廉斯：有不同层面的原因。其中一个层面的原因是，这种哲学几乎在其所有形式中都呈现出某种反差，某种在其动机的深刻和严肃与其风格的平常之间形成的反差。这种哲学举出的例子都很平常。它有意避免使用装腔作势的哲学术语。它听起来并不言高旨远，而且由于你同时感到你实际上在做一些相当严肃的事情，尽管看上去未必如此，这种哲学就提供了一种特殊的或可称为苏格拉底式的快乐（Socratic pleasure）——平常的材料服务于我们所周知的更深层次的目的。这种哲学的维特根斯坦式风格和牛津式风格的表现截然不同，后者往往故意地、反讽地冷言冷语，同时把为了乐趣而追究种种区分推崇为一种德行。奥斯汀有句话在当时很出名。他会开展这些研讨班，讨论无意间做了某事、不巧做了某事和碰巧做了某事等之间的区别，而过一段时间，经常有来客会说："奥斯汀教授，这些探究阐明了哪些重大的哲学问题？"奥斯汀对此会回答说："大体上就是所有问题。"

麦基：许多人被这些例子的细碎误导了。如你所说，尽管语言分析哲学家们有意采用了一种紧缩的风格，并使用了看似细碎的例子，但他们这么做是出于一个不那么细碎的理由，那就是，他们希望自己所说的内容一点都不绕着这些例子打转。

威廉斯：没错。我认为这里面的一部分想法是，如果你举了一个明显宏大的或戏剧性的或看上去深刻的例子，那么你就会面临两个选择：要么它真的很深刻，这么一来，几乎可以肯定的是，它会非常复杂，难以着手——我们本应该先处理平常的事情，然后再走向深刻；要么它不怎么深刻，其吸引力是假冒的。出于这个非常重要的原因，语言分析哲学摒弃了传统的哲学修辞。牛津形式和维特根斯坦形式都对传统的深度概念提出了质疑。当然，如我所提到的，这两种风格有别。牛津风格表现为反讽、机智、避免郑重其事，而维特根斯坦则对其追随者在完整性和严肃性方面提出了高要求，而且对机智有种宗教式的反感。一位哲学家曾对我说过，做哲学总是有两种不同的动机——出于好奇心和为了救赎；它们确实与这两种风格及其不同的吸引力大致相应。但这两种风格都要到平常物事之中并经由平常物事去寻求理解；它们都打破了人们对哲学的传统期待——期待哲学深刻而又让人安心——从而招致人们的不满。

我能就这些平淡无奇或细细碎碎的例子再多说两句吗？我个

人认为，谈论感知或知识论时使用这些例子，会是一项比谈论道德或政治时使用这些例子更合理的工作。事实上，政治哲学根本就没在我们当前的体制之下兴旺过，这很说明问题。戏剧性和严肃性这些范畴本身就是政治和道德的范畴，而看到、知道、计数等概念则不是。

麦基：我想，语言分析哲学有魅力的另一个方面在于，它教授了一种关于使用语言的有益的自我意识，教授了一种几乎是全新的责任，即承认这样一点：一丝不苟地说清楚自己的想法真的很重要。

威廉斯：我认为很重要的一点在于这种自我意识的本质是什么。有意思的是，尽管有些人批评语言分析哲学在这些方面学究兮兮，或者只是做些词典编纂性质或琐碎的事情，或者过于操心语言表述的小细节，但事实上，这也是诗人经常提出的要求，[*]比如奥登，他在其大部分作品中都有此要求，还有叶芝（Yeats）。他们觉得，在某种意义上，对意义的完整性，即不多不少地说出你的意思，以及对这意味着什么有自我意识，本身就是抵御衰朽、恐怖、夸示的堡垒。[†]

---

[*]　这里的要求指的是上一段提到的"说清楚自己的想法"。——译者注

[†]　威廉斯这段话是想强调语言分析不是为语言而语言，而是明确了思想的责任和纪律。精确表达自己的所思所感，能够维持心灵的刚健。两位诗人都关心意义的消解和世界潜在的混乱，但他们解决这些问题的方法不同。奥登强调直接沟通和自我意识的重要性，这是一种加强自己对抗世界压倒性力量的手段。相比之下，叶芝钻研象征主义和模棱两可的领域，他相信通过艺术探索人类经验的（转下页注）

麦基：是不是有那么一小批文献阐述了这种观点：卡尔·克劳斯（Karl Kraus），乔治·奥威尔（George Orwell）*……

威廉斯：对——要抵抗糊涂话对心智的污染。我们必须记住，维特根斯坦来自维也纳，在那里，长久以来，人们对此一直有着很深的关切。牛津那一端就不会这样来表述，因为这听上去相当言高旨远，但事实上，这无疑是动机的一部分，而且在我看来是很重要的一部分。

麦基：我认为，在牛津大学，也就是你我都研习过哲学的地方，这种对清晰性、对责任、对认真留心意义上的细微区别的坚持，除了有其哲学意义之外，还是一种极好的心智训练。

威廉斯：是的。语言分析当然有积极的面相。我认为，必须要说，在这方面，它也有一些消极的面相。

（接上页注）复杂性有助于揭示隐藏的真相，并在面对解体和恐怖时提供安慰。二人观点也许不同，但他们都对20世纪的诗歌景貌做出了重大贡献，他们都在努力解决存在主义问题，并在逆境中运用语言的力量来传达和保留意义。——译者注

* 奥威尔非常关心出于政治目的而操纵语言和歪曲真相。他认为，清晰、准确的语言对于维护自由和抵制压迫性政权至关重要。他在小说《一九八四》中创造了"新话"（Newspeak）一词，以描述一种旨在限制思想和表达自由的虚构语言。主人公温斯顿·史密斯（Winston Smith）反抗这种对语言的操纵，并试图通过坚持真理和意义来维护自己的完整性。在《政治与英语的语言》（"Politics and the English Language"）一文中，奥威尔批评了政治话语中使用模糊和误导性的语言。他认为，这种语言不仅掩盖了真相，而且有利于操纵公众舆论。奥威尔主张使用简单、直接和诚实的语言，准确地表达自己的想法和意图。他认为，通过维护语言的完整性，个人可以抵制意义的侵蚀，防范权力的滥用。——译者注

麦基：我想稍后再谈这些，现在还没到时候。我们已经谈到了对清晰性（clarity）的践行，但这马上会引出另外一两个问题。大多数人都会同意，所有语言分析哲学家中最杰出的是后期维特根斯坦；但没人能说他是清晰的。恰恰相反。我想把这跟另一点联系起来，你可能更喜欢分开来谈，我不知道——不管了，我现在把它提出来。出于对清晰性的全情践行，语言分析哲学家们因为某些不清晰的哲学家的不清晰而深深低估了他们（我的确是想说深深低估了）。最突出的例子是黑格尔。你我还是本科生那会儿，黑格尔遭到大多数专业哲学家的十足蔑视而被摒弃，主要就是因为他太晦涩了。他的作品被嘲笑为"垃圾""胡说八道""不值得从思想上认真考虑"。然而，这种做法显然错了——至少如今在我们看来显然错了。换句话说，清晰性当时在哲学中被赋予了一种价值，一种如今可以清楚看到它并不具有的价值。

威廉斯：我认为，"清晰性"这个概念到头来比人们或某些人当时所想的更为复杂。我觉得，黑格尔的情况就很复杂。我认为这不只是因为他难懂；这是因为他以某种特定的方式难懂。比如，我想康德就没有遭到过你所提到的那种程度的否定，但我也认为没有人能说康德或康德的语言是特别容易的那种。我认为还必须补充一点，即黑格尔在意识形态上受到质疑是有一定历史原因的。人们认为他与德国意识中的极权主义扭曲有关联。这种认定可能是个错误，但也是常见的错误；这里有个历史背景。不过你说得没错，当时的哲学史观是非常选择性的，而且在某种意义上受某种清晰性概念的支配。如果我们由此谈到之前提到的维特根斯坦风格和奥斯汀风格之间的差异，并把这个差异说成是奥斯汀风格在某种意义上清晰而维特根斯坦风格在此意义上不清晰，我想，我们一定是想说，奥斯汀在某种意义上比维特根斯坦更执着于字面（literal-minded）。维特根斯坦的《哲学研究》里几乎都是简单明了的句子。这些句子既没有模棱两可的语法，也没有晦涩难懂的名词。

麦基：难理解的是他为什么要写这些。我们理解他说了什么，却不理解他为什么这么说。

威廉斯：没错。书里有这样的话："即使狮子会说话，我们也理解不了它。"* 问题是："这里为什么会有这句话？"我认为，它难以理解的一个原因是，它在多大程度上牵连在一个论证当中，这一点上存在着模糊性，一种很深的模糊性。在奥斯汀那里，或者在我们可以提到的许多其他语言分析哲学家那里，都有明确的论证。有大量的"因此""既然""因为"和"现在它将以某种方式得到证明"。而这些话在维特根斯坦那里却出奇地少。这部著作包含了种种奇特的自言自语、警句、提示以及诸如此类的东西，这和他认为哲学跟证明或论证毫无关系这一激进的观点有关。他曾说过，我们应该通过收集我们通常的行事方式的提示物来做哲学，† 因为哲学往往会让我们忘记我们通常的行事方式。

---

* 参见：《哲学研究》，第二部分，第十一章，第 215 节。——译者注
† 参见：《哲学研究》，第一部分，第 127 节："哲学家的工作是为了某种特定的目的采集回忆。"这里译作"回忆"的是"Erinnerungen"，G. E. M. 安斯康姆（G. E. M. Anscombe）英译本把它译作"reminders"（提示物）。——译者注

麦基：这有点像是引导人们以某种方式看待事物——艺术作品常常这么做，尤其是戏剧和小说。

威廉斯：与此相伴的是这样一个想法：当我们以这种方式看待事物时，我们的看待方式仍然未被哲学理论的过度简化腐化。其他种类的语言分析哲学谈到证明时都不像维特根斯坦那样激进。但他们和维特根斯坦在恢复日常经验的复杂性方面同属一脉。在这里，清晰性的理念关联于另一个追求，即以复杂代替晦涩。哲学可以是复杂的，因为生活是复杂的。对先前哲学家的一大指责是，尽管他们的思想神秘、艰深、郑重其事，但他们实际上是在大力简化。比如，他们大谈表象与实在之间的对照；但这里想说的是，如果你真的思考一下表面上是一物、实际上是另一物的种种情况等，或者"实在"这个词会被理解成什么，你会发现，我们在这方面的整个思想联络比他们或我们最初以为的要复杂得多。

麦基：几分钟前我们谈到，比如说 20 年前，在语言哲学的曙色中，人们倾向于认为，通过使用新技术，哲学的基本问题将在比如说 20 年内得到解决。现在，这 20 年已经过去了，而哲学的基本问题却依然存在。因此，尽管语言分析哲学具有我们一直在谈论的相当多的优点，但显然有某种根本性的错误存在于它对自己的期望之中，或许因此也存在于它对自己的构想之中。现在我们来谈谈它的缺陷吧。

威廉斯：历史上出现过各式各样的哲学革命的曙色——我们可以马上列出五次——身在其中的人们曾说："为什么哲学一直徘徊不前？我们现在有了正确的道路。"它们往往不久就会遇到自己在方法上的问题，语言分析在这方面不是孤例。我认为它的基本局限在于低估了理论*的重要性。它尤其低估了理论在哲学内部的重要性（尽管就维特根斯坦而言，这几乎不能被称为低估，而是完全拒斥）。此外，它还倾向于低估理论在其他学科中的重要性。即使涉及科学领域，我也不认为它对其中的理论的重要性有非常清晰的认识。

麦基：让我确认一下我清楚你所说的低估理论的重要性是什么意思。语言分析家们倾向于用镊子一次挑出一个概念，然后对它进行刨根问底的分析——有时，比如拿奥斯汀来说吧，这些分析几乎与其他一切隔绝开来；也就是说，不参照任何解释性理论作为背景。你是这个意思吗？

威廉斯：这是我想说的一部分。但这不仅事关研究范围（奥斯汀和其他人会强调关注成族的概念的重要性），也事关研究动机。我觉得我们往往会做的，是挑出一些区别或对立，然后非常细致地研究它们，以及与之相关的各种细微差别，并对其排序或予以陈述，而没有充分思考是什么背景使得这一系列区别而非其

---

* 依上下文，威廉斯这里提到的"理论"（theory）指的是系统理解、整体理解，而非形式化的理论。他想强调，纯粹在字面意义上做区分意思不大，只有基于系统理解才能做出重要的或有意思的区分。——译者注

他区别有意思或重要。

麦基：你们是用零敲碎打的方式在做哲学，事实上，你们自己也经常用"零敲碎打"这个词来形容你们自己的活动，不是吗？

威廉斯：经常如此。"零敲碎打"这话是种夸奖。奥斯汀用过一个很能说明问题的比喻。当人们抱怨区别繁多时，他指出，某类昆虫有数千种，并问道："语言里难道就找不出那么多区别吗？"回答当然是，我们区分不同种的甲虫的依据是对物种间差异之所在的某种理论理解，这种理解是由演化论给出的。但除非你有一定的理论理解的背景，否则，什么跟什么都不一样，你怎么说都行。

麦基：换句话说，你得有个参照系。这个参照系就是一个理论。

威廉斯：我认为这一点是必须要说的，而且它没有得到充分承认。人们主张哲学可以一点一滴地做的程度确实有差异，但我认为，人们还是比较普遍地忽视了一点，那就是需要承认，只有在更具理论性或系统性的理解的背景之下，才能设定问题，才能做出区分。

麦基：我在前面谈到了语言分析哲学家准备把工具箱带到不同话语领域的方式。那么在我们的讨论的目前阶段，可以把这一事实与语言分析哲学的一个重要缺陷联系起来。语言分析哲学家们太过倾向于把哲学视为与一切题材相分离，或者至少是可以与一切题材分离开。我记得大约15年前，英国一位最杰出的哲学家对我说："要想学好哲学，你不需要懂任何东西；你只需要聪明，对这门学科感兴趣就行了。"

威廉斯：好吧，他肯定比一些人诚实。我想很多人都是这么想的，但都不好意思说出来。如你所暗示，也许这是对当时情况的相当有意思的历史反思。在某种意义上，这是我们之前提到的这种哲学的革命意义的另一个方面。在某种程度上，它起作用的方式在于让人觉得哲学的本质此前被误解了，让人觉得人们一直在就哲学喋喋不休，就好像他们在绘制哲学领域的地图或者在研究一门特殊的超科学，而现在我们对哲学有了一种自我意识，这种自我意识意味着我们不能假定哲学是那样的；而且，就像我已经说过的，拿维特根斯坦来说，这种自我意识抱持如此深刻的怀疑，以至他非常怀疑，除了在我们对自己的认识出了问题时，作为一种深刻的反常现象而发生之外，哲学还有什么存在可言。这种对哲学的革命性感受也让许多人对哲学是什么产生了深刻的——甚至是过度的——自我意识，并助长了如下感受，即哲学截然不同于其他任何东西。这又鼓励了人们的另一些看法，比如说，认为科学本身不可能是哲学性的，不可能有哲学的部分。哲学在这边，一阶学科在那边。我认为，眼下人们再次意识到，科学的某些部分本身就是科学哲学，语言学的某些部分就是语言学哲学，大量的心理学就是心理学哲学。有些领域既需要你有哲学技能，也需要你有科学知识或其他相关学科的知识。归根结底，没法在哲学和其他一切之间做出两分。

麦基：以这种断裂的方式看待哲学的另一个缺陷是，它导致了历史感的缺失。语言分析哲学家很少意识到他们所分析的概念是有历史的。令人惊讶的是，当他们讨论其语言用法的语言使用者是过往的人物时，他们甚少关注这些人物的意图。使这一切更加奇怪的是，他们自己宣称用法是意义的主要标准，具有至高无上的地位，但却一直忽视了一个简简单单的事实，即词语的用法在不断变化。

威廉斯：我认为这里有两个不同的要点。一个要点是，所有概念都有其历史。任何你愿意处理的概念都有一定的历史，关于这一点，我认为语言分析哲学家们有条站得住脚的防线——尽管稍微窄了点儿——那就是："现在让我们把它看作一个正常发挥其功能的系统。"在某种意义上，这就像是某种人类学。

麦基：但当他们想到洛克、笛卡尔或任何其他已故哲学家的思想时，他们往往会和他争论不休，就好像他是待在同一间师生休息室里的同事一样。

威廉斯：谈到哲学史时当然会产生另一个问题，毫无疑问，对许多过往哲学的研究有种可谓顽固的时代误植的特征。有赞扬这种方法的人评论说，要把过往的哲学当作本月发表在哲学期刊上的文章。想来我们并不想要深入探讨哲学史理论以及这种相当古怪的做哲学史的方式，但公允地说，实际上，这种方式相当富有成果和趣味，而且事实上，它所留下的遗产比某些只是被动地以一门心思避免时代误植为导向的哲学史更有活力。

麦基：我们一直在讨论语言分析哲学的缺陷，我认为我们已经考虑的每一个缺陷都是真实存在的。现在我想提出一个你可能不会觉得真实存在的缺陷，但它是所有批评中最常见的。非哲学家一直倾向于认为语言分析哲学无足轻重，现在仍然如此。他们总是说，语言分析哲学家"只是在玩弄文字""轻浮"等。你对此有何评论？

威廉斯：好吧，回答当然是其中有些的确如此——有些的确是学究兮兮、无足轻重、枯燥乏味的。但是，无论何时何地，无论谁在做，粗略估计，至少90%的哲学都不是很好，除了历史学家，之后的任何人都不会对它感兴趣。很多学科都是如此，但哲学可能尤其如此。所以很多语言分析哲学都不怎么样也就不足为奇了——因为任何种类的哲学都有很多是不怎么样的。糟糕的语言分析哲学确实有一种特殊的糟糕方式，那就是无足轻重、无关痛痒、学究兮兮，而不是像许多其他哲学那样虚夸、空洞和乏味。哲学有两种糟糕法：它要么学究兮兮，要么假大空。语言分析哲学把学究兮兮的糟糕法弄成了一大特色。至少，一般来说是这样的；这也完全适用于牛津体哲学，你提到的批评可能就是针对它的。应该说，一些维特根斯坦派作家在另一个方向上糟糕。可以说，维特根斯坦在哲学中追求深度,而奥斯汀追求准确性,因此,他们的较差的追随者们分别陷入了神乎其神的假大空和乏味的学究气。说起来,如果一个人的哲学要糟糕,那么在某种意义上,学究气比假大空来得体面些,尤其是当从业者必须适应专业教师的职责时。但这一点且不论,如果你看向糟糕的例子之外,这种指责就不成立了。那种被解读为无关痛痒的做法,即操心这些句子的实际意思,是我们之前提到的那种关乎语言的自我理解的一个本质性、构成性的部分——敲敲句子,听听它到底发出什么声音。

麦基:我从前面与你的讨论中了解到,你非常反对一种由于自我放纵而如此流行的想法,这种想法可以表述为:"不要操心我实际上说了什么,我的意思才是重要的。"

威廉斯:是这样。各种语言分析哲学都恰恰擅长阻止人们这样说话,以及更重要的,阻止人们这样感受。除此之外,另一个被阻止的想法是,我这里有我的意思,我的小句子会试着把这份意思传达给你,但如果它没有把这份意思传达给你,那是你的想象力发生了某种失灵。我们对自己的言辞负有责任,因为说到头来,我们并非独立于我们想说的话而单纯在我们内心拥有这些意思。我们说出的句子就是我们的意思。

麦基:你已经拟定了一份很好的资产负债表——那么我们最后还剩下什么呢?遗产是什么?我先用一个简单的观点回答一下我自己的提问:这是很大一份遗产。现在大家研究哲学的方式都受到了语言分析哲学的影响。但除此之外，我们最后还剩下什么呢？

威廉斯：我认为我们最后谈到的那一点，也就是我们对自己的意思负有责任，仍伴随着我们；另一种观点也一直存在，即哲学问题不一定有着传统所赋予它们的形态，该观点认为，所谓的哲学问题通常是一块扰攘不安的区域，必须借助语言分析所鼓励的那种敏锐性来探究。这些确实是非常积极的遗产。当你把它们与哲学现在充分表现出来的对理论的重新关注结合起来时，你会得到一个富有奇效的组合。一个相当有意思的短期历史事实是，尽管现在的哲学就算与25年前相比都已经大不一样，但在我们的传统中，对这种做哲学的方式的切割比在这样大的变化下经常出现的情况要少得多。

麦基：我最看重语言分析遗产的一个方面是哲学探究向新的学科领域的延伸。你可以将语言分析技术应用于任何领域，这种观念催生了几乎可以被视为新学科的创造。

威廉斯：哲学关心对语言的反思，与此同时，哲学没有自身的专门主题，这样的想法有助于这些发展。现在，哲学和一阶科学之间的严苛边界很大程度上已被消解，这一事实进一步助推了新发展（这一点我们在前面已经说过了）。语言分析哲学无疑促进了这些学科的兴起。然而，在我看来，这种哲学的局限性，尤其是其牛津风格的局限性，对追求这些目标的方式产生了不利影

响，而这种局限性从更一般层面来说是一个重大弱点：某种拘泥
于字面表述的心态。它没能理解如下重要事实，即在科学史上——
说起来哲学史也是一样——字面的准确性通常是第二位的。有人
会有新东西要说，而由于这个新东西是对世界的一次新入侵，它
几乎肯定是不清晰的，因为它几乎肯定不合已有的概念用法。奥
斯汀并没有完全否认这一点；他说，我们要做的是把一切澄清，
把一切整饬好，然后我们就能看出我们该怎样看待这个不论是什
么样的理论了。那么在我看来，这是一幅错误的图景——我认为
当时在我看来就是这样。假设你以一个理论为例，比如弗洛伊德
的理论，这个理论相当严重地侵入了我们的日常语言。我们被迫
说出以前不常说——几乎不能说——的话。我们不得不说人们相
信他们不知道自己相信的东西，不得不说存在着无意识的愿望，
以及其他在某种程度上与日常语言相抵牾的东西。假定你所做的
就是研究语言上的蕴意，试着整饬它们，然后评估弗洛伊德的贡
献，那么这在我看来似乎是一个非常有误导性的、毫无结果的想
法。如果弗洛伊德的贡献真像人们所认为的那样，那么它会创造
出属于自己的空间。它就像一株有生命、有冲劲的植物——它会
改变周围事物的形态。它会辟出自己的空间。语言分析哲学低估
了新的科学发现为自己创造概念空间的重要意义——可以说，它
们只是以一种意想不到的方式拆毁了其周遭的语言和思想，这种
方式可能初看起来不受控制，几乎无法理解。事实上，在任何时候，
我们最富成效的思想都必然是不确切、不周密、不清晰的，这个
想法很重要，而语言分析哲学，至少是牛津风格的语言分析哲学，
还没有足够的空间来容纳它。

麦基：关于语言分析哲学，我最后想说的一点是，作为一种技术，它仍然具有巨大而永恒的价值，只有当它被视为哲学的一种整体观念而非工具时，它才有根本性缺陷。的确，在20世纪四五十年代有一段时间，许多哲学家认为哲学就在于干这个。这种想法完全是错的。但是，只要把它作为一种辅助技术放在合适的位置上，那么我认为，把它的价值说得再大也不为过。

威廉斯：是的——只要我们接受一个至关重要之点（如果我能这么说的话），即工具本身和装这些工具的袋子都具有特定的智性形态，这意味着不是随便哪位哲学老匠人都能应用它们。事实上，我们已经不再能使用20世纪50年代的某些工具，因为塑造它们的思想如今似乎不再令人信服。另一方面，整袋工具只能被接受了那些确立其基调的思想的人使用——我认为这些思想已经深刻调整并将继续调整我们关于哲学、语言和心智的观念。

8

Moral Philosophy

道德哲学

对话R. M. 黑尔

R. M. 黑尔
（R. M. Hare，1919—2002）

引　言

　　麦基："最大多数人的最大幸福是道德和立法的基础。"这就是功效主义（Utilitarianism）的核心主张，在我看来，功效主义无疑是当今英国社会最有影响力的道德哲学。每当从事政治、行政或任何其他公共管理领域的英国专业人士聚在一起讨论实际该做些什么时，讨论背后许多（如果不是大多数的话）未言明的假定都是粗糙且现成的——往往是未经深思熟虑的——功效主义假定。然而，这种哲学思想并非源于当代。两个半世纪前，弗朗西斯·哈奇森 * 就提出了功效主义的基本原理；一个半世纪前，杰里米·边沁 † 将其注入社会思想的血液之中。边沁及其追随者——尤其是约翰·斯图尔特·密尔 ‡ ——主要通过教育系统影响了 19

---

* 弗朗西斯·哈奇森（Francis Hutcheson, 1694—1746），18 世纪苏格兰启蒙运动奠基人，苏格兰哲学之父，其著作涉及伦理学、形而上学、逻辑学、美学。——译者注

† 杰里米·边沁（Jeremy Bentham, 1748—1832），英国法学家、哲学家，功效主义学说首创者。边沁出身于律师家庭，曾得律师职称，但主要从事写作和政治、法律改革工作。——译者注

‡ 约翰·斯图尔特·密尔（John Stuart Mill, 1806—1873），英国著名哲学家、心理学家和经济学家，19 世纪颇具影响力的古典自由主义思想家，支持边沁的功效主义。在哲学方面的主要著作有《论自由》（1859）等。——译者注

世纪下半叶英国整个统治阶级的思想。这种影响在英国的诸多建制中一直延续至今。这就是一个起先完全由理论家构想和传播的哲学如何直接影响千百万人的日常生活的突出例子。另一方面，功效主义并没有得到普遍支持。在社会事务中，它受到了激进左派和激进右派以及一些宗教人士的质疑。在大学里，它越来越受到专业哲学家的攻击。在本次讨论的稍后部分，我想谈谈这场争论，但我想把它放在道德哲学这一更为广阔的背景下讨论。牛津大学道德哲学教授 R. M. 黑尔（R. M. Hare）将在这里为我们讲述他的观点。

讨 论

麦基：我想回到这个话题最基本之处，并从那儿开始。我会提一个最基本的问题。道德哲学是什么？

黑尔：我们说道德哲学是什么，取决于我们认为哲学本身是什么。自苏格拉底以来，哲学家们试图通过更清楚地了解提出问题所依据的概念来阐明各种各样的问题。所谓"哲学问题"，无非就是人们认为适合用这种方法来解决的问题。道德哲学也不例外：它试图揭示的问题是有关道德的实际问题。比如，如果你不知道"公平"是什么意思，你就不知道怎样才能解决这些问题，那你怎么能判定什么是公平的加薪呢？

麦基：我认为我们必须弄清楚道德哲学家（moral philosophers）

和道德家（moralist）之间的区别。考虑到你（和我）主张道德哲学家可以为解决实际道德困境做出实际贡献，做区分就显得尤为重要——因为道德哲学家不是通过告诉人们该做什么来做到这一点，而这正是道德家的工作，不是吗？

黑尔：也许你不应该说"告诉人们该做什么（这听起来有点像我们都在军队里）"，你应该说"考虑他们或其他人在特定情况下应当做什么"。就此而言，我们大多数人都是道德家，一些人比其他人更明察善断。道德哲学家则与此不同，因为他凭借特殊的技能来处理这些难题（尽管任何聪明人只要努力都能培养出这种技能）。这种能力就是充分且清晰地理解提出道德问题时所使用的语词，从而准确地知道我们在问什么，进而知道在回答这些问题时我们可以使用哪些论证，哪些论证站得住脚。

麦基：用这种方法研究哪些道德概念最富成效？

黑尔：不同的哲学家对此持有不同的观点。艾丽丝·默多克＊写过一本名为《善的至高性》(*The Sovereignty of Good*)的书，

＊ 艾丽丝·默多克（Iris Murdoch，1919—1999），英国小说家、哲学家。在默多克的创作中，哲学占有很重要的地位，她把小说视为解释哲学的工具，但又不失文学作品的生动活泼。她的哲学思想深受克尔凯郭尔和萨特存在主义的影响，哲学写作又深受西蒙娜·薇依（Simone Weil）与柏拉图的影响，其小说创作致力于探讨善与恶、性关系、道德困境与无意识的力量，以其对个体内心生活的关注和深入探讨，延续了托尔斯泰、陀思妥耶夫斯基、乔治·艾略特与普鲁斯特等小说大师的伟大传统。——译者注

我想，从书名就可以看出，她认为"善"是最重要的概念。别的
人则认为是"义务"（duty）概念。其他人则希望我们研究更为
具体的概念，如"良善"（kindness）和"正义"（justice）。我自
己也认为研究所有这些概念都是有益的，但最近我集中关注"应
当"（ought）这个词，因为它是最简单的道德概念，也是最核
心的概念——毕竟我们都想知道，到头来，我们应当做什么，
不是吗？

　　麦基：你把道德哲学的主题完全定性为对道德概念的分析。
那理论、模型以及做出行动、决定、选择的预设呢？对这些内容
的分析也是一项哲学活动，而且肯定是一项重要的活动吧？

　　黑尔：我想是这样；但除了概念之外，最需要借助概念来批
判性地考察的是论证（argument），看看论证是好是坏。通过弄
清楚概念，我们就能检验论证，从而检验这些论证所支持的理论。
理解一个概念，就是理解它的逻辑属性，从而明白使用它来做什
么样的推论才是真正行之有效的。

　　麦基：对概念的分析，对道德论证的逻辑的分析，这些能为
解决实际问题做出什么贡献呢？

　　黑尔：嗯，除非你知道哪些是好的论证，哪些是坏的论证，
否则你怎么能解决实际问题呢？如果你不明白你提出的问题是什
么意思，你又怎么知道论证的好坏呢？

麦基：当我向你提刚才这个问题时，我的想法是这样的：你是一位分析哲学家，你认为自己的职责主要是阐明概念和论证。但也有其他类型的哲学家，比如马克思主义者和功效主义者——他们对哲学的看法与你不同。他们坚信自己的方法会带来切实改变——事实上，以马克思主义者和功效主义者来说，他们的方法显然会带来切实改变，人们可以清楚地看到这一点。你的方法会带来哪些与之可比的改变呢？

黑尔：事实上，我就是一个功效主义者，从属于密尔的传统，密尔非常重视逻辑学，写了一本讲逻辑学的大部头，*并且深知研究概念的重要性。马克思主义者也是功效主义者，尽管是一种截然不同的功效主义者。与伟大的英国功效主义者一样，但与大多数马克思主义者不同，我认为道德论证需要得到支持，不仅需要通过准确调查我们道德状况的事实来支持，还需要通过严格研究我们论证的逻辑来支持，后者只有通过弄清楚概念及其如何运作才能做到。

麦基：你认为马克思主义者提出的道德哲学的智性水准如何？

黑尔：部分马克思主义思想有它特有的一种很高的智性水准。这些人对我们理解社会做出了非常大的贡献。马克思对社会学的贡献非常重要，对经济学的贡献或许也是如此，而如果这些贡献

---

* 这里说的是 1843 年出版的《逻辑学体系》（*A System of Logic*）一书。——译者注

表达得更清晰一点，而不是任人从如此多的角度来阐释，以至门
徒像神学家一样就此争论不休，那就更好了。至于哲学，他还没
有真正弄明白哲学家应该做些什么，才能在解决实际问题方面给
予自己独特的帮助。

麦基：今天的许多年轻哲学家，不就像昨天的马克思主义者
和功效主义者那样，从"单纯"阐明概念转向了直接思考道德困
境吗？

黑尔：在我看来，这种对照是错误的。那些认为可以摆脱阐
明概念而直面现实生活中实际道德问题的哲学家，就像一个匆忙
出门工作的水管工，落下了所有的工具，忘记了他所知道的一切
管道工程知识。这样一来，他并不比户主更有能力堵漏。

麦基：换句话说，你的意思是，哲学家的专业工具是概念分
析和逻辑分析，如果他没有比其他人更多地利用这些工具，他就
没有做出他特别胜任的贡献。

黑尔：是的。那样的话，他的作用还不如许多政治家和记者，
因为他缺乏他们的经验。

麦基：说到政治家，人们一向认为道德哲学和政治理论之
间有着特殊的联系，但近来这种联系变得相当薄弱。你对此有
何评论？

黑尔：我不太知道你说的近来是指多近。目前，哲学家们肯定在撰写大量与政治相关的文章；但这一发展的新近程度不应被夸大。我在 1955 年发表了我在该领域的第一篇论文，[*] 如果说我现在做得更多，那也是因为我发现自己从那时起从事了更为基础的工作后，更有能力做到这一点。我希望一般的分析哲学家也能如此，尽管他们中的一些人确实认为，当他们沉湎于政治时，他们必须把他们的工具抛诸脑后，这既令人感到遗憾，又具有灾难性后果。激进分子有时会说，分析哲学家不写"有现实意义"的东西；但他们这么说的意思是，分析哲学家没有写出足够多在政治上投合激进分子的东西。如果我可以暂时把眼光收得狭隘一些，那就让我们来看看牛津大学的情况。该校的政经哲（Philosophy, Politics and Economics）专业[†] 将哲学和社会科学结合起来，培养出了许多有哲学背景的能干的政治理论家，其中一些人至今仍在那里教书。在该专业的学位考试中，有两张试卷，分别叫作"道德与政治哲学"（Moral and Political Philosophy）和"政治学理论"（Theory of Politics），这两张试卷的内容高度重合，如果考生答第二张试卷，就不准再答第一张试卷中的政治学问题，因为那样他们只需下一份功夫就能获得两张试卷的分数。"政治学理论"试卷由政治理论家命题，评分的人既有政治理论家，也有哲

---

[*]　当指《伦理与政治》（"Ethics and Politics"）一文，收录于黑尔于 1989 年出版的论文集《论政治的道德》（*Essays on Political Morality*）。——译者注

[†]　简称 PPE，最早由牛津大学贝利奥尔学院于 20 世纪 20 年代初设立，距今已有百年历史，当时是将其作为古典学的补充，故又名现代经典学。该专业涵盖政治学、经济学和哲学三大现代文科学术领域，建立了政治科学与哲学之间的联系。——译者注

学家；根据我的经验，两个学科的考官评分一致的程度，通常不亚于同一学科的不同考官。其他一些政治学方面的试卷，也常有让哲学家帮助批改的。没有迹象表明两个学科之间存在分裂。在（哲学和政治理论）这条边界线上，大学教师（dons）之间也有极为热烈的讨论。我参加了一个在万灵学院开会的小组，讨论了广受读者欢迎的美国新期刊《哲学与公共事务》（*Philosophy and Public Affairs*）*所涵盖的领域的问题。有意思的是，小组里的政治理论家、律师和哲学家踌躇满志，一开始决心讨论活生生的实际问题，但他们很快就发现，一旦深入研究这些问题，就会直接引向理论性的道德哲学中的关键问题，那正是你说的我们正在远离的问题。因此，我们实际上是带着对这些问题的现实意义的新认识，回到了这些问题。

　　麦基：就在最近几年，我意识到道德哲学家越来越倾向于关注社会领域的问题，而不是严格意义上的政治问题，比如经济理论或人口政策方面的问题。

　　黑尔：但这些就是当今的政治话题；哲学家们循着交火的声音方向行进。你说的情况确实正在发生，不过已经有一段时间了。德里克·帕菲特（Derek Parfit）与罗纳德·德沃金（Ronald Dworkin）律师一起创立了我刚才提到的那个小组，帕菲特正在

---

* 　美国哲学家托马斯·斯坎伦（Thomas Scanlon）和托马斯·内格尔（Thomas Nagel）于 1972 年一起创办了这份享誉全球的刊物，并得到普林斯顿大学出版社的赞助。它主要刊登有关法律、社会和政治问题的哲学文章。——译者注

撰写关于人口政策的文章，这篇文章比我所知道的任何其他文章都更有洞察力，他和其他一些哲学家持续举办该领域及相关领域的研讨会，这是牛津大学最令人兴奋的研讨会之一。我自己的爱好是环境规划，在三十年前成为一名专业哲学家之前，我就已经相当积极地从事这方面的工作了；老实说，我认为哲学家的身份对我开展这方面的研究很有帮助。我现在不怎么做了，原因可能很有意思：因为现在环境规划（尤其是我一向最关注的交通规划，因为它实在是环境问题的核心）的技术含量比以前高多了。这就意味着，像我这样的业余爱好者现在在这方面做不了多少有价值的事。我曾经给《交通工程与控制》（*Traffic Engineering and Control*）投过稿，但现在我不敢再投了，因为这门学科变得太数学化、太难了。过去，一个人可以根据人口普查数据，用纸笔费力地预测牛津这样的整个城市的交通状况；我也曾就牛津的道路争议做过一些预测；但现在你必须使用电脑，而我还没有学会。这就是哲学家的典型遭遇。如果我想专门研究这个问题，我就得放弃做哲学——没有时间了。

麦基：当谈到像这样具体的社会问题时，你还会否认马克思主义甚至像某些存在主义等更加明显具有"政治性"的道德哲学进路有更多可说的吗？

黑尔：在它们说了更多话的意义上，它们有更多的话说——它们的书通常篇幅更长。虽然这些学派里有一些非常优秀的哲学家，但资质平平的那些除了会吹形状和颜色各异的气球外，什么也不会做，气球里只有他们自己的气息，这些气球一般从英吉利海峡或大西洋对面飘到这里；如果用尖针扎破气球，很难说里面装的是什么，只能说是易燃的，而且肯定致醉。我不认为这些哲学家对解决实际问题有任何帮助。不管怎么说，他们可能会增加一些超出人类群体之间自然攻击产生的蒸汽压力（head of steam）；不过，由于管道搭建上的缺陷，大部分蒸汽都会溅到人们的眼镜上。

麦基：换句话说，你认为这些相互对立的哲学进路往往修辞华丽，但缺乏可传播的内容。这在一定程度上是因为它们的逻辑不严谨。

黑尔：严谨很关键。

麦基：修辞也很关键。

黑尔：我不反感位置适当的修辞——我自己也沉迷于修辞——但前提是严谨也不缺位。这些人中有些人的修辞非常高明。他们影响了历史，可惜我们分析哲学家没有像他们那样影响历史，除非算上洛克和密尔等早期分析哲学家。直接回到黑格尔等人那里：这些浪漫主义哲学家，也就是人们所说的另一种哲学家，对历史产生了巨大的影响——我认为他们产生的影响是更为糟糕的影响。

麦基：对于分析哲学来说，它没有激发大众的这种能力，这很遗憾。但这也许是这门学科的性质使然。

黑尔：我敢肯定就是这样的，因为为了传授从分析哲学中汲取的教益，你必须做的不仅是激发人们的兴趣，你还必须让他们思考，而这更令人不快。

麦基：我想是怀特海说过，我们几乎不遗余力地回避思考。

黑尔：思想界近期的历史很好地说明了这一点。

麦基：刚才你谈到了现实世界中的一些问题，作为一个道德哲学家，你本人一直在关注这些问题。从你所说的来看，道德哲学本质上是一门混合学科，是各种关切的混合体，其中有些关切是事实性或经验性的，有些关切是分析性或先天性的。真的是这样吗？如果是，这是否使它有别于哲学的其他分支呢？

黑尔：我不这么看。区分这两种关切当然很重要。你的话让我想起了康德在《道德形而上学的奠基》（*Groundwork of the Metaphysic of Morals*）开头提出的著名问题："如果那些习惯于迎合读者的口味、把经验性的东西和理性的东西按照各种各样他们自己也不知道的比例混合起来加以兜售的人、那些自称为'独立思想家'却把其他专攻理性部分的人称为'苦思冥想的人'受到警告，不要同时从事两项在其处理方式上极为不同的工作，这两项工作的每一项也许都需要一种特殊的才能，一身兼两职只会变成半吊子，这对学术事业的整体来说不是更好吗？"*

麦基：你同意康德的观点吗？

黑尔：当我遇到这些"半吊子"时，我也会像他一样怒火中烧。但这并不是他所说的最后一句话；他接着说，先天的东西"是由所有道德教师（他们的名字数不胜数）去做，还是仅由一些对它有使命感的人去做"。†康德只是坚持要严格区分道德哲学的两个部分，在这一点上，我当然同意他的观点。我们必须知道自己什么时候在做其中的一部分，什么时候在做另一部分。

麦基：你的意思是说，我们必须清楚什么时候考虑分析性问题，什么时候考虑事实性问题。

黑尔：事实性问题——一般来说，是实质性问题；因为有些实质性问题——比如道德问题——并不是纯粹的事实性问题，而是我们应该做什么的问题。但我同意，无论从事哪种哲学研究，都必须将这两者与概念性或分析性问题区分开来——尽管道德哲学可能特别容易陷入这种泥潭。

---

* 此处译文参考了现有译本：《道德形而上学的奠基（注释本）》，李秋零译，中国人民大学出版社，2013，正文第 2 页。——译者注

† 参考译本同上，正文第 3 页，略有改动。——译者注

麦基：我们来看看道德哲学这门学科的现状吧。你能谈谈近年来道德哲学家们都在关注哪些问题吗？

黑尔：在伦理学理论中，近年来的主要问题是，能否从事实性前提中得出评价性结论。能否从事实中得出价值？能否从"是"得出"应当"？这不仅是分析哲学的问题，也是比如存在主义者及其反对者之间争论的核心所在。不过，他们对此的说法不同；而且，由于缺乏分析能力，他们无法使自己摆脱困境，这种困境要求人们做出一些关键且相当困难的区分，因此他们沉陷于大量无端的痛苦之中。但我认为，除非彻底理解了"是–应当"这个问题正反两方的论点，否则我们在道德哲学中做不了什么有用的事。

麦基：你说的"能否从'是'中得出'应当'？"这个问题是个非常棘手的问题，但又是个非常根本性的问题，那么请允许我稍做澄清。正统的说法是，任何价值判断、道德判断、政策或决定都无法从任何一组事实中必然地得出，不是吗？根据这种观点，事实和价值在逻辑上是相互独立的。这种独立性是双向的：正如价值独立于事实，事实也独立于价值，比如，独立于我们的偏好。我来举个例子。如果科学家们成功地证明了某些族群在基因上的智力天赋不如其他族群，这将与你我都希望能够相信的事情背道而驰。如果我们发现情况确实如此，我们会很难过。然而，如果这是事实，那它就是事实，我们必须接受它是事实，而不是否认它是事实。我们更不应该试图通过比如阻止科学家发表论文或做演讲等方式来压制它。简言之，事实与我们的愿望无关。但与此同时，从这一事实无法必然地得出任何特定的社会政策。有些人可能会说："好吧，如果这个族群生来就不如那个族群聪明，那么社会就不需要投入那么多资源来教育他们。"但其他人可能会同样有理有据地说："恰恰相反，如果他们生来就不那么聪明，社会就需要投入更多的资源来教育他们。"换句话说，人们根据同样的事实会做出什么样的政策决定是完全开放的。

这种事实与价值相互独立的观念是我们以科学为基础——甚至以科学为主导——的文化的根本。社会科学领域也在大力提倡这一观念：尤其是社会学家，他们正在努力发展所谓的"价值中立的社会学"（a value-free sociology）。这种观念甚至影响了文学批评。然而，并非所有人都接受它。你站在哪一边？

黑尔：我觉得我和你站在同一边——我认为事实和价值是分开的。当然，我的意思并不像有些人理解的那样，事实与价值问题无关。当我们试图决定一个价值问题时，或者当我们试图决定怎么做时，我们是在两个或更多的具体选项中做出决定，而这些选项相当于什么，这取决于事实。我的意思是说，在你提到的例子里，如果你在决定是否应该给那些据说智力低下的人提供更多或更少的教育，这取决于，你这样做或那样做时你是在做什么，而这又取决于你采取这两种做法的后果，所以你实际上是在后果之间做选择。因此，如果我问："我应该给他们更多还是更少的教育？""给他们更多教育"和"给他们更少教育"这两个说法必须通过诉诸大量关于做这些事的后果的事实来解释。

麦基：因此，一项决定或政策——也即一种评价性偏好（evaluative preference）——如果不是完全愚蠢的或随意的，就必须与具体的现实情况有关联？

黑尔：没错，是这样。那些坚持区分事实与价值的人，据我所知，没有谁认为在道德论证中不能这样来使用事实。

麦基：不过有没有哲学家坚持认为，事实和价值归根结底是以某种方式混合在一起的呢？

黑尔：有的。我想我们没有时间讨论这个问题，但我想说的是，我所见过的任何支持这一观点的论证都是建立在混淆视听的基础上的。

麦基：有件事让我确信这是错的，那就是那些坚持认为可以从事实陈述中推导出价值陈述的人从未成功地做到这一点。他们中没有一个人向我们举出过一个有说服力的例子。

黑尔：他们举不出的是从事实前提得出简单的定言评价性结论（categorical evaluative conclusion）的例子，而这种结论才有助于解决你刚才描述的那种实践问题。像下面这样的事实－价值推论是存在的："所有的希腊人都是人，所以如果你不应该吃人，那你也不应该吃希腊人。"再比如："杰克做了和比尔一模一样的事，他们的境况、性格等都一样；所以如果你应当把比尔关进监狱，那你也应当把杰克关进监狱。"我自己就利用过这种推论。没法得出的是实质性的简单定言结论，其中没有"如果"之类的用词。

麦基：在这个问题上与你意见相左的重要哲学家都有谁呢？

黑尔：我会提到一些大家可能都很熟悉的名字，尽管他们实际上并不是从事实推出价值的理论哲学的主要捍卫者。比如哈佛大学的约翰·罗尔斯（John Rawls）。他写了一本名为《正义论》（*A Theory of Justice*）的书，此书广受推崇，我可以非常肯定，他属于这场争论中与我们对立的一方。也就是说，他确实认为可以从事实陈述中得出价值判断。但如果你看了他的书并问："他是否使用过从事实到价值的任何有效的演绎论证，来表明某些道德结论的真理性？"我认为他没用过这样的论证。相反，他所做的是诉诸直觉，做出他希望我们会同意的陈述；在这一点上，他是十拿九稳的，因为按照我们的成长方式，我们中的许多人都有着与罗尔斯相同的直觉或成见。但作为一种论证，它并不真正站得住脚。

麦基：你能举例说明他是怎么做的吗？

黑尔：我可以把这个问题放在更广阔的背景中来阐述吗？罗尔斯主要讨论的是分配正义；最近有几本关于这个主题的重要著作，其中有名的除了罗尔斯的书，还有罗伯特·诺齐克（Robert Nozick）的《无政府、国家和乌托邦》（*Anarchy, State* *and Utopia*）。他也在哈佛大学工作，奇怪的是，两个背景如此相似的人却写出了政治上截然不同的书。这表明，我们不能依靠人们的直觉来达成一致。这两位作者都诉诸直觉——诉诸他们希望读者会同意的东西；然而他们得出的结论却几乎背道而驰——也不完全背道而驰，因为与诺齐克的立场截然相反的是平等主义者（egalitarian）的立场，而罗尔斯并不是一个完全的平等主义者。平等主义者认为，社会中的物品应该平等分配，除非有必要背离严格的平等原则。诺齐克完全不同意这种观点；他认为，作为自由人，我们有权与他人交换我们的物品（只要我们是正义地得到这些物品，交换也是正义的），即使所有这些正义交换的累积效应产生巨大的不平等。罗尔斯的观点介于这两种观点之间；他认为，一种正义的经济制度就是为那些最穷困的人提供最好的服务的制度。如果最弱势的群体的处境已经尽可能地好，那么罗尔斯似乎就不太在意其他人的处境。因此，我们有这三种立场（我可以说，我本人并不同意其中的任何一种立场）；好玩的是，罗尔斯或诺齐克的书中似乎没有任何论证可以解决这个问题，因为他们所能做的只是诉诸自己和读者的直觉，而这些直觉会根据你在政治上的立场而变化。

麦基：这就引出了一个最重要的问题。如何在完全不同的进路之间做出裁决呢？

黑尔：公允地说，罗尔斯有一套道德思维方法，如果他愿意使用这套方法而不是每次都依赖直觉的话，也许可以回答你的问题。正如布莱恩·巴里*在他论述罗尔斯的书†中所说，罗尔斯的这一方法在逻辑特性上与我的方法非常相似；如果罗尔斯只是运用其方法中隐含的逻辑且摒弃直觉，他本可以做得更好。罗尔斯没有这样做的理由是，如果他这样做了，他就会成为某种功效主义者，而他认为这是比死亡更可怕的命运。他的直觉告诉他不能做一个功效主义者；所以他没有依靠逻辑，而是依靠自己的直觉。

麦基：你说，将道德进路建立在直觉上是行不通的，因为不同的人有不同的直觉，这一点你讲得很清楚也很好——但这是否意味着你拒斥直觉？你认为我们应该把直觉搁在一边吗？

黑尔：不，我一刻都不这样认为。直觉很重要，但它并不是唯一的。直觉之所以重要，是因为在大多数道德困境中，我们没有时间去思考，而且有时思考会很危险，就像哈姆雷特所发现的那样。因此，那些抚养我们长大的人非常明智地在我们身上植入了某些性格性向（dispositions of character），比如，这些性格性向使我们中的大多数人都极不情愿说谎话，而且如果别人说了谎，

---

* 布莱恩·巴里（Brian Barry, 1936—2009），英国道德和政治哲学家。他曾就读于牛津大学女王学院，在 20 世纪分析法学宗师 H. L. A. 哈特（H. L. A. Hart）的指导下获得文学学士和哲学博士学位。他与大卫·布雷布鲁克（David Braybrooke）、理查德·弗拉特曼（Richard Flathman）、费利克斯·奥本海默（Felix Oppenheim）和亚伯拉罕·卡普兰（Abraham Kaplan）一起，被广泛认为是分析哲学与政治学的融合者。——译者注

† 这里说的是出版于 1973 年的《自由主义正义论》（*The Liberal Theory of Justice*）一书。——译者注

我们会很愿意说他做了错事。这同样适用于残忍。如今，在这个国家，如果你看到有人无情地鞭打狗——更不用说鞭打人了——你会马上说他做错了。也就是说，我们从小就对什么是对的和什么是错的有直觉的认识；我们应该受到这样的教育，这是非常可取的。如果我们没有受到这样的教育，我们的行为会糟糕得多。所以我当然赞成有直觉。但问题是："培养什么样的直觉？"假设你在养育孩子的时候问自己："让他们从小就有这样的直觉，也就是认为长发男人比短发男人更坏，这样做对吗？"或者更严肃地说："让他们从小就认为婚外性行为是错误的，这样做对吗？"你该如何决定？如果你想知道你自己的直觉是否真的是最好的直觉，如果你的孩子或其他人质疑你的直觉，那又该怎么办？直觉主义（intuitionism）——认为凭直觉就知道道德判断是正确的且这样的判断不容置疑——无法回答这个问题。我们需要一个更高层次的道德思考，它可以批判直觉，在这个批判的层次上，我们可以把各种对立的直觉——无论是同一个人的还是不同人的各种对立的直觉——拿出来评判，看看哪种直觉是最好的。

麦基：如何进行这种更高层次的思考呢？事实上，如果你拒绝将直觉作为在互不相容的论证之间做出决定的一种方式，而且你也不相信道德判断可以从事实中推导出来，那理性（reason）和理性论证（rational argument）在专门的道德问题上还有什么作用呢？

黑尔：如果可以的话，我想分阶段来谈这个问题。我认为，论证在这里是有帮助的——它能提供的帮助比它迄今为止所提供的帮助要大得多——但让我们从第一阶段开始谈。这就是，正如我前面所说的，逻辑被用来澄清这些争议中使用的概念，比如公平或正义的概念，并阐明其逻辑属性。第二阶段是这样的：一旦你弄清楚了这些概念，你就能分辨出问题的类别。所有这些政治和道德问题都是几种不同问题的混合。首先，关于我们所身处其中的处境以及我们可采取的行动或政策的后果，我们面临着明显的一般事实问题。其次是我刚才提到的逻辑问题，也就是关于所使用概念的性质——语词的意义——的问题，人们很容易把这些问题当作它们所不是的事实问题，然后各说各话。比如，在关于堕胎的争论中，他们认为胎儿在哪个阶段变成人（human being）是一个事实问题。但实际上，这里有三个问题（或三类问题），而不是一个问题。存在狭义的事实问题——主要是关于胎儿及其母亲现状的医学问题，以及如果不打掉胎儿，胎儿和母亲未来可能如何的医学问题；还有一些关于我们如何使用"人"（human being）这个词的问题；最后，我还没有提到的第三类问题，它们是像"应该如何对待（如此描述下的）胎儿或人类（在这些词的不同意义上）"的价值问题。把这几种问题混在一起，人们就会在原地打转，永远解决不了第三种问题——这当然是至关重要的问题。哲学家的第二个贡献是把所有这些不同的问题拆分开来；然后我们就会发现，事实问题可以通过经验性研究的方法来解决，而要解决逻辑和概念问题，可以通过判定语词的意义，或者判定，如果我们想改变语词的意义，那么我们要用它们来意指什么——后面这类问题，如有必要，可以借助哲学逻辑学家的帮助来解决。

这就给我们留下了评价性问题，当我们摆脱了其他问题后，可能更容易回答这类问题，因为我们终于可以清楚地看到它们并将它们与其他类别的问题区分开来。

麦基：如何将逻辑学应用于纯粹的评价性问题呢？

黑尔：这是当前道德哲学中最重要的问题——它从来都是最重要的。你问我在把至关重要的价值问题从其他问题中分疏出来后，逻辑学如何能帮助解决这类问题，你问得很对，因为我毕生都在努力做这件事。人们一直在原地打转，因为他们认为这里陷入了僵局；但我觉得还是有前进道路的。我的观点和康德的有点相似——尽管我不太敢这么说，因为我从来都不确定康德到底在说什么；他的写作是那么晦涩难懂。不过，关于道德概念，我想说的是，它们有两个特性，这两个特性合在一起，就足以产生道德论证的逻辑。第一个特性是哲学家们所说的"可普遍化性"（universalizability）。这大致意味着，我对一个例子所做的任何道德判断，也必须适用于任何完全相似的例子。第二个特性是"规定性"（prescriptivity）。这意味着，核心类别的道德判断（当然还有其他不那么核心的道德判断，它们没有这个特性）会影响我们的行动。如果我们相信这些判断，那么我们只要有能力就会按照这些判断行事。我的看法是，这两个形式属性本身就足以产生一种逻辑，从而真正有助于道德论证。

麦基：你开始说得好像道德哲学是逻辑学的一个分支，至少道德哲学的一个方面是如此。

黑尔：我认为是这样的。比如，"应该"是一个模态概念（modal concept），就像"必须"和"能够"一样。逻辑学家们有一类他们称之为模态逻辑（modal logic）的东西，涉及必然性和可能性等概念；其中有一种模态逻辑叫作道义逻辑（deontic logic），涉及义务性和可允许性（也就是说，它涉及以"我应该"和"我可以"为开头的句子）。道德哲学的形式部分，简单说就是道义逻辑，它是整个道德哲学其余部分的基础。我不是形式逻辑方面的专家，但我认为自己以业余的方式对这一主题做出了非正式的贡献。

麦基：之前你说自己是功效主义者。现在你说得好像你是康德主义者。康德主义者和功效主义者不是通常被认为是对立阵营吗？

黑尔：如今，他们的阵营追随者有时会这么说。人们通常认为，康德和密尔，或者康德和边沁，站在道德哲学的两极。这完全是错的。康德反对他自认为在休谟那里找到的那种功效主义——这种功效主义试图把道德完全建立在对人的激情的经验性研究之上，并且淡化了康德所说的"纯粹理性的部分"。另一方面，密尔认为他的"效用原则"（Principle of Utility）与康德的"定言命令"（Categorical Imperative）是一致的，只要对后者采取唯一使其有意义的解释方式；我们很难不同意他的观点。康德讲的是道德思考的形式，功效主义者讲的是道德思考的内容，而道德思考的内容必然会把我们所观察到的世界事实纳入进来。也许亨利·西季威克，＊这位最伟大的古典功效主义者，最接近于康德与功效主义之间的综合，这种综合是我们所需要的，而且肯定是可能的。

麦基：这两种进路，你认为各自对在哪里，错在哪里？

黑尔：我给你讲讲我认为我从这两种思想流派中学到了什么。康德指出了先天要素在道德思考中的重要性。我们不能没有它；我们需要研究它的逻辑。但康德又坚持先天要素也可以是综合的，这一点我并不赞同。写《逻辑哲学论》的维特根斯坦让我确信，先天综合真理既不存在，对我们的思考也是不必要的。也就是说，单靠推理，我们无法得出实质性的结论，无论是事实性结论还是价值性结论。逻辑学确立了概念的纯形式属性。如果你想要事实，你就必须去观察；如果你想要价值，你就必须做选择 [康德的自主意志（Autonomous Will）比休谟的"激情"更好、更正确地表达了这一想法]。但无论是观察还是做选择，只要我们试图说出我们看到了什么或选择了什么，我们就会受到概念逻辑的限制。这就是一言以蔽之的康德主义，或者说是我概括的谦逊版康德主义。

＊　亨利·西季威克（Henry Sidgwick，1838—1900），英国功效主义哲学家、经济学家。继承边沁和密尔的功效主义，同时又受到巴特勒（Joseph Butler）和康德伦理思想的影响，试图把功效主义同直觉主义结合起来。著有《伦理学原理》等。——译者注

我从功效主义者那里吸取这样的观点，即我们必须在现实的世界中进行道德思考。现实世界中的人是什么样的，他们的处境是什么样的，这些都会影响道德思考。要制定出任何一套在实践中行之有效的道德原则，都必须看到在生活中遵循这些原则所带来的实际后果。

麦基：对功效主义的惯常的反对意见是，由于功效主义的标准是更多人的更大幸福，所以可以以其名义做出可怕的事情。对此你怎么回应？以下对功效主义的质疑已经广为人知。如果在一家医院里，有两个病人因为没有好的肾脏而奄奄一息，一个病人因为没有好的胃而奄奄一息，而所有这些病人都可以通过移植手术得救；如果在这家医院里，有个身体非常健康的人去探望另一个生病的亲戚；那么，基于功效主义，应该肢解这个身体健康的人，把他的器官分给病人——因为这么一来只有一个人会死，三个人会活，否则三个人会死，只有一个人会活。

黑尔：嗯，哲学家们总能举出这么漂亮的例子，但道德原则必须为现实世界而设计。试想一下，如果医生和其他人接受了"在医院里劫持探视者并摘拿他们的器官是没问题的"这一原则，那在现实世界中会产生什么样的后果！这些异想天开的事例与实践原则的选择实在是毫不相干。对于这种例子，功效主义者应该说，我们应该灌输给自己以供实际使用的原则——也就是我们应该培养的直觉——是那些具有他们称之为"最高接受效用"（the highest acceptance-utility）的原则。这指的是那些被社会普遍接受后会有最好结果的原则。这既适用于所谓的行为功效主义者（act-utilitarian），也适用于规则功效主义者（rule-utilitarian），因为在我们的行为中——在我们践行原则的生活中——我们产生了好的或坏的后果，这些都是接受我们赖以行动的原则所产生的后果。无论从逻辑学还是从心理学来讲，拥有或相信一项原则都与按其行事的坚定性向（disposition）有关。如果你你能在没有很大心理困难的情况下打破原则，那你就不是真的相信它。这些我眼下都同意。我可以用我更康德主义的理论来表述："假设你必须选择一些供社会普遍采用的原则——或者只是为你自己选择原则——而且你在选择这些原则时，不能只考虑自己的利益；你必须以这样的态度做出选择——当你和其他人按这些原则行事时，你可能会处于承受的一端；那么，你会选择什么原则呢？"我认为，如果我们问自己这个问题，我们就会知道该选择什么样的直觉——只要在心理上有可能改变自己根深蒂固的原则。无论如何，我们会知道应该努力把什么样的原则灌输给我们的孩子，甚至是灌输给我们自己。

麦基：我认为你的意思是，我们应该根据采用这些原则的实际后果来选择我们的道德原则，选择我们试图给予孩子的道德直觉；事实世界就是这样与我们对道德原则的选择交织在一起的。

黑尔：完全正确，是这样。最好的直觉就是最好拥有的直觉，而最好拥有的直觉就是能让我们在社会中彼此相处得最好的直觉。不过，我来试着给你解释一下，我们应该如何做选择。
如果道德判断是可普遍化的——也就是说，如果你必须对相同
的情况做出相同的判断——那么吃母鹅肉能蘸的酱，吃公鹅肉
就不能蘸——因为尽管有《性别歧视法》(Sex Discrimination
Act)，但母鹅和公鹅之间可能存在相关差异（比如，公鹅不会
下蛋）——但是，如果情况相似，那么吃母鹅肉能蘸的酱必然
是吃任何完全相似的母鹅也能蘸的酱，不管是哪只母鹅。因此，
我必须对自己说："如果我应该这样做，那么别人也应该在完全
相似的情况下这样对我。"因此我必须问自己："我愿意规定别
人在类似的情况下要对我这样做吗？假设要被这样对待的人是
我，我还会选择这种做法吗？"在我看来，这是道德论证中一
个非常有力的杠杆，经常被人拿来用，效果也很好。实际上，
我对道德推理的全部看法可以概括为一条黄金法则："己所不欲，
勿施于人。"

麦基：你能给我们举个实际的例子吗？

黑尔：你是指举例说明我提议的这种思考方式在实际问题
中的应用？一个很好的例子就是让我自己进入道德哲学领域的问
题：和平主义者及其反对者之间的问题。支持和平主义的主要论
证是，人们必须承受战争的后果。比如，反对美国人参与越南战
争的理由之一就是战争造成了骇人听闻的苦难。如果美国政府或
者其他任何人的原则要求他们这样做，那么这就是放弃这个原则
的论证。我认为，如果他们不得不问自己我刚才问过的那种问题，

他们就会放弃这个原则："不管我在它的作用范围内占据什么位置，我都愿意规定这样的原则吗？"

在其他情况下，则可能会有采取另一方面立场的理由。比如，尽管"二战"带来了巨大的苦难，但如果我们没有参战，对包括德国人在内的几乎所有人来说，情况可能会更糟。无论如何，这就是我参战的理由。但你必须看清事实，以判定你应该采取什么原则。我自己不会采取绝对严格的和平主义原则，因为我认为，处于我这种情况（也就是像希特勒这样的人发动了侵略战争的情况）的每个人采取这种原则的后果，要比采取我实际上采取的、允许我参与某些战争的原则的后果糟糕得多。

麦基：我们的讨论已经涉及了很多话题。我们谈到了逻辑学在道德论证中的作用、事实考量的作用、直觉的作用，以及这些作用相互关联的复杂方式。最后，我想从你本人的工作中摘取一例，并结合上述内容来看看这个例子。比如，在我们讨论的开头，你提到了什么是"公平"工资的问题。你能谈谈作为哲学家你会如何去研究这样一个概念吗？

黑尔：这确实是最好的例子，因为它现在很热门、很重要，我们的社会也许会因为缺乏对它的哲学理解而分崩离析。我确实认为，只要人们愿意倾听哲学家的意见，他们就能帮助解决这些问题。有矿工认为，如果他们不愉快的工作没有获得更多的工资，那就是不公平的；也有领取养老金的老人认为，如果他因为燃料价格上涨过多而死于体温过低，那就是不公平的。如何着手解决这样的问题呢？在我看来，可以从如下问题着手："关于在社会中公平分配物品这件事，有哪些正义原则，一旦被社会接受，就会给社会中的人们带来总体上最好的结果？"如果我们能找到一套公平分配原则，它们能被社会普遍接受，并以最有利于社会全体人民的方式分配物品，那么我们就能摆脱困境。如果我们明白了这一点，问题就不再只是在某种公平观上钉上自己的旗子——这种公平观是从自己的同行等人那里学来的，或者从报纸上看到的。但人们是这样做的：他们把自己的旗子钉在这些凭直觉认定的权利上，钉在这些他们不加批判的公平观上，这就是为什么我们会相互争吵。如果我们不这样做，而是扪心自问："我们应当有什么样的公平观？在我们的社会中，什么样的公平观对我们最有利？"可以想象，我们也许会达成一致。

麦基：作为哲学家，你如何进行探索？如何着手寻找自己问题的答案？

黑尔：在这一点上，我可能需要引入其他学科，因为如我所说，事实是相关的，而我没有这方面的专业知识。哲学家只能澄清问题，并说："这是你们必须自己解决的问题。"我的帮助也许在于用一种比以前更清晰的方式提出了这个问题。我已经解释了我们必须找到的是什么——我们正在寻找的是什么；应该由经济学家之类的人，以及一般性的社会科学家，来寻找可能的解决办法——寻找一些原则，它们能在我们的现实世界中满足我所说过的必须满足的要求。即使是那些极其能干的人，有时也找不到解决办法，因为他们并不完全清楚自己在寻找什么；而这正是哲学家能够提供帮助的地方。

麦基：作为一名哲学家，你是否有时会觉得其他领域的人——我想加上从政者——并没有充分注意到你和你的哲学家同行所能提供的对概念、论证和问题的澄清？

黑尔：他们当中有些人注意到了，有些人没有。有些从政者在哲学方面很有造诣，比如你；经济学家中有阿马蒂亚·森，[*] 他也是一位非常出色的哲学家。哲学家（尤其是功效主义者）可以从他这样的经济学家身上学到很多东西。如果有能力直面这些问题的优秀哲学家再多点儿，散布更多混乱而非清晰阐述的糟糕哲学家再少点儿，那就更好了。在当前关于这类问题的讨论中，你会发现人们——有时甚至是哲学家——在使用"公平""权利""正义"等词语时，就好像什么是公平或什么是正义是显而易见的——好像我们不必扪心自问我们自己关于公平的直觉是否应该受到质疑。但我认为，如果人们能够批判性地看到自己对什么是公平、什么是正义的直觉（或成见），并试着理解其他人的直觉和成见，那么我们就有更多机会彼此达成一致。

---

[*] 阿马蒂亚·森（Amartya Sen），1933 年出生于印度孟加拉湾，1959 年在英国剑桥大学获得博士学位，先后在印度、英国和美国任教。1998 年离开哈佛大学到英国剑桥大学三一学院任院长。他曾为联合国开发计划署写过人类发展报告，当过联合国前秘书长加利（Boutros Boutros-Ghali）的经济顾问。因其在福利经济学上的贡献获得 1998 年诺贝尔经济学奖。——译者注

麦基：你的整个观点的核心是，这种相互理解不仅取决于同情或怜悯，还取决于理性在道德问题上的应用。

黑尔：你这句话总结得相当好。

9

Q u i n e

蒯因的思想

对话 W. V. 蒯因

W. V. 蒯因
（W. V. Quine，1908—2000）

引 言

麦基：如果我们在哲学专业教师中就"谁是最重要的在世哲学家"这一问题做一次民意调查，在我看来，谁会获得最多的选票并不显而易见。但是，我们可以有把握地预测，某些名字会出现在前半打名单中，比如蒯因、波普尔、让－保罗·萨特、乔姆斯基（Chomsky，虽然严格来说，他算不上是哲学家）。名单中的第一位是威拉德·范奥曼·蒯因（Willard Van Orman Quine），他是哈佛大学的哲学教授——比如，斯图尔特·汉普希尔*就说他是"在世的最杰出的体系哲学家"。蒯因出生于 1908 年，现在仍然高产；就此而言，他的职业生涯很长，且远未结束。他发表过无数文章，出版过十几本著作，其中最为人熟知的是《从逻辑的观点看》（*From a Logical Point of View*，1953）与《语词和对象》（*Word and Object*，1960）。蒯因首要地是一位逻辑学家。他在

---

* 斯图尔特·汉普希尔（Stuart Hampshire，1914—2004），英国哲学家、文学评论家和大学管理者。汉普希尔常被人与以赛亚·伯林和伯纳德·威廉斯相提并论，被看作最重要的牛津哲学家之一。他从对斯宾诺莎的深入研究中获得启示，形成了对自由问题与道德哲学的独特见解。发表有《思想与行动》《个人的自由》和《道德与冲突》等十多部哲学著作，影响了"二战"后道德哲学和政治哲学的发展方向。——译者注

逻辑学方面的原创性贡献使他声名鹊起，尽管这些贡献到头来总是植根于哲学的基本问题，但它们大多高度技术化，外行人很难真正理解。然而，在他职业生涯的后期，他对更一般性的哲学产生了更明显的兴趣。在这一系列对话中，请一位雄踞世界声望之巅的哲学家谈谈哲学的基本问题，谈谈他自己的哲学活动，我想这将具有独特的价值。

讨 论

麦基：你认为什么是或者哪些是哲学的核心任务？

蒯因：我认为哲学关注的是我们关于世界和世界本质的知识。我认为哲学试图完善牛顿所说的"宇宙体系"（the system of the world）。有些哲学家认为哲学在某种程度上独立于科学，并为建立科学提供了坚实的基础，但我觉得这是痴人说梦。大多数科学比哲学坚实，比哲学所能期望达到的最坚实程度还要坚实。我认为哲学是科学的延续，甚至就是科学的一部分。

麦基：嗯，如果它是科学的延续，甚至是科学的一部分，它与科学的其他部分有何不同呢？

蒯因：哲学处于科学的抽象性和理论性的一端。在最宽泛的意义上，科学是一个连续体，从历史学和工程学的一端延伸至哲学和纯数学的一端。哲学因其一般性而抽象。物理学家会告诉我们某些类型的事件之间的因果联系；生物学家会告诉我们另一些类型的事件之间的因果联系；但哲学家追问的是一般性的因果联系——是什么使得一事件因致（cause）另一事件？同样，物理学家或动物学家会告诉我们存在电子，存在袋熊；数学家告诉我们质数无穷无尽；但哲学家想知道，从更一般的角度来看，总共有哪些种类的物事。哲学寻求的是整个宇宙体系的大致轮廓。

麦基：你是将宇宙最初是如何形成的、生命是如何诞生的这些古老问题纳入哲学的关注范围，还是将其排除在外？

蒯因：我把这些问题排除在哲学之外。宇宙是如何开始的，这是物理学家和天文学家关心的问题，关于这个问题他们当然有一些猜想。生命是如何诞生的是生物学家关心的问题，近年来生物学家在这个问题上取得了显著进展。另一方面，我认为"为什么会有宇宙"或"为什么会有生命"都是伪问题，因为我无法设想答案会是什么样子的。

麦基：因为这些问题没有可设想的答案，所以你觉得它们是毫无意义的问题？

蒯因：是的。

麦基：你觉得可以给哲学家必须处理的最重要的问题具体分类吗？

蒯因：我觉得可以把这些问题首先分成两大类。一类我们可以称之为本体论问题（ontological questions），即这样一些一般性问题：存在着什么种类的物事，以及存在意味着什么，有某种东西意味着什么。另一类是谓述性问题（predicative questions）：可以就存在的东西提出哪些有意义的问题。认识论就属于后者。

麦基：既然你已经做了这个区分，为清晰起见，我们就根据这个区分逐一讨论这两组问题。首先是关于"存在什么"的一系列问题。虽然这方面的理论不计其数，但公允地说，整个哲学史上围绕本体论问题一直存在两种截然对立的观点。争论的一方可以非常粗略地称之为唯物论者（materialist），另一方同样可以非常粗略地称之为唯心论者／观念论者（idealist）；尽管这两种学说有无数不同的版本，但大致来说，一方认为实在是由时空关系中的物质对象组成的，它们独立于任何人的经验而存在，另一方认为实在最终是由精神（spirit）或心智（mind）组成的，或者认为实在存在于上帝的心智中，或者认为实在是由我们的心智组合起来的。我能问你一个粗暴的问题吗？你站在哪一边？

蒯因：我站在唯物论者这一边。我认为物理对象是真实存在的，它外在于、独立于我们而存在。我不认为只存在这些物理对象。还有抽象的对象，即完善宇宙体系所需的数学对象。不过，除非把精神和心智认成物理对象（主要是人）的属性或活动，否则，在任何意义上，我一概否认存在心智和心智性实体（mental entities）。

麦基：显然，这意味着你不仅反对唯心论，你还反对二元论。二元论当然就是常识的观点——纵观历史，大多数人都认为，实在最终由两种不同范畴的实体组成：身体和心智，或身体和精神。

蒯因：没错，我确实反对这种观点。二元论观点提出问题，制造问题，而这些问题既无法解决，在我看来也不是必要的。很明显，一个人的决定（decision）会影响他的活动，会决定（determine）他的活动；很多时候，他的活动反过来会影响其他物理对象的活动。与此同时，自然科学家、物理学家坚持认为宇宙体系是封闭的，物理事件原则上都有物理原因和物理解释。他们不允许物理世界之外的影响侵入（宇宙体系）。鉴于此，一个人的决定本身似乎必须是一个物理对象的活动。物理科学的基本原理是，没有微观物理性质在空间分布上的变化，就不会有变化。我觉得拒斥这个原理是不恰当的，因为自然科学取得了如此大的成功，以至我们必须非常认真地看待它的预设。

麦基：你的意思是说，愿望、情绪、感受、决定、思想等，都是发生在某些物理对象（也就是人）身上的过程，或者说是某些物理对象的倾向，它们不仅总是伴随着微观物理变化——我们大脑和中枢神经系统的变化，等等——而且它们就是那些微观物理变化。

蒯因：就是这样。

麦基：在我继续提出这种观点所固有的一些困难之前，不知道你能否解释一下，为什么几乎全人类都不同意，而且一直都不同意你的观点呢——为什么一般人都对实在持二元论观点呢？如果我向其他人提这个问题，他会说："但人们为什么会这么想是显而易见的，那是因为二元论符合人们直接体验到的实在——这完全就是我们体验物事的方式。"但你不能这么说。你不认为这是我们体验物事的方式。那你的回答是什么呢？

蒯因：我承认所谓的心智事件与外部可观察到的物理事件之间存在着深刻的差异，尽管我把这些心智事件本身理解为物理对象的事件、状态和活动。至于传统的二元论态度，这当然要追溯到原始时代。我觉得这种情况的部分原因、部分解释，可能在于梦境的体验，以及梦境中身心似乎是分离的这一点。当然，万物有灵论早于科学出现。据说希腊第一位哲学家泰勒斯（Thales）曾说过，万物皆有神。按如今的说法，原始人是万物有灵论者（animist），相信我们所谓的无生命物体都有灵性。人们甚至设想，在科学本身的基本概念中也有万物有灵论的痕迹。我猜想，原因概念起源于努力和推动的感觉；力的概念肯定也有这样的起源；但是，随着时间的推移，随着近几个世纪科学的进步，这些概念从其原初的心智背景中分离出来，这似乎有助于科学取得长足进步。我认为物理主义（physicalism）是一种新尝试，是近世科学的产物，当然，这种科学是人类历史上非常反常的现象。

麦基：不过，恕我直言，我不认为大多数人对实在持二元论观点的主要原因与梦境或你提到的其他事情有关。我认为，这主要是因为我们每个人都能直接体验到内心中思想、情感、反应、欲望、幻想、记忆等的流动，这种流动在我们清醒的时候一直在进行，而且极其复杂，这种复杂不仅在于它可能关涉复杂的物事，还因为其中可能同时进行着几项不同的活动。就像我说的，我们都能直接意识到我们内心发生的事情，因为这些不需要在可观察到的行为（也就是身体活动）中表现出来，这让我们自然而然地认为，这是我们的存在的非身体性面相。二元论就是这么来的。

蒯因：我们意识到这些事，我并不否认它们的存在；但我把它们理解为或重新理解为物理对象——也就是我们——的活动。它们基本上无法从外部观察到，这一事实并没有把它们区分于物理学家就无生命物体所假定的内部微观或亚微观结构。有很多东西是我们无法从外部观察到的。我们必须对其进行推测性的说明。把所有这些活动都理解为身体方面的活动的重要原因是为了保持物理宇宙体系的封闭性。

麦基：这是否意味着，你否认存在我们是否拥有自由意志这一古老问题？

蒯因：显然，我们有自由意志。这个所谓的问题来自一种混淆，实际上是来自一个让人费解的措辞。意志自由的意思是，我们可以自由地依自己的意志行事；而不是说我们的意志可以自由地依自己的意志去意愿，这话就不知所云了。我们可以自由地依自己的意志行事，除非有人阻挠我们，或者我们所意愿的超出了我们的实力或天赋。只要我们的行动是意志因致的，我们的行动就是自由的。当然，意志也有其原因；在这一点上，没人可以另作他想。如果我们认为意志不可能被因致，我们就不会努力训练我们的孩子；你就不会努力争取选票；我们就不会努力推销东西，或者威慑罪犯。

麦基：既然你持有这些观点，你如何看待传统的身心问题？你干脆就绕过它？

蒯因：二元论面临的身心问题是身和心如何相互作用，以及这种相互作用如何与物理决定论相协调的问题。放弃二元论，接受唯物论，这个问题就迎刃而解了。但这么做给我们留下了另一个身心问题：现在的问题是，我们怎么在不谈论心智和心智过程的情况下过下去，我们怎样以只保留身体的方式来应对。即使所有的感觉、所有的情感以及所有的思想都像唯物论所假定的那样，只是神经的问题，我们仍然不知道神经机制的所有细节；我们无法把我们心智主义的（mentalistic）说话方式翻译为神经学的语言。显然，我们只能以老一套的方式谈论心智和心智过程。有一个较容易的初步解决办法。我们干脆保留旧有的心智主义术语，但此后要把它们理解为适用于作为身体的人。人会感觉、感受和思考，他相信这个相信那个，但做这一切的人是一具身体，一具活生生的身体，而不是人们称之为心智或灵魂的什么东西。这样，我们既保留了过去容易的心智主义的谈论方式，同时又认同唯物论。

这容易得叫人吃惊；过于容易了。因为事实上，心智主义的说话方式有一个严重的弱点，我们还没有谈到。它是主观的，是内省的；外人无从证实它所报告的事件。它缺乏客观性或主体间性（intersubjectivity），而客观性和主体间性正是唯物论的强项，也是物理科学如此成功的原因。如果我们采取偷懒的做法，保留整个心智主义的惯用语，仅仅宣称它适用于身体，那我们就不会获得客观核验和主体间证实的任何好处。

最终，这里才是行为主义大展拳脚之地。因为行为主义的最好的一面，就是坚持用外部的、主体间的标准来控制心理主义的术语。至少依我的版本，行为主义并没有说心智状态和心智事件都是由可观察到的行为构成的，也没有说心智状态和心智事件可以用行为来解释。它们通过行为表现出来。归根结底，提供解释的是神经学。不过，我们正是从外在行为的角度来规定我们想要解释的东西。

麦基：这也包括（解释）言语行为。

蒯因：是的，包括言语行为。毕竟，只要这些标准行得通，即使没有完整的神经学解释，我们也的确能享有唯物论的益处。我之所以是个行为主义者，是因为在我看来，行为主义是客观地理解心智主义概念的一种方法。

麦基：你真正想说的是，行为主义并不是心理学家（psychologist）

所处理的那种问题的解决方式，而是这些问题的一种阐述方式。它是一种模型，我们应该在寻求解决方案之前，用这种模型来表述问题。

蒯因：是的。

麦基：我现在可以描述一下我们整个讨论目前的进展吗？我一开始问你，你认为哲学的核心任务是什么，你不仅说了你认为哲学家应该做的事情，还说了你认为他们不应该做的事情；你排除了许多问题。然后，你把你认为哲学家应该关注的问题归为两大类，第一类是存在着什么的问题，第二类是关于存在的东西我们能知道（能说、能问）什么的问题。自此之后，我们一直在考虑这两组问题中的第一组。你说过，你对"存在什么"持物理主义的看法：你认为所有实在都是由物理实体构成的；不存在与物理实体分离的心智；存在与物理实体分离的心智的想法会把我们带入各种概念混乱之中，而你认为行为主义的分析可以把我们从这些混乱中解放出来。

蒯因：说得很好。不过我想更正一点。我的立场并不是认为只有物理对象——也有抽象对象。

麦基：但这些抽象对象并不是心智性的——区分这一点很重要，不是吗？

蒯因：你是说它们不是心智性的？没错。

麦基：换句话说，你不相信存在独立于物理物事之外的心智，但你相信存在某些抽象的非心智实体。

蒯因：是的，尤其是数。

麦基：我觉得你需要解释一下。如果你是一个物理主义者，那怎么说明你相信抽象实体的存在是合理的呢？

蒯因：其合理性在于它们对自然科学做出的间接贡献。当我们说到动物的种和属时，它们已经做出了微小的贡献；这些都是类（classes）。它们还以更复杂的方式发挥作用。我们都知道，数对自然科学有多么重要，数学函数和其他抽象的数学对象有多么重要；没有它们，科学的宇宙系统就会崩溃。不过在过去的一百年里，数学家已经确定，类或集合足以满足所有这些目的：它们可以完成数、函数和其他方面的工作。这就是我承认集合的原因：满足我们自然宇宙系统的数学需要。假定集合或类与假定分子、原子、电子、中子等具有同等地位；我们预测和解释自然观察结果的假说之网（network of hypotheses）假定了所有这些具体的和抽象的对象。我认为自然科学与它所使用的数学是连续的，正如我认为所有这些与哲学是连续的一样。这一切构成了我们无所不包的宇宙体系。

　　麦基：你说"具有同等地位"，但在我看来，亚原子粒子的不可观察与数的不可观察之间有着非常重要的区别。亚原子粒子是一些物质，一些东西。也许是由于我们的视觉器官的偶然特性，这些粒子碰巧小到我们看不见，但如果我们有一双超级显微镜般的眼睛，也许我们就能看到它们；如果我们有不同类型的手指，也许我们可以把它们捡起来。另一方面，数在任何意义上都不是物质的。它们彻头彻尾是抽象的——它们的一切都只是抽象。

　　蒯因：的确如此。存在着这种不连续性。然而，即使是普通可观察对象与基本粒子之间的连续性也比人们曾经以为的要脆弱得多，因为基本粒子太小了，比如说，即使在原则上，基本粒子也无法被光探测到，因为它比任何波长都要小。此外，基本粒子的行为与物体的行为大不相同，以至我认为，称它们为物质只是一句客气话。关于两个电子路径段是一个电子的路径段还是两个不同电子的路径段的不确定性，位置的不确定性，对光的诠释中波与微粒的对立，这些和其他异常现象——特别是一种叫作玻色-爱因斯坦统计（Bose-Einstein statistic）的东西——都表明，物体的类比只在一定限度内可以用于外推。假说随着进一步的实验和反驳而演进，这种演进终于已经让我们觉得连续性不再那么明显了。

　　麦基：如果可以的话，我想回到我们讨论过的一点。你刚才说，采用物理主义的方法看待实在并且采用行为主义的方法表述问题，可以把我们从对事物的某些根深蒂固的看待方式的魔咒中解放出来，尽管这些看待方式看起来是常识性的，但却是错误的。你能说说这些根深蒂固的观念是什么吗？

　　蒯因：很好——我们既可以把行为主义看作一种解放，也可以把它看作一种更严格的约束。不过无论如何，一个主要的例子是意义概念。有种常识性的观念认为，语词以某种方式传达意义。我们怎么知道同样的语词传达给两个说话者的意义是一样的呢？我们可以看到说话者的反应是一样的。所有这些都可以用行为方面的术语来描述，但其意义本身是否会有所不同？这个问题能怎样从行为方面讲通？从行为方面是没法讲通的，是没法充分讲通的。还有一些概念同样受到质疑，比如翻译的概念。一旦意义的概念受到质疑，翻译的概念就会变得更为复杂。我们不能再说，翻译无非是再造一个与被翻译句子意义相同的句子。还有必然性（necessity）概念，它也会受到质疑。

　　麦基：有两种必然性，逻辑必然性和因果必然性，不是吗？

　　蒯因：是的。有些被称为必然的真理，据说是由于其语词的意义而成立的。这种必然性随着意义概念本身而黯淡下去。其他可能被称为必然的真理是自然法则。这种必然性也是个可疑的概念——不完全是出于行为主义者的严格要求，而是出于类似的顾虑。对这一点的认识可以追溯到两个多世纪前的大卫·休谟。人们认为"必然性"一定能够说通是因为副词"必然地"（necessarily）如此频繁地出现，且如此有用。但是，如果你考察一下这

个副词的一般用法，你就会发现它完全不涉及把种种陈述固定地
划分为必然陈述和偶然陈述。当有人在自己所做的某个陈述中加
上"必然地"这个副词时，他很可能只是在根据交谈对方的陈述
来预测对方会同意自己的陈述是真的。但是，必然性和可能性是
可以相互定义的："必然的"意味着"不可能不"，反之亦然。因
此，放弃必然性概念也就是放弃可能性概念。关于可能世界有种
流行的哲学，但在我的哲学中这是想都不敢想的事。

麦基：根据你刚才所说的，你如何解释自然法则以及我们认
识自然法则的方式？

蒯因：我认为自然法则和其他关于世界的真陈述之间原
则上没有任何区别。所谓的法则通常是一般性的，但我不会把
它们与其他的一般真理区分开来。至于我们认识自然法则的方
法，可以用一个词来概括，尽管是一个复合词：假说-演绎法
（hypothetico-deductive）。首先，我们要想出一个理论，一组假说。
实际上，它多半是由我们的前人传给我们的；我们可能只是改变
了一个假说，或者增加了一个假说。我们可以从该理论推断出在
各种可观察条件下所预期的观察结果。如果这种预期落空了，我
们就从理论中寻求可能的修正。如果没有，我们就继续相信它。

麦基：你质疑了我们思维中的一些基本要素，比如因果必然
性、逻辑必然性、法则观念、意义概念……我们脚下的地面开始
消失。那你又提出了怎样的世界观呢？

蒯因：我尝试提出的本体论包括广义上的物理对象。时空中任何部分的内容，不管多么分散，在我看来都是物理对象。此外，如我所说，我的本体论还包括基于这些对象的类的抽象层级体系。但行为主义带来的对意义的怀疑使我无法接受其他被普遍接受的抽象对象：属性和命题。问题出在同一性认定（identification）上。比如说，考虑两个写出来的表达式，两个谓词，并假设它们对正好相同的一批对象来说为真。也许其中一个表达式说"等边三角形"，另一个说"等角三角形"；或者假设其中一个说"有心脏"，另一个说"有肾脏"。这两个谓词对正好相同的一批个体为真，但我们会说它们把相同的属性归赋给个体吗？我们该如何判定呢？我们被告知，只有当它们不仅对相同的事物为真，而且在意义上也相似时，它们才归赋相同的属性。因此，对意义的怀疑引发了对属性概念本身的怀疑。命题也有同样的问题，因为只有当两个句子的意义相同时，它们才被认为是表达了同一个命题。因此，我拒斥命题和属性，但保留类。

本体论方面就说这么多吧。在谓述方面，我的看法比较消极。我拒斥那些主体间可观察的标准太少的谓词，除非它们能够切实有助于建立一个完善的宇宙体系，加快预测速度，从而弥补这一缺陷。我所坚持要求的，不是谓词在观察层面具有必要条件和充分条件，而是它们有相当多可观察的标准、应用征候或者它们在理论假说中发挥着相当有前景的作用。

麦基：我们的讨论让我感到很高兴的一点是，我们几乎没有讨论语言或者语词的使用。我之所以这么说，是因为很多对哲学感兴趣的聪明的外行人都认为下述发现会让他们失望，也就是现代哲学家什么也不做，只是谈论语词、分析句子等——而你一直没有这么说话。很明显，你关心的问题不是语言问题。然而，任何翻开你的书或来哈佛大学与你一起学习的人都会发现，你处理这些问题的大量技巧都是借助概念分析，因而就是借助仔细留心用词、阐明句子和陈述等。为什么你和其他当代哲学家会采用这种语言分析进路探讨问题——毕竟这些问题本质上是一些非语言的问题？

蒯因：原因之一就是我称之为"语义上行"（semantic ascent）的策略。哲学问题经常会挑战我们宇宙体系的基本结构。当出现这种情况时，我们无法轻易地从我们的体系中抽离出来，以便思考对手的替代方案。我们体系的基本结构就存在于我们的思考方式之中。因此，讨论可能会沦为原地绕圈，每一方都喋喋不休地重申自己的基本原则，而这些原则恰恰是有争议的。但是，我们可以把我们的理论当作句子体系来谈论，从而摆脱这种困境：谈论句子，而不只是一味地用句子去断言。我们可以在结构简单性方面比较一下对立的句子体系。我们可以看看是否可以通过重新定义术语将一个句子体系转换成另一个句子体系，以此考察它们是否隐含等价性。我们可以找到一个共同的基础来解决问题，而不是原地绕圈。这就是哲学家谈论语言的一个原因。还有其他原因。为了深入理解我们的概念体系、我们的宇宙体系，我们最好考虑一下它是如何被习得的——个人是如何学到它的，种族是如何发展它的。个人主要是在学习语言本身的过程中习得这一体系的，同样，我们基本概念体系千百年来的发展也和语言的演变息息相关。因此，哲学家有充分的理由深切关注语言的运行。

麦基：我们的讨论快要结束了。在收尾之前，我能请你——也许可以根据我们到目前为止所说的内容——就你手头正在做的原创性工作说几句吗？

蒯因：在我的书《指称之根》（*The Roots of Reference*）问世后的几年里，我所做的无非就是发表了很多短文，意在从各个方面澄清、捍卫或改进我的哲学。不过，我想指出我希望看到突破的三个领域，无论是通过我的工作还是别人的工作来突破。第一个领域是语义学，或者说意义理论。既然我们无法再忍受不加批判的旧有意义概念，我们就需要想出一些符合行为标准的系统的翻译理论和词典编纂理论。这听起来像是语言学家的工作，很大程度上也确实如此。但语言学与哲学上的兴趣和顾忌密切相关。反正我不太看重哲学与其他科学之间的界限。第二个领域是所谓的命题态度理论（theory of propositional attitudes）。命题态度是由包含从句的句子来表达的：比如说，x 相信 p，x 希望 p，x 害怕 p，x 对 p 感到高兴。这些结构涉及某些逻辑上的微妙难题。此外，它们在行为标准方面也存在严重问题。我希望看到一种新的概念工具——在逻辑上和行为上简单明了，可以用来为了科学的目的而表述当今用命题态度的惯用语所传达的心理学信息。

因此，在我想到的三个领域中，第一个在语言学的边界上，第二个在心理学的边界上，第三个在数学的边界上。纯数学及其抽象对象本体论的合理性，在于它作为自然科学的辅助工具所发挥的不可或缺的作用。我希望看到这个工具被简化成一组最弱、最自然的假定，这些假定仍然可以为科学应用提供足够的基础。在这种最小化过程中，我们希望得到的一个结果是，针对集合论的悖论，我们能找到比现在更自然、更确凿的解决办法。跟进我们讨论的一些人无疑对其中一个名为罗素悖论（Russell's paradox）*的悖论不陌生。但其他人可能对此根本就不熟悉。所以，我还是就此打住吧。

---

* 某类事物组成的集合通常不是它自身的成员，比如所有人组成的集合不是一个人，所有桌子组成的集合不是一张桌子。我们可以把这样的集合归入一个更高的集合，即由所有"不是自身成员的集合"组成的集合（这样的集合也叫"罗素集合"）。这个集合是它自身的成员吗？罗素表明，无论回答是或否，我们都将陷入悖论，此所谓罗素悖论。——译者注

10

Philosophy of Language

语言哲学

对话约翰·塞尔

约翰·塞尔
（John Searle, 1932— ）

引 言

麦基：伯特兰·罗素说过，在 20 世纪第二个十年之前（那时他已经四十多岁，几乎完成了他所有真正杰出的哲学工作），他一直认为语言是透明的，也就是说，他认为语言是一种媒介，无须予以特别留意就能直接使用。我猜，不仅其他哲学家这么想，小说家、诗人、剧作家等各类作家也都这么想。只有到了 20 世纪，我们现在认为理所当然的关于语言使用的那种自觉意识才发展起来，真正成为我们这个时代显著的智性特征之一。这种自觉意识所涉及的可不只是对字词的表面兴趣，而是对基本问题的看法。比如，人们普遍认为，正是语言赋予了我们抽象思考的能力，使我们能够概念化并应对实在的所有那些没有向我们直接呈现的面相，从而以我们特有的方式将我们自己与世界联系起来。许多人认为，正是这一点将我们与动物区别开来。出于这些原因，许多人相信，正是通过习得语言，我们才成为自己。如果上述任何一种看法属实，那么语言就是我们的人性和个性的根本，而这种根本性是在相对晚近的时代之前都不曾被发觉的。我觉得，这就是哲学家对语言产生如此强烈和浓厚兴趣的根本原因。

有位语言哲学家在大西洋两岸都享有盛誉，他就是美国人约

翰·塞尔（John Searle）。20 世纪 50 年代初，他作为罗德学者[*]
来到牛津大学学习哲学；返回美国之前，他在牛津大学任教数年。
他的著作《言语行为》（*Speech Acts*）于 1969 年出版，是 20 世
纪六七十年代的经典之作。目前他是加利福尼亚大学伯克利分校
（University of California, Berkeley）的哲学教授。

讨　论

麦基：有件事我们一上来就应该弄清楚。我一直在谈论"语
言哲学"（the philosophy of language）；但还有另一个术语，也
就是"语言分析哲学"（linguistic philosophy），以及与之大致相
当的术语"语言分析"（linguistic analysis）——这是个常用语，
但意思有所不同。除非我们明确加以区分，否则可能会导致混淆。
因此，我能否请你做个区分，来给我们的讨论开个头？

塞尔：做这个区分挺简单的。"语言分析哲学"和"语言
分析"是解决哲学问题的技术或方法的名称。"语言哲学"不是
一种技术的名称，而是一个主题的名称，是哲学的一个分支。我
举几个例子。语言分析哲学家认为，通过考察我们用来讨论（以

---

[*]　获得罗德奖学金（Rhodes Scholarships）的人被称为"罗德学者"（Rhodes
Scholar）。罗德奖学金，又译罗德兹奖学金或罗氏奖学金，是一个世界级的奖学
金，有"全球本科生诺贝尔奖"之称的美誉。罗德奖学金由英国殖民时期矿业大亨、
当时的世界首富塞西尔·罗德兹（Cecil Rhodes）自 1902 年创设，已有超过 100 年
的历史，专供外国精英前往牛津大学研习之用。——译者注

怀疑论来说）怀疑、确定性、知识等的日常用语的逻辑，可以解决某些传统的哲学问题，比如怀疑论问题。他们会分析比如"知道""怀疑""相信""假设""确信"等词的日常用法，以此试图弄清楚什么是真正意义上的知识和确定性。但"语言哲学"是哲学中一个主题的名称，它关心诸如"语词如何与实在相关？""意义的本质是什么？""什么是真理、指称、逻辑必然性？""什么是言语行为？"等问题。这些都是语言哲学主题中的典型问题。

麦基：语言哲学家——比如你本人——认为，语言是人类生活和思想的基础。我在本次讨论的引言中试着解释了原因，不过如果能听到你本人的解释，那会很有意思。

塞尔：嗯，首先，我认为语言研究几乎必然是哲学的核心。在一个很重要的意义上，哲学就是一种概念探究。但抛开哲学不谈，我也认为语言至关重要，原因就像你说的，语言对于理解人类和人类生活至关重要。我们倾向于以前理论（pre-theoretical）的方式认为，如你所说（引用罗素的说法），语词是透明的，我们无非是把它应用于实在——我们无非是指陈我们的经验、我们的社会关系以及我们遭逢的对象。但事实上，当我们开始研究语言与世界之间的关系，我们会发现，如果没有语言，那些被我们视为独具人类特性的经验形式和社会关系形式将是不可能的；语言确实是我们与其他形式的动物生命最大的区别所在。也许我们的经验在我们看来明显是独立于任何语言而产生的。但维特根斯坦举了下面这个非常简单的例子来说明经验依赖于语言。他画了一个三角形，然后说"把这个看成顶点，把那个看成底边"；接着他又说"现在把那个看成顶点，把这个看成底边"；你会发现你有不同的体验。即使视觉条件相同，人们还是会马上感受到两种不同的体验。但是，如果对几何学语言一无所知，就不可能有这些不同的体验。我的狗无法获得这些体验，不是因为它缺乏视觉器官，而是因为它缺乏概念装置。我们不禁想说，语词就是视觉体验的一部分。那么这似乎是个微不足道的例子；但我们可以举出很多更宏大的例子。拉罗什富科*在某处说过，如果没有读过关于爱情的书，很少有人会坠入爱河。我认为这句话蕴含着一个深刻的道理，那就是拥有"爱"和"恨"这样的字词范畴（verbal categories）本身就有助于形塑它们所命名的经验；这些概念是经验的一部分；事实上，在许多情况下，如果不掌握适当的词汇，根本就不可能获得经验。

麦基：你的意思其实是说，并不是世界先由许多实体组成，我们人类再给这些实体贴标签、取名字；更确切地说，经验对象并不脱离我们所拥有的概念而单独存在。这样，语词就进入了我们的经验结构。我想，有些人会惊讶地意识到，即使最日常的物体也是如此。比如，我把这杯水举在我的面前，从几英寸远的地

---

* 弗朗索瓦·德·拉罗什富科（François de La Rochefoucauld, 1613—1680），17世纪法国古典作家，法国公爵，又称马西亚克亲王。年轻时是大孔代亲王的投石党叛乱的中心人物，在战斗中多次负伤，后来回归朝廷，但不再过问政事，大部分时间用于博览群书和参加文艺沙龙活动，他把沙龙游戏中的机智问答作为箴言记录下来，成为一部庞杂的著作，即《道德箴言录》。——译者注

方直视它。所以我有了看到一杯水的直白体验。然而，我要获得这样的体验，仅有某些视觉予料（visual data）是不够的：我还需要有"玻璃"的概念和"水"的概念；此外，我需要能够在复杂的视觉予料中识认出属于这些概念的不同元素。所以，如果没有一些语言储备，我甚至无法拥有看到一杯水的体验。因此，语言有助于创造我们在其中体验世界的范畴。

塞尔：是的，这就是我说的要点；但必须理解到位。我并不是说语言创造了实在。远非如此。相反，我是说，什么算作实在——什么算作一杯水、一本书或一张桌子，什么算作同一个杯子、不同的书或两张桌子——是我们施加给世界的范畴问题；而这些范畴在很大程度上属于语言范畴。不仅如此，当我们体验世界时，我们是经由语言范畴来体验它的，而语言范畴有助于形塑体验本身。来到我们面前的世界并不是已经被分割成物体和经验：什么算作物体会随我们表征系统的变化而变化，而我们在经验中如何感知世界则受该表征系统的影响。若认为将语言应用于世界就是给物体贴上标签，而这些物体可以说是自我指认的（self-identifying），则是错误的。在我看来，世界划分成什么，全在于我们把它划分成什么，而我们划分物事的主要方式是语言。我们的实在概念事关我们的语言范畴。

麦基：（由此）得出真正重要的一点是，研究语言就是研究经验的结构。事实上，我们在研究组织世界的各不相同的方式，也就是研究生活的各不相同的方式，甚至可以说是研究存在的各不相同的方式。

塞尔：顺便说一句，这也是维特根斯坦后期作品的重要主题之一——语言是一种生活形式的想法。在他早期的著作中，他曾主张一种更为超脱的语言观——他认为句子的功能只是描画独立于世界存在的事实。在他后期的著作中，他认为我们应该把语言看作与我们的生活和活动在各个方面相互渗透；语词像工具那样运转，用另一个比喻来说，我们应该把语词看作与我们其他行为相互配合的齿轮。

麦基：我在本次讨论的引言中提出的另一个要点是，关于语言使用的自觉意识是我们这个世纪（20 世纪）的主要特征。正如我先前在介绍我与 A. J. 艾耶尔的讨论时所说的那样，艺术也有非常类似的情况。*在 20 世纪，已有大量的诗歌讲述了写诗何其难。我们有电影制作人制作关于电影制作的电影——戏剧也是如此。绘画也以相应的方式展示了自己的技术。即使是音乐创作，现在也展示了自己的技巧。简言之，艺术已成为其自身的题材：艺术媒介本身已成为其自身关注的对象。现在，语言在哲学中的作用显然与此相似。你认为这些发展是相互关联的吗——还是说你认为这些相似之处只是巧合？

塞尔：嗯，这肯定不是纯粹的巧合。20 世纪感受性模式（mode

---

* 参见：第 6 章，第 161 页。——译者注

of sensibility）的某些特征让语言在我们看来非常成问题。但我不同意你似乎在暗示的一件事。并不是哲学家在20世纪突然发现了语言。洛克有很多关于语言的论述——他在《人类理解论》中花了整整一卷来讨论语言。休谟也有关于语言的理论；事实上，早在柏拉图的《泰阿泰德篇》（*Theaetetus*）中就有关于语言的哲学理论。所以，语言不是我们最近才发现的。但我完全同意你的观点，就是在智性生活中，语言大体上似乎变得成问题。语言似乎（再次用你引用罗素的话）无关透明性。我们无法通过它来看穿世界。语言本身成了问题。我认为，这至少与19世纪末知识人自信心的巨大丧失、理性信仰的衰落有关。一个人不大清楚如何确定现代主义兴起的时间，但对表达媒介的强烈自觉意识是现代主义艺术的一部分。哲学中同样存在对语言的复杂性和问题性的意识，这绝非巧合。对照一下密尔的语言哲学和后期维特根斯坦，我想你会明白我所说的断裂。

麦基：不过，哪些哲学史特有的因素使哲学家对语言的自觉意识在20世纪发展到了顶峰？

塞尔：嗯，这真是一个非常复杂的问题。我试着从中挑出几条主要线索。首先，有一个长期的历史发展过程：三个多世纪前，笛卡尔提出了一个基本的哲学问题："知识是什么？知识如何可能？"我认为，如果你认真对待这个问题（我们在哲学中一向认真对待这个问题——在笛卡尔之后的三个世纪里，这个问题一直是核心问题），最终它会引导你去思考一个几乎不可避免的、看上去更为根本的问题，那就是：“我们的心智到底是如何表征世界的？”“意义是什么？”的问题似乎变得比“知识是什么？”的问题更重要。

其次，最近的一些历史发展直接导致了现在的观点，即语言哲学是哲学的核心。当代语言哲学实际上始于德国哲学家和数学家戈特洛布·弗雷格在 19 世纪末和罗素在 20 世纪初的工作。他们都致力于研究数学的基础和数学知识的本质。为了发展他们对数学知识的阐述，他们被引向了关于逻辑的本质和语言表征的本质方面的基础研究。虽然今天的情况肯定不是这样了，但当代语言哲学在其诞生之初曾是数学哲学的一个分支。

麦基：数学知识在很大程度上是纯抽象的，并且是用代数符号来编码的，那它跟哲学家现在所分析的日常陈述之间有什么联系呢？

塞尔：嗯，这之间有很多联系，但其中一个基本联系涉及如下问题：“数学真理的本质是什么？”弗雷格和罗素都认为，数学实际上是逻辑学的延伸，而且在一个意义上，数学陈述根据定义为真；为了发展这一理论，他们需要真理理论和逻辑理论——所以我们现在已经进入了语言哲学——我们要开始发展这一理论。

麦基：换句话说，对“真理”的研究发展为对“意义”的研究，进而发展为对陈述的分析？

塞尔：从历史上看，数学真理的本质问题是通向真理和意义等更普遍问题的开端。弗雷格从"数学真理的本质是什么？"这个问题出发，提出了他的语言哲学理论。但当你有了这些理论，那么关于意义本质的问题似乎就先于关于知识本质的问题了。

麦基：考虑到20世纪的语言哲学是从数学领域的工作中发展起来的，起源于弗雷格和罗素的工作，然后通过早期维特根斯坦的工作继续发展，你会认为（语言哲学）从早期到现在的发展是一脉相承的吗？

塞尔：我不这么认为，肯定不是一脉相承的。如果我只是说，语言哲学从数学哲学发展而来，那就太过简单化了。这只是复杂历史网络中的一环。还有一些关于语言的理论本身也成了语言哲学的主题，并帮助确定了哲学的发展进程。过去许多哲学家（这可以追溯到休谟和康德）都非常认真地对待关于语言的两个区分，现在依然如此。一个是如下两种陈述之间的区分，一种是根据定义为真，或根据意义为真的陈述，这些陈述通常被称为"分析"命题（"analytic" proposition）；另一种是事实上为真的陈述，这些陈述被称为"综合"命题（"synthetic" proposition）。所以，我们有了如下基本区分，根据定义为真的陈述（逻辑学和数学陈述，以及简单的同义反复，比如"所有的单身汉都是未婚的"）与科学和日常生活中的陈述（如果它们为真，那它们是作为经验事实而为真）之间的区分。

分析命题和综合命题之间的这个区分与另一个同样基本的

语言学区分有关。许多哲学家认为，所谓的事实性或描述性话语
（包括分析和综合陈述）与所谓的规范性或评价性话语（比如我
们在伦理学和美学中所发现的话语）之间存在逻辑鸿沟，有些哲
学家现在仍这么认为。依信奉这种区分的人看来，当我们说偷窃
是错的，或者莎士比亚是比多恩*更好的诗人时，严格说来，我
们所陈述的内容根本没有真假之分。相反，我们是在表达我们的
感受和情感，事实上，有些哲学家，比如逻辑实证主义者，将这
类话语称为"情感性"（emotive）话语，以与事实性或"认知性"
（cognitive）话语做对照。

　　注意，这两种区分——分析和综合的区分，以及描述性和评
价性话语的区分——实际上都是语言哲学中的理论。如果你足够
认真地对待它们，它们将决定你的整个哲学观。从历史上看，它
们的确为不止一代哲学家定义了哲学的本质。既然哲学家的目标
是陈述真理，他就不会从专业角度发表任何评价性言论。哲学家
的工作不是告诉人们应当做什么，因为这样的陈述是评价性的，
因此严格说来根本不可能有真假之分。既然哲学家的目标不是
发现偶然性的、经验性的真理——他毕竟没有穿上白大褂走进实
验室——他就不会从专业角度做出任何综合性的经验性陈述。他
的任务与道德家或科学家的任务截然不同。根据这两个区分，他
的专业任务被定义为发现那些揭示概念之间逻辑关系的分析性真
理。哲学在本质上是概念分析。这样，一种语言哲学的理论就直

---

*　约翰·多恩（John Donne，1572—1631），17 世纪英国玄学派诗歌创始人，被艾略
　特挖掘并推崇。他的作品包括十四行诗、爱情诗、宗教诗、挽歌等。主要作品有《歌
　与十四行诗》《挽歌》《一周年与二周年》《圣十四行诗》等。——译者注

接引出了整个哲学的理论。

　　在过去的二十多年里，这两种区分都受到了有效的挑战，我想很多哲学家不会再以我刚才描述的那种僵化和天真的方式接受它们了。但是，哲学的概念性要旨，即哲学主要是一项先天的概念性事业的理念，却经受住了对这些区分的挑战；事实上，在我们看来，语言的复杂性远远超出了信奉这些区分的人所顾及的程度，这让哲学家们对语言研究更加着迷。即使在分析—综合和评价—描述二分法受到挑战之后，语言哲学仍然是哲学这门学科的核心。

　　麦基：人们不难理解，为什么打破事实与价值之间的传统区分会产生问题；还有，为什么打破根据定义为真或为假的陈述与根据世界之所是为真或为假的陈述之间的传统区分同样会产生问题。但我认为我们还没有弄清楚，为什么打破人类思维中的这些既定区分竟会使人们对语言产生新的兴趣。

　　塞尔：不，我不是这个意思。信奉这些区分与其说引起了人们对语言的兴趣，不如说实际上表达了人们对语言的痴迷。因为这些二分法在某种意义上将哲学定义为某种语言研究。但是，当这些区分开始被打破时，哲学家对语言的兴趣并没有减弱；相反，如果说有什么变化的话，那就是兴趣变强了。因为这些简单的区分无法解释语言实际的复杂性和微妙之处，这促使我们去研究各种形式和种类的语言使用和语言结构，而这些是我们以前在哲学中没太关注的。

麦基：语言哲学家现在还在研究这些问题吗？

塞尔：还在研究。

麦基：那我们不就是在讨论昨天的事嘛。

塞尔：不，完全不是。

麦基：那我们是如何从 20 世纪初的罗素发展到现在的呢？

塞尔：为了回答这个问题，我现在回到你之前一开始提出的关于发展路线的问题。我认为，我们可以确定几条发展路线，古怪的是，维特根斯坦往往在其中不止一条路线上发挥着至关重要的作用。从早期维特根斯坦到卡尔纳普等逻辑实证主义者（我认为罗素的研究也包括在内），再到今天蒯因和戴维森等哲学家的研究，有这么一条发展路线。这条路线主要涉及意义与真理之间的关系。这一传统的关键问题是："语句的真值条件是什么？"这一传统中的哲学家主要关注的是确立或确定句子的真值条件；显然，这一路线将与科学哲学密切相关。眼下，另一条路线，以后期维特根斯坦以及奥斯汀和格莱斯 * 等哲学家的著作为例（我

---

* 赫伯特·保罗·格莱斯（Herbert Paul Grice，1913—1988），英国语言哲学家。他最为人所知的是在语言哲学方面的创新工作，即格莱斯原则（Grice's Maxims）和会话合作原则（Cooperative Principle）。虽然他一生中较少发表著作，但通过演讲和未发表的手稿产生了非常广泛的影响。其中最出名的是于 1967 年年初（转下页注）

会把自己也包括在内），更加关注语言的使用问题，将语言视为人类行为的一部分。这里的关键问题不是："意义与真理之间的关系是什么？"而是"意义与使用之间的关系是什么，或者说意义与说话者说出话语的意图之间的关系是什么？"这是我所看到的正在发展的两条路线。但我不想给你留下它们是完全独立的印象——它们以各种方式重叠、交织和相互作用。此外，近年来还有第三条路线变得很突出，那就是语言学。乔姆斯基是最具哲学影响力的语言学家，而语言学与哲学的互动方式直到最近——直到1957年之后——才有所改变。

麦基：你一下子提出了这么多要点，我想，在我们进一步展开讨论之前，如果我把它们分开，会对讨论有所帮助。在使用语言的过程中有两端——我们可以称之为主体端和客体端：一端是语言与说话者之间的关系，一端是语言与说话者所谈论的事物之间的关系。关于前者，我们需要考虑语言使用者的意图。他们说话的目的是什么？他们说他们所说的话时是在做什么？关于后者，我们要考虑的是语言与其对象的关系，即语言与世界的关系。这些研究领域中的每一个几乎本身都成了一个主题。它们构成了语言哲学的两个主要分支，每个分支都有自己的历史。前者研究语言行为，其主要代表人物是后期维特根斯坦、奥斯汀、赖尔，

（接上页注）在哈佛大学做的威廉·詹姆斯演讲，该演讲以未经授权的手稿形式广泛流传，直至作为《言语之道研究》（*Studies in the Way of Words*）的一部分出版。——译者注

我想我们还应该加上格莱斯和斯特劳森*。后者研究语言与世界的关系，其主要代表人物是罗素、早期维特根斯坦、卡尔纳普、蒯因和戴维森。这构成了语言哲学发展的两条主线。你加进了乔姆斯基和现代语言学作为第三条主线。

塞尔：不是我加进去的，是它自己冲进来的！

麦基：这就给出了语言哲学领域非常粗略的草图。现在，为了清楚起见，我们来逐一讨论这三条发展路线。我们从对语言与世界的关系感兴趣的学派开始讨论。

塞尔：我通过介绍一下核心人物来给你讲讲这个学派。维特根斯坦的《逻辑哲学论》是这一领域划时代的著作。在这本书中，他认为，句子表征事实的方式类似于图画表征事实的方式——这不是说，句子实际上看起来像它们所表征的事实，而是说，就像一幅图画中的元素与它所描绘的场景中的元素之间存在一一对应的关系一样，在一个句子中（如果对句子做充分的分析），句子中的名称与它所表征的事实中的对象之间也存在一一对应的关

---

* 彼特·斯特劳森（Peter Strwson，1919— ），当代英国哲学家，主导当代分析哲学发展的主要哲学家之一，分析哲学的许多中心论题都源于他的著作。早在1950年，他就批判过真理符合论，提倡"真理冗余论"。同年，他在《论指称》一文中批驳了罗素的摹状词理论。1959年出版的《个体》一书是"二战"后分析哲学的最大成就之一，使得分析哲学重新认同形而上学的核心地位。1971年出版的《逻辑与语法中的主项和谓项》是继弗雷格的意义理论后语言哲学的又一里程碑。——译者注

系；句子中名称的排列是描绘事实中对象的排列的约定方式。句子是一种完全约定俗成的（conventionalized）图画。后来，维特根斯坦放弃了这种后来被称为意义的图画论的理论。但与此同时，《逻辑哲学论》对整个哲学运动——逻辑实证主义运动——产生了非常强劲的影响。他们的中心在两次世界大战之交的维也纳，他们——我认为至少在一定程度上是出于对维特根斯坦的误解——把证实问题，即"我们如何证实一个命题，我们如何查明它是真是假？"作为理解意义观念的关键。他们提出了一个口号，称之为证实原则（verification principle），他们声称"命题的意义就是证实命题的方法"；他们的理解是，要知道一个命题的意义，我们就需要知道，要想知道这个命题是真是假我们必须做些什么。他们接受了我之前提到的两种区分；也就是说，他们认为所有真正有意义的命题要么是分析命题，要么是综合命题，而伦理学中的命题只有一种次等意义，即情感意义，因为无论是在逻辑上还是经验上，它们都无法真正得到证实，既不是逻辑上可验证的，也不是经验上可验证的，它们只是用来表达感觉和情绪的。卡尔纳普是这群人中的领军人物；事实上，他也许是整个逻辑实证主义历史上的领军人物。多年来，他的观点发生了很大变化，但他主要因其对实证主义运动的贡献而闻名于世。

当我们谈到受实证主义传统显著影响的新近的、后实证主义的哲学家时，最突出的是蒯因。在我看来，蒯因的哲学在某种意义上似乎是他与卡尔纳普的一系列争论。他最有名的一篇文章抨击了分析命题和综合命题之间的区分——他抨击了这样一种观点，即我们可以明确区分哪些命题基于意义而为真，哪些命题基于世界中的事实而为真。取而代之的是他的如下想法，我们不应该孤立地看待句子，而应该在整个体系中——在理论以及信念体系中——看待句子。这就导致了他在其更成熟的著作中——大约从 1960 年开始——对传统上人们理解的意义概念予以拒斥——我只能用这个词来描述。蒯因代之以一种行为主义的语言观。他把我们看作受到各种刺激（不管是言语刺激还是其他刺激）轰炸的人，我们习惯于对这些刺激做出某些言语反应。在蒯因看来，除了刺激和我们以某种方式对刺激做出反应的性向之外，我们的头脑中并没有一套意义。蒯因的行为主义与他的经验主义密切相关——他认为像"意义"和"分析"这样的概念不够经验性。颇具讽刺意味的是，他的经验主义立场导致他拒斥了在上一代人看来是经验主义基石之一的东西，即分析命题和综合命题之间的区分。他最有名的文章是《经验主义的两个教条》（"Two Dogmas of Empiricism"）。

蒯因的学生中最有影响力的是唐纳德·戴维森。*顺便说一句，戴维森虽然是美国人，但他在英国的影响力非同凡响，甚至超过了他在美国的影响力。他认为，意义与真理之间存在着比以往哲学家所认识到的更为密切的联系。在戴维森看来，意义与真理之间的关联是这样的：一种语言的意义理论将由一组原理组成，这些原理将使我们能够为该语言的任何句子推导出一个陈述，它所

---

*　唐纳德·戴维森（Donald Davidson, 1917—2003），20 世纪下半叶最重要的分析哲学家之一。其思想体现在自 20 世纪 60 年代以来发表的一系列论文中，主要集中于心灵哲学、语言哲学、形而上学和认识论领域，同时对伦理学以及美国实用主义的复兴也产生了重要影响。——译者注

陈述的是该句子为真的条件的集合。所以，戴维森认为，对"一种语言中任一句子为真"做出的定义，已经是该语言的意义理论了；真理理论与意义理论之间不存在任何鸿沟：一旦你有了一种说明句子的真值条件的理论，你就已经有了包含这些句子的语言的意义理论。

麦基：现在，我们来谈谈我们要考虑的两条主要发展路线中的第二条，也就是与语言使用者的意图有关的发展路线。这里的核心观念是"言语行为"观念，这实际上也是你最为人所知的一本书的书名。这一观念的想法是，句子并不独自存在于某种不定的状态中；它们是由人类产生的，而且总是处于实际情境中，总是有目的的。因此，只有理解了说出这些句子的语言使用者的意图，你才能真正理解它们的意义。

塞尔：这第二种传统并不抵制"语言与世界之间的关系是什么？"这一问题，而是将这一问题置于更大的背景中。现在，问题变成了："语言行为（linguistic behaviour）到底是一种什么样的行为？"我们回答这个问题的方式是解释说话者的意图——也就是他受规则约束的有意行为——是如何将语言与世界联系起来的。因此，"语言与实在有何联系？"的问题——在我看来这是语言哲学中的基本问题，也许是最基本的问题——被吸收进一个在我看来更为庞大的问题，那就是："是什么让人类能够发出这些声音和标记，并产生如此显著的后果？其中一个后果就是它们确实与实在有关。"对我来说，这个传统的根本问题是："我们如何才能从嘴里发出的声音或我们在纸上做的标记中找到我们赋予它们的那些语义属性？"毕竟，从物理角度来看，从我嘴里发出的声音是相当微不足道的。我张开下巴，然后我发出这个声音：它就出来了。虽然这在物理上可能是微不足道的，但在语义上却发生了最了不得的事情。人们说，我说了一句话，或问了个问题，或下了个命令，或做了个解释；我说的话是真的还是假的，是有趣的还是无聊的。我们把所有这些了不得的属性都归因于声音和标记；其中一组属性是把声音和标记与世界联系起来的那些属性。

现在，这第二种进路背后的基本想法是，语言与世界的关系取决于人们如何进行这种联系。这当中的基本术语（至少就我自己的著作而言），正如你所说，就是言语行为的概念。人与人之间的交流，无论是口头交流还是文字交流，都是在做出诸如陈述、提问、下命令、道歉、感谢、祝贺和解释等行为。奥斯汀声称，英语中有大约一千个动词和动词短语来命名这类言语行为。就我个人而言，语言哲学中最让人着迷的问题总是与这些言语行为的性质和内部逻辑结构有关。它们是意义和人类交流的最小单位；对它们的研究自然而然会延伸到许多其他的领域，比如虚构话语的性质，以及字面话语和隐喻话语之间的区别。

这就是我前面提到的形式语义学传统之外的另一种传统。有必要强调后期维特根斯坦在该传统的发展中所起的作用，因为研究语言实际使用的任务正是从他后期的工作开始的。不过，如果我给人留下的印象是，他会赞同我所说的一切，那就有误导之嫌。尽管维特根斯坦在很大程度上推动了这一传统——他强调将语言作为一种人类行为形式和一种生活形式来研究——但他抵制建立一般性的语言理论。他认为，任何关于语言的一般性哲学理论都几乎必然会导致歪曲和谬误。我一直认为自己至少在一定程度上受到了维特根斯坦的影响，但我认为他会抵制我自己在语言哲学方面的研究（以及奥斯汀的研究）的理论倾向。

麦基：你是奥斯汀的学生，对吧？

塞尔：对，我是。

麦基："言语行为"（speech act）这一术语是他发明的吗？

塞尔：20 世纪 30 年代，像布龙菲尔德＊等一些结构语言学家使用了这一术语。但就其现代含义而言，它是奥斯汀发明的。他借助一条有趣的路径得出了他的言语行为观。在奥斯汀之前，语言哲学家主要关心有真假可言的话语；事实上，正如我之前所说，证实问题在他们的讨论中显得尤为突出。他们中的许多人都在思考这样的问题：无法得到证实的命题严格说来是否有意义——逻辑实证主义者认为它们没有意义。奥斯汀观察到，存在各种各样

＊ 莱昂纳德·布龙菲尔德（Leonard Bloomfield，1887—1949），美国语言学家，北美结构主义语言学的先导人物之一。布龙菲尔德从研究日耳曼语系和印欧语系入手，继而研究了普通语言学和阿尔衮琴语等语言。1933 年出版的《语言论》，材料充实，方法严密，对美国结构主义语言学的形成、发展有重要的作用和深远的影响，在此后的 20 年间成为美国语言学家的必读书。——译者注

从未企求有真假的陈述句。他举了下面这个例子。在婚礼上，当牧师说"你愿意娶这位女士做你的合法妻子吗？"，新郎回答"我愿意"时，奥斯汀认为，他不是在描述婚姻，而是投身于婚姻之中。也就是说，他的话语并不是要描述什么，且不管描述的是真是假。他在说话的同时也在做一件事，在这个例子里，新郎说的话是结婚这整件事的一部分。奥斯汀随后指出，有一大类话语与其说是言说，不如说是行事。当我说"我承诺"或"我打赌"或"我道歉"或"谢谢"或"我祝贺你"时，在每种情况下，我都在做出一个行动，而且在每种情况下，它都是我话语中的动词所指定的行动。只要说"我承诺"，我就能做出承诺。奥斯汀把这类话语称为"施行式"（performatives）（话语），并把它们与他最初认为的一类话语做了对照，他认为这类话语不属于行为，但它们严格说来要么为真要么为假，比如陈述和描述。为了和"施行式"话语区分开来，他把这些话语称为"记述式"（constative）（话语）。

但后来，这一理论发生了翻天覆地的变化。奥斯汀发现自己无法精确地区分施行式话语和记述式话语。记述类理应是言说，而施行类理应是行动，但当奥斯汀研究这种区分的细节时发现，做出陈述或描述与许诺或致谢一样，都是在做出行动。本应被作为特殊情况的"施行式"话语吞噬了一般情况，在奥斯汀后来称之为他的一般性理论中，每句话都被视为这种或那种言语行为。在他的一般性理论中，他区分了可能会被我们视之为狭义的言语行为（包括做出陈述、下达命令、警告、道歉、解释等）和我们的话语对人们产生的各种影响（比如说服他们、逗他们开心或惹恼他们）。他把前一类称为话语施事行为（illocutionary acts），而把达到各种效果的行为称为话语施效行为（perlocutionary acts）。现在，在话语施事行为中，我们需要区分所谓的内容即命题内容和奥斯汀所说的话语施事力（illocutionary force）亦即话语施事行为的类型。比如，我预测你即将离开房间，我命令你离开房间，我问你是否即将离开房间，这三者之间显然有某种共同之处。我把这种共同内容称为行为的命题内容。这三个话语施事行为中的每一个都有相同的命题内容，尽管每种情况下的行为类型不同：一个是预测，一个是命令，一个是提问。最后的这个命题内容和话语施事力之间的区分在奥斯汀那里并不十分明确，但我明确做了这个区分，其他论者也是这么区分的。我在我自己的书里得出了如下结论，意义的基本单位——人类表征世界事态并相互传递这些表征的最小单位——就是话语施事行为。所以，当我们问"说话人说这话是什么意思？"，我们首先要问的是"这个话语的话语施事力是什么，这是哪一种言语行为？"；其次要问的是"话语的内容是什么，说话者用这种特殊的话语施事力呈现了哪个命题或哪些命题？"。

现在，如果我们研究话语施事行为的本质（奥斯汀没能活到亲自开展研究：他四十多岁就去世了），我们会发现自己面临这样的问题：话语施事行为有多少种基本类型，以及每种类型中不同成员的内部逻辑结构是什么。在最后这个表述中，我们发现，我之前提出的问题——即我们如何从物理学来到语义学的问题——现在采取的形式是："我们如何从吐语行为来到话语施事行为；除了从我嘴里发出的声音之外，还得加上什么才能得出我做了事情乃是如此这般的陈述，或者问出事情是否如此这般的问题？"这个问题的答案涉及如下三者之间一系列复杂而又连贯得不可思议的关系：说话者的意图，他所说的语言的规则和惯例，他说这话的条件。从历史上看，这一传统的发展路线从奥斯汀在 20 世纪 50 年代对施行式话语的早期讨论一直延续到当代对言语行为的研究。但是，我想再次强调，尽管维特根斯坦确实启发了很多关于语言实际使用的研究，但他不会喜欢言语行为的一般理论。他会认为，这整个事业注定会扭曲语言的复杂性和微妙性。

麦基：奥斯汀的著作也对法哲学产生了巨大影响，用你刚才的话说，法哲学也因此发生了翻天覆地的变化。如果你能顺带谈谈这方面的情况，那会非常有意思。

塞尔：嗯，我认为这种影响是双向的。奥斯汀认为，语言哲学家可以从研究法律中学到很多东西；我也同意这一点，比如，通过研究合同法，你可以学到很多关于承诺的知识。但是，奥斯汀所做的某些区分以及他的某些理论也对法律哲学产生了影响。曾任牛津大学法理学教授的 H. L. A. 哈特的著作就是受奥斯汀影响的一个例子——哈特在其名著《法律的概念》（*The Concept of Law*）中考察了法律体系的某些主要特征，其考察方式清楚地显示出奥斯汀的影响力。不过，在我看来，奥斯汀对法哲学最重要的影响并不在于他的任何具体学说，而在于他的哲学思考风格。奥斯汀在努力做区分时非常谨慎和精确，总是一步一个脚印。比如，他认为，在讨论行动时，区分碰巧（accidentally）做某事、不慎（by mistake）做某事和无意间（inadvertently）做某事很重要。他还热衷于仔细区分行动的效果（effects）、结果（results）、后果（consequences）和结局（upshots）。事实上，现在，像这样的区分对于法律哲学家讨论法律责任等问题是非常重要的。因此，奥斯汀教给法律哲学家的，就像他试图教给一般哲学家的一样，就是要极其留心区别，尤其是那些在日常言语中以不同语词的不同用法为标志的区别。

麦基：你的《言语行为》一书已经出版了好几年了。你现在在做什么呢？

塞尔：我正努力将研究推进到下一阶段。如果你认真对待"语言如何表征实在？"这个问题，你最终不得不回到"一物事如何表征另一物事？"的问题上。这就把你带到了心智哲学，以及心智与语言的关系。对我来说，语言哲学是心智哲学的一个分支；心智哲学的关键问题是："我们的心智状态如何表征世界上的事态？"我们的一些心智状态是指向或关于我们自身以外的物事的；而有些则不是。比如，如果我有信念、恐惧、希望或欲望，那它们一定都是关于某件事的：我必须相信某某事，或害怕某某事会发生，或希望不会发生某某事，或欲求别的事会发生。但从这个意义上说，我的疼痛和痒痒并不是有所指向的：它们无关于任何事。现在，哲学家们给这种指向性（directedness）或关于性（aboutness）起了个名字，他们称之为"意向性"

(intentionality)。[顺便说一句，这个词是布伦塔诺[*]引入现代哲学的，而布伦塔诺是从中世纪的人那里得到这个词的。它与普通英语动词"意图"（intend）有关联只是出于偶然：通常意义上的意图（intending）是意向性的一种，但不是唯一的一种。] 现在，我们可以从意向性的角度来看待我们之前谈到的语言哲学中的一些问题：心理状态的意向性是如何与言语行为的意向性联系起来的？如果我们认真对待语言之为一种行为（behaviour）的观点，我们就会想问："行为"究竟是什么意思？语言行为究竟是如何将其他行为的特征与语言结合在一起的？我们的行动如何能够给区区一堆声音和记号赋予这种表征性、这种意向性？

　　我们前面讨论过的许多关于意义的问题，都可以重新表述为关于心智与语言之间关系的问题，尤其是关于意向性的问题。众所周知，在哲学中，以正确的方式提出问题就成功了一半。比如，关于意义的问题可以这样提出来："即使我们的意向状态（intentional states）内在地具有意向性，并且不由自主地指向世界上的对象和事态，然而，心智是如何将意向性施加于并不内在地具有意向性的物体和事件的呢？"就像我之前说的，从某种意义上说，从我嘴里发出的声音只是声音。我在纸上做的记号，以及挂在博物馆墙上的画，同样都只是物理对象——沾有墨水的纸

---

*　弗朗兹·布伦塔诺（Franz Brentano，1838—1917），德国哲学家、心理学家，意动心理学派的创始人。其意动心理学关注精神活动、意识与对象的关系，以及存在的时间性。意识的本质是意向性的，即一切意识都是关于对象的意识。布伦塔诺认为，心理学的研究重点不在于感觉、判断、情感等心理的内容，而在于这些心理活动本身，即意动。——译者注

片，涂有颜料的画布。这些微不足道的中等大小的物理现象是如何有能力表征世界，有能力以各种不同的话语施事模式——这些模式包含无限丰富的可能命题内容——来表征世界的？它们是如何变成陈述、问题或命令的，变成关于布莱恩·麦基或黑斯廷斯战役的图画的？我认为这正是语言哲学和心智哲学的交汇之处，也就是意向性问题。现在，我相信我知道这个问题的答案，尽管这里不适合详加阐述，答案是这样的：心智通过有意地将意向状态的满足条件转移到不内在具有意向性的对象上，从而将意向性施加于相应的对象。

比如，考虑一下"看到天在下雨""相信天在下雨"和"宣称天在下雨"三者之间的关系。它们一定有共同之处，因为它们都有相同的命题内容，那就是"天在下雨"。但是，"看到"和"相信"已经内置了意向性：当且仅当天在下雨时，感知才是正确的，信念才是真的。我所说的"满足条件"内在于意向状态：如果它不是指向这一事态，它就不可能是这一意向状态。但是当我们考虑这个陈述时，它也有满足条件——当且仅当天在下雨时，它才是真的，但有一个关键的区别：这些满足条件绝不是声音所内在地具有的。所以，我们需要解释我们是如何将意向性施加给声音的。答案是，在做出言语行为时，我们有意地将我们已经施加于信念的同一批"满足条件"施加于话语。通过语言的惯例和说话者的意图，我们把信念的满足条件转移到话语上，这就使言语行为能够以公开、常规、可传播的方式表征事态，这种表征就是我们的信念可以说是内在地"表征"意义上的"表征"。总之，这就是我现在的工作，我的下一本书就是关于这个话题的。

所有这一切都会蔓延到哲学中的其他一些问题。我认为，意向性问题将当代哲学中两个最核心的问题联系在了一起：第一，"语言如何与实在相联系？"（所有语言哲学家或多或少都关心这个问题）；第二，"人类行动的本质是什么？如何解释行动？为什么自然科学的方法不能在人类行为研究中给我们带来它们在其他领域取得的成果？"这两类问题交汇于意向性问题。我们已经看到了意向性与语言哲学的相关性，但仔细想想，行动也有意向性。无论是日常意义上的意图还是技术意义上的意图，都是诸如吃饭、写书或投票支持保守党等行动的重要组成部分。但如果真是这样，那么在我看来，对人类行动的因果解释很可能不同于对其他现象的因果解释。用意向状态比如意图和欲望进行解释，与其他类型的因果解释有很大不同。既然做某事的欲望恰恰表征了行动者欲求做出的行动，那么用欲望来解释行动的因果解释，就会与日常的休谟式因果解释大不相同。以意向性解释来说，原因和结果之间必然有一种逻辑上的联系，一种"必然的"联系，即前者是后者的表征，而在某种意义上，休谟及其追随者告诉我们，其他类型的原因和结果之间并不存在必然的联系。用比如欲望来对行动做出的因果解释是十足的因果解释——欲望确实导致了行动——但这种因果关系不同于大多数哲学家所认为的因果关系。话虽如此，我不想让你觉得我是要回到机器里的幽灵那里去。我不认为意向状态是存在于某种古怪心智媒介中的古怪、幽灵般的实体。我不是要回到笛卡尔那里去。我觉得，如果认为关于心智事项（the mental）的问题应该始终被视为关于心智（the mind）是个什么东西的问题，那就大错特错了。确切说来，当我们谈论心智状态时，我们感兴趣的是它们具有什么样的逻辑属性，而不是它们是如何在大脑、心智或行为中实现的。不管怎么说，行为都是一个意向论的概念。我们有种错觉，认为行为是我们可以观察到的东西，但每当我们描述行为时——我们说这个家伙在喝啤酒，在开车——这种描述都是不可还原的心智主义描述。说一个人在喝啤酒或者在开车，意思是说他有一整套的信念、欲望和意图。我目前的工作是试图深入到言语行为背后，探究使言语行为（以及任何其他类型的行为）成为可能的心智特征和心智状态的性质。

麦基：这次讨论，我们开了一个没有了结的话头，我想在讨论结束之前把它了结掉。你在概述这个主题的近期历史时指出了三条发展主线，我们现在只讨论了其中的两条。第三条是乔姆斯基与现代语言学。在讨论结束之前，我想请你谈谈乔姆斯基。

塞尔：我认为，可以毫不夸张地说，乔姆斯基掀起了一场语言学革命。他的语言研究的核心是句法研究。对乔姆斯基来说，得到关于人类自然语言的语法的一种充分理论的问题，就是得到可以生成该语言的无穷句子集的一个有限规则集的问题。他指出，如果一种自然语言能够做到这一点，那么规则就得具有某些特殊的逻辑属性；比如，它们在某些结构上会和逻辑学或数学系统的形成规则大不相同。现在，他试图弄清楚英语或其他自然语言的句法规则到底是什么，这在哲学上产生了一些有趣的结果。首先，它为我们提供了一套新的句法工具，我们可以用它来研究实际语言。就拿我自己来说吧，我会用乔姆斯基的一些工具来说明不同的言语行为在实际语言中是如何表达的。但一个更为重要的结果是，乔姆斯基的工作在某些传统的哲学问题上有一定的蕴意，而这些问题事关人类心智中天赋观念的存在。乔姆斯基提出的句法极其抽象和复杂，这就引出了一个问题："这么复杂的语言，小孩子怎么能学会呢？"你不可能教小孩子公理集合论（axiomatic set-theory）；然而乔姆斯基表明，英语在结构上远比公理集合论复杂。那小孩子是怎么学会的呢？他的回答是，从某种意义上说，他们已经懂了。认为心智是一块白板，这个想法是错的。实情是，所有人类自然语言的形式在孩子刚出生时就被编入了他们的大脑。乔姆斯基在其最强有力的声明中说，孩子在出生时就通晓普遍语法（universal grammar），此后，他接触语言只是触发了这些先前就已存在的知识。孩子之所以能习得一种特殊的自然人类语言，是因为一切人类语言的形式，也就是通用语法，已被编入了他的大脑。

过去一直存在着一种反对普遍语法的传统观点。人们会说："但各种语言是如此不同。比如，英语和汉语就有很大的不同。"乔姆斯基的回答是，虽然它们表面上各不相同，但都有一个共同的潜在或深层结构，它被编入了孩子的大脑中。在我看来，这是乔姆斯基的积极贡献，而且它确实是一个非常强有力的想法。但我认为，乔姆斯基的方法存在某些局限性，而这些局限性在一定程度上导致了语言学目前的混乱局面。乔姆斯基认为人本质上是一种句法动物。他从不问诸如"这些句法形式是用来干什么的？"问题。他的句法观是这样的：语言的句法理论必须用纯粹的句法基元（syntactical primitives）来表述；也就是说，我们不能在理论表述中说这些形式是什么意思，或者人们应该如何使用它们。乔姆斯基实际上否认了在我看来相当明显的事实，即语言的目的是交流。

麦基：他认为语言的目的是表达。

塞尔：是的。他认为语言的本质是句法，我们已经把这种句法形式编入了我们的大脑——如我所说，我们是句法动物。这就导致他的研究存在一定的局限性。我认为，关于句法最有意思的问题与形式和功能如何相互作用有关——它们与如下问题有关："这些句法形式是用来干什么的？"对我来说，语言是用来交谈和写作的，所以我想说，除非我们对语言的使用展开研究，否则对句法的研究永远是不完整的。我和乔姆斯基之间的问题是一个事实性问题。从长远来看，相关研究可能会证明他是对的，而我是错的，但我的直觉是，如果不了解人类使用语言的目的，我们就无法理解语言的句法，也无法理解语言在人类史前史中是如何演化的。这就又回到了言语行为。

麦基：你出色地概述了语言哲学的现状，以及它是如何从不远的过去逐步发展而来的。在结束我们的讨论之前，你是否愿意就其近期的走向做一些有根据的猜测？

塞尔：好的，我试试。我把我的水晶球落在伯克利了，但我要看看没有它我能做什么。首先，我认为语言学现在是一门蓬勃发展的学科，它必然会继续引起语言哲学家们的兴趣：语言学家和哲学家会继续互通有无。和过去相比，我们已经有了更多的互动——我自己在语言学会议上发言，也邀请语言学家来哲学会议上发言。我认为，尽管乔姆斯基范式（the Chomskyan paradigm）已经瓦解，语言学也不再有像乔姆斯基范式鼎盛时期我们所期望的那种作为一门科学的统一发展，但它仍将继续发展，并对语言哲学家大有裨益。要知道，语言学家和哲学家的研究方向和兴趣是不同的。语言学家的兴趣是事实性的和经验性的——他想知道关于实际的自然语言的事实是什么。哲学家的兴趣更多是概念性的——他想知道"意义和交流究竟是如何可能的？"用老式的行话来说，他的问题是先验的。它不仅仅是经验性的。

　　现在，在英国和美国部分地区兴起的另一股热潮是蒯因和戴维森的研究，尤其是戴维森的思想，即可以通过真理理论来获得意义理论。这一想法的吸引人之处在于，从中可以得到明确定义的问题。比如，你可以用现代数理逻辑的工具来阐述问题。顺便说一句，这些都是奥斯汀喜欢的问题，因为在这些问题上，群策群力能够开花结果。我觉得这条脉络还有得挖掘。我们会看到很多有意思的遵从戴维森传统的工作。最后，我想说的是，我认为我感兴趣的东西会继续引起其他人的兴趣。其中一项进展是欧洲大陆就这些问题开展的研究日益增多。在很长一段时间里，盎格鲁-撒克逊人研究哲学的方式与欧洲大陆研究哲学的方式之间似乎有道铁幕，但现在在欧洲大陆就我们一直在谈论的语言的这些方面开展了大量工作。

Chomsky

乔姆斯基的思想

对话诺姆·乔姆斯基

诺姆·乔姆斯基
（Noam Chomsky，1928—）

引 言

　　麦基：诺姆·乔姆斯基在两个明显不相干的领域蜚声世界。他最为人所知的是，他是号召全美国人民反对越南战争的引领者之一。[*]他影响最为深远的是，作为一名语言学教授，他在 40 岁之前就改变了自己学科的性质。[†]就哲学而言，他是个破局者（a joker in the pack）。很多专业哲学家相当真诚地坚持认为，他压根就不是哲学家——语言学与哲学完全是两门学科，尽管彼此相邻。好吧，我不打算争论这个问题：无论如何，这只不过是个定义问题。事实是，乔姆斯基受过哲学家的训练；他的作品对哲学具有重大影响；在当今哲学家的著作中，他的名字出现的频率可能不亚于任何一位在世的哲学家。

　　核心问题其实是这样的。如果说有哪个问题最能主导 20 世纪的哲学，那就是语言与世界的关系问题。仅拿维特根斯坦来说，他终其一生都沉迷于该问题。但语言学家乔姆斯基认为，我们实际学会使用语言的方式，乃至语言与经验的关系，乃至语言

---

[*]　乔姆斯基从少年时代起就关心政治，在政治上持左翼观点，发表大量抨击美国政治特别是美国外交政策的言论。——译者注

[†]　这里说的是乔姆斯基改变了由索绪尔奠定的结构主义语言学的大框架。——译者注

与世界的关系，与盎格鲁-撒克逊哲学传统一直以来的观点截然不同。

20世纪50年代末，一定程度上为了批判行为心理学（behavioural psychology），乔姆斯基开始提出自己的观点。可以大体公允地说，行为心理学家倾向于认为，人类个体来到世界上时，就好似一团无差别的可塑之物，然后受其环境影响和塑造——通过刺激与反应、惩罚与奖励、强化奖励反应以及观念联想等过程，个体得以发展和学习，包括学习语言。乔姆斯基认为，这无法解释为什么几乎所有人类，无论智力高低，都能完成像掌握一门语言如此异常复杂和困难的事情，即使没人有意教，他们也能在这么小的年纪和这么短的时间内做到这一点。他认为，要做到这一点，我们的基因一定预先被编入了这样做的程序；在这种情况下，所有人类语言必须具有与这种预先编好的程序相对应的共同基本结构。这也有一些重要的负面影响，其中最主要的是，任何不能被这一结构所容纳的东西（任何不能被这一特殊网络所捕获的东西），在任何人类语言的框架内都是不可表达和不可理解的。因此，所有语言所共有的一般原则就不可避免地限制了我们理解世界和相互交流的能力。

这种说法听起来像是把康德的一些基本观点翻译成了语言学术语——我必须说，我一直是这么看的。然而，即便如此，也是乔姆斯基而非其他人做了这件事，事实证明，这是一件相当激动人心和富有成效的事。

讨 论

麦基：你的理论难以归类的一个原因是，它们显然是混合体：一部分是哲学，一部分是语言学，还有一部分是生物学。说它们是生物学，是因为它们对人类的基因遗传和人体内某些官能的发展进行了某些论证。我个人认为，从生物学这一块入手能最清晰地讨论你的思想——毕竟你自己在抨击行为主义者时也是这么做的。你是如何从生物学入手的?

乔姆斯基：嗯，我从生物学入手（抨击行为主义）的原因在于，行为主义者对语言本质和语言习得方式的描述是如此流行，而且涵盖了相当广泛的思想领域，不仅包括心理学的主要思潮，还包括哲学和语言学的主要思潮。在我还是个学生的时候——大概25年到30年前——关于语言的主流看法是，语言本质上是一种习惯或技能或行为性向的系统，它的习得是通过大量训练——外显的训练：通过重复，也可能通过归纳、概括或联想的程序。其想法是，随着经验历尽这些概括和类比的过程，这个习惯系统全凭逐渐的积累就生长起来。这幅图景显然是个事实性的假定，却被说得好像简直是个先天真理——这当然不对：语言之为这样的一个系统，人们之所以以这样的方式习得语言，显然都不是必然的。

麦基：你强调大多数人根本没有被系统教授过语言——这事一经指出就很明显。也就是说，大多数父母不会给他们的孩子进

行任何有计划的指导。一想起世界上大部分地区的大多数人仍然
没有受过多少教育，这一点实际上是不言自明的。然而孩子们还
是学会了语言。

乔姆斯基：我想说的还不止于此。语言教学无疑只是最边缘
意义上的教学，教学对于语言的习得绝不是必要的。但我想，我
们甚至可以说，语言根本就不是学会的——至少，如果我们所说
的学习指的是任何具有通常与学习相关的特征——我刚才提到的
那些特征——的过程的话，那语言就不是学会的。如果需要一个
合理的比喻，我们或许可以谈论"生长"（growth），在我看来，
语言似乎是在心智中生长出来的，它的生长方式差不多就是我们
熟悉的那种身体里各个物理系统的生长方式。我们开始与世界交
流时，我们的心智处于某种由基因决定的状态，通过与环境、与
经验的互动，这种状态会不断变化，直至达到相当稳定的成熟状
态，在这种状态下，我们就拥有了所谓的语言知识。这种成熟状
态（实际上也包括中间状态）下的心智结构包含了一个复杂的系
统，该系统由种种心智表征和对这些心智表征进行计算的原理组
成。在我看来，从基因决定的初始状态到最终的稳定状态，这一
系列变化在许多方面都类似于我们器官的生长。事实上，我认为，
完全可以把心智看作一个由诸心智器官——语言官能就是其中之
一——组成的系统，每个心智器官的结构都是由我们的生物禀赋
决定的。这些心智器官与环境相互作用的性质和过程一般来说也
是由我们的生物禀赋决定的。经验的触发效应导致了这些器官的
生长：随着器官在个体生命的相关阶段逐渐发育，经验塑造和连

接这些器官。因此，正如我所说，在我看来，不仅认为语言是教出来的是错的，而且认为语言是学会的也至少是误导——如果是以任何常规的方式来理解"学习"的话。

麦基：你的意思是，我们被预先编好了学习语言的程序，这和我们被预先编好了去长胳膊长腿或者在十几岁的时候进入青春期的程序是一回事。

乔姆斯基：是的。进入青春期就是一个很好的例子，因为这就是生物的这样一种发育、成熟和结构变化，它显然是预先编程的，但却在出生后很长时间才发生。事实上，我们可以说，甚至死亡也是由基因决定的——我们的生理构造决定了我们的生命进程必然会在某个非常严格限定的时期内的某个时刻停止。换句话说，甚至在生物体开始在世界上独立存在很久之后，还会发生某个特定的发育过程，但该事实并不能告诉我们它是否是由基因决定的发育过程。

麦基：即便如此，如果我在荒岛上长大，我还是会长胳膊长腿，进入青春期，最后死去，但我不会学会使用语言。因此，学会语言跟你所比较的事情之间显然还有一些基本的差异。

乔姆斯基：我不认为这些差异是根本性的。对于任何生物系统来说，环境都会影响和触发其生长。胚胎发育和产后发育都是如此。细胞分化形成特定身体器官的方式是由基因决定的，但这只有在适当的环境刺激下才会发生，而环境刺激肯定会影响发育过程。青春期的开始，我想还有它的特征，很大程度上取决于营养水平等因素，无疑还取决于更多的因素。甚至有证据表明，哺乳动物深度知觉的正常发育取决于母子接触等因素，尽管动物绝不是通过这种接触"被教会看"的。

以哺乳动物的视觉系统为例，在过去的 20 年里，人们对它已经有了相当多的了解。比如，双眼视觉的一般特性是由基因决定的，但精确控制匹配刺激需要视觉经验。有一种"工程问题"（engineering problem）只有通过与环境互动才能解决。如果小猫的一只眼睛在足够长的时间内被遮住或得不到适当的模式化刺激，神经似乎就会退化，用于分析视觉经验的复杂系统就会失灵；这只眼睛就会"不知道如何看"，而且这种损伤似乎是永久性的。视觉皮层的某些细胞专门对特定方向的线条做出反应。有证据表明，特定方位的分析器（orientation-specific analyzers）*的分布可能是由早期视觉环境中水平线和垂直线的分布决定的。

总体上似乎可以说，生物系统的典型特征是，它们的一般性质是由基因决定的，但基因程序在每个阶段的展开一定程度上取决于系统与其（内部或外部）环境之间的相互作用。在我看来，语言官能的发育也具有这些一般属性。正是出于这个原因，我建议用"生长"作为一个或许比"学习"更不容易误导人的比喻，

---

* 大多数初级视觉皮层细胞的一个显著特点是具有强烈的方位选择性，即它们对视野中特定的条纹或短棒的方位（最优方位）反应，而对别的方位就很不敏感或没有反应。这种选择性，本质上使得初级视觉皮层具备了检测并编码各种视觉特征的能力。——译者注

来思考语言官能从初始状态到表现出语言知识的成熟状态的发育。我相信，成熟状态的一般属性是以相当狭窄的方式确定下来的。如果没有在合适的生长阶段给予适当的刺激，语言官能可能就无法发挥作用，这可能是因为神经退化，也可能是因为神经未能进行受环境刺激但由基因决定的发育。什么是"合适的阶段"仍不清楚。据报道（尚未发表），有证据表明，甚至婴儿在早期受到的语言刺激也可能会影响语言官能的正常发育，人们普遍认为语言发育有个"关键期"，尽管由于实验的可能性受到限制，证据仍然不明确。在生命的合适阶段，在适当的刺激下，被从基因上预先编程的语言官能会发育成熟为完整的语言能力。有限的经验予料足以启动各种运行进程，从而构建出一个规则和原则的系统，这些规则和原则决定了完整的人类语言，用洪堡[*]的话来说，这个系统最终允许我们对有限的手段加以无限的利用。在我们的日常生活中，世界上的各种语言在我们看来存在着巨大差异，这自然而然会让我们觉得触目——这些语言的共同原则是我们习焉不察的。我猜想，一个有着"更高智力"的外部观察者——他没有被塑造得专门适合发育人类语言，并像我们观察猫一样观察我们——可能会对诸种语言之间惊人的相似性印象深刻得多，毕竟这些语言都发育于心智中，发育于心智将其内在结构应用于外部环境提供给它的有限材料之际。

---

* 威廉·冯·洪堡（Wilhelm von Humboldt，1767—1835），柏林洪堡大学创始人，著名的教育改革者、外交官、比较语言学创始人之一，对古典学的产生也起了重要作用。1819年后辞去公职，专门从事学术研究。著有《论爪哇岛的卡维语》等。——译者注

麦基：从你的观点中可以得出，如果我们着手研究人类的语言官能——就像你在职业生涯中所做的那样——那么我们所研究的就是一个生物物理系统，是像物质、人体组织一样实际存在的东西，就像我们在研究人类的视觉、消化或血液循环一样。

乔姆斯基：我觉得原则上是这样的。但在研究高级认知过程的神经基础方面，我们还没到能够精确描述相关物理结构的阶段。相应地，对语言器官的实际研究仍停留在抽象层面。我们可以试着研究语言官能的结构性组织及其运作原理，但我们对这些结构和原理在大脑结构中的物理实现方式还知之甚少。不过，同样与此相应的是，就像我们在很长一段时间里所做的那样，我们可以研究视觉系统，但毫不知晓我们认为它所具备的结构和原理——比如说我们认为它所具备的分析机制——在神经结构中的物理实现方式。我认为，把当代的语言研究类比于某一时期的视觉研究是非常恰当的，在那个时期，由于我们的理解和技术有限，还无法确定构成视觉系统的实际物理要素，因此只能以抽象的方式研究视觉。

麦基：这里似乎有个特殊的困难。我们接受这样一个事实，即无论我如何努力，我都无法通过内省来观察自己肝脏的运作——我无法在它分泌胆汁时捕捉到它。这同样适用于我其他几乎所有的体内过程。因此，到目前为止，我可以轻轻松松地接受我无法通过内省来观察我的语言器官的运转。但是，就肝脏的运转而言，如果我是一名研究人员，我就可以观察其他人肝脏的运转。我可以尝试不同的输入，看看它们对输出有什么影响。我可以解剖活人的部分肝脏，也可以解剖死人的整个肝脏。但眼下还不知道如何用其他人的语言官能做相应的事情。同样，如果我研究肝脏，我可以在动物身上做各种实验，但如果我研究语言官能，我就没法这么做——按你的说法，动物没有语言官能。所以，就语言官能而言，我们无法采用常规的研究方法。

乔姆斯基：出于伦理原因，我们不会对人类进行侵入性实验，这无疑排除了某些自然而然的研究模式。我们也立刻会想到另一些研究模式。比如，假设我假定语言具有某种普遍属性，而且由于生物学上的必然性（biological necessity），每种人类语言都必须具有这种属性。假如我们研究的是一种不设防的机体组织，一种可以用研究猴子或猫的方式来研究的机体组织，我们会采用共变法 *：我们可以设计一个违反这一原则的人造环境，看看系统在这些条件下是否正常发育。可我们没法这么来研究人类——我们无法设计出人造的、人为的环境，看看婴儿在其中会发生什么（就像我们无法在人类身上做消融实验 †一样）。重要的是要认识到，这种限制没有引发任何哲学问题。这就意味着，我们必须更聪明地开展我们的工作，因为有许多研究模式干脆就被排除了——据

---

* 共变法（method of concomitant variation）是探求现象因果联系的方法之一，由密尔创立和发展而成。在被研究的现象发生变化的若干场合中，如果只有一种发生变化的先行情况，那么这种情况就是该现象的原因。——译者注

† 消融实验（ablation experiment），一种科学实验方法，通过移除或破坏生物体的某一部分，以研究该部分在生物体功能中的作用。——译者注

我们所知，其他机体组织没有明显类似于人类语言官能的情况。但这并不意味着我们不能研究这个问题。我们必须更间接地研究它。我们经常无法直接走到实验的步骤来为我们提出的问题提供清晰且准确的答案。但假设我们考虑我提出的模式，即一个器官从基因决定的初始状态开始，然后生长到成熟状态（在这里是知识状态）的模式。很明显，成熟的知识状态将由两个因素决定：一是最初的遗传禀赋，二是袭来的经验。关于语言知识的最终状态，语言的所谓语法——即决定什么是句子、句子的含义、句子的发音等的规则和原则的系统——我们真的可以获得大量的证据。事实上，每一句话都是一次实验。人对话语的每一个反应都是一次实验。不缺关于所达到的成熟知识状态的信息。如果我们能够在这种成熟的知识状态中识别出在袭来的经验中根本不存在的原则和属性，那么我们把这些属性归给初始状态就很合理。事实上，我们完全有理由把过渡到（我们所设定的）成熟的知识状态所需的原则或结构或解读经验的模式归于初始状态。至少，作为最初步的预估，我们可以把心智的初始状态看作一个函数，它把语言的语法指定为"输出"，而把经验予料指定为"输入"，就像平方根函数（或者更准确地说，该函数的一个特定刻画）在给定数字 9 这一"输入"时把数字 3 指定为"输出"，诸如此类。

麦基：如你说过的那样，输出的任何特征，如果在输入中无法识别出来，就必须归因于中介装置。

乔姆斯基：除非这是上帝所为。有了这样一个假说，我们马上就能对它做检验。我们可以通过观察不同的系统来检验它。比如，假设我正在研究英语规则系统的某个子部分，我发现了一个抽象原则，如果我假设该原则，我就可以解释属于英语这一部分的许多现象。那么，我可以马上问，该原则是否适用于英语的其他子系统；或者更进一步，我可以问，同样的原则是否适用于其他人类语言。既然遗传禀赋是共通的，如果一条非后天习得的原则适用于英语，那么作为一种生物学必然性，它也必然适用于所有语言。通过这种间接的方式，我们可以发展出大量证据来证明那种支配着这一系统的形态的基因禀赋，也就是那些具有生物学必然性的属性。

我再详细讲讲。再假设我发现了一条原则，称之为原则 P，如果我假设 P 适用于英语的某些部分，那么我就可以解释这部分英语的许多现象，而且解释的方式会很有意思，很有启发性。然后，我提出一个经验性假说，即原则 P 适用于这部分英语。接下来的问题是：说英语的人是如何将 P 发展成为其语法系统的一部分的，该原理是如何成为其语言官能成熟状态的一部分的？一种可能是，该原理完全是语言官能结构本身的一部分，就像双目视觉是人类视觉系统的一种属性一样。另一种可能是，原则 P 是在经验和其他原则的相互作用下产生的，而这些原则最终是我们生物禀赋的一部分。根据第一种可能性，我们会问原则 P 是否适用于英语的其他部分，更宽泛地说，是否适用于所有人类语言。事实上，如果原则 P 完全是语言官能结构的一部分，那么——我们会自然地假定有种共同的生物学禀赋，作为一种最初步的预估——对其他语言的研究就不可能让我们发现与 P 不相容的规则系统（尽管

我们可能会发现 P 在某些语言中确实没有体现）。如果我们发现
各种语言普遍遵守 P，或者至少不违反 P，我们就可以合理地提
出这样的假说：作为语言官能的一种属性，原则 P 确实是我们生
物禀赋的一部分（可以想象，它可能反映了心智的某些更为普遍
的属性）。如果我们在某些语言或英语的其他部分中发现了与所
假定的原则 P 相冲突的证据，那么我们要么放弃假定原则 P 对英
语（或英语的一部分）成立，要么像刚才建议的那样，继续确定
某种更为抽象的原则 Q，以至一个具有原则 Q 的系统和英语予
料的相互作用将产生一种具有原则 P 的语言（或语言的一部分）。
如果我们能找到这样一个 Q，那么我们就会以同样的方式问，它
是不是一个"语言学共相"（linguistic universal），是不是由基
因决定的语言官能的一个组成部分。诸如此类。探究的总体逻辑
是相当清楚的，而且我相信，在许多有意思的例子中，以这样的
逻辑来探究已经有可能取得一些成功。

麦基：在我们这次讨论中，我主要想探讨你的研究对哲学的
影响，我不想追问研究本身的技术性质，因为它很快就会变得复
杂。不过，你能给我举例说明一下你所使用的研究技术吗？

乔姆斯基：我觉得最简单的方法就是举例说明。我会把例子
举得简单一些。比方说，考虑一下用英语提问的过程。粗粗地说，
只要句子里有名称，你就可以就这个名称提问。如果我说"我看
见了约翰"（I saw John.），我们会有个相关问句："我看见了谁？"
（Who did I see?）同样，如果断言"他认为他看见了约翰"（He

thinks that he saw John.），我们就会有个相关问句："他认为他看见了谁？"（Who does he think that he saw?）诸如此类。因此，对于英语来说，一个看似合理的规则是："要构成一个问句，那就找一个可以出现名称的位置，然后在这个位置上放一个像'谁'或'什么'（'Who' or 'Whom' or 'What'）这样的词，并把它移到句子的前面（再做一些其他的小事）。"当我们试着执行这条规则时，我们很快就会发现，尽管它在很大范围内都有效，但在一些有意思的情况下却行不通。比如，假设我说"他想知道是谁看见了约翰"（He wonders who saw John.），然后我试着就"约翰"提问。根据我提出的规则，最终的句子应该是："他想知道是谁看见了谁？"（Who does he wonder who saw?）好吧，我们立马就明白这不是一个句子。你可能会说这不是个句子的原因在于它没有意义，但这似乎大错特错。事实上，这个伪句子的意思很明确。假如它是一个句子，我们就能确切地知道它的意思。"谁是那个他想知道是谁看见了的人？"（Who is such that he wonders who saw him?）：这就是那句话的意思——只不过我们不这样说。这不是英语中可以使用的句子。所以英语语法中一定有什么原则阻止我们这样说。然而，任何人都极不可能被教授这样的原则。

麦基：肯定没人教过我这个！

乔姆斯基：是的。事实上，直到最近才有人知道这个原则，我们甚至很不确定我们今天是否知道这个原则。如果我们能发现这个原则是什么，或者就这个原则提出一个合理的假说，那么我们就有理由把它归因于基因禀赋。当我们进一步观察时，我们会发现很多这样的例子。比如，以这个句子为例："他告诉班级里的学生这本书很难。"（He told the class that the book was difficult.）假设我现在想就"班级"（the class）提问，我可以说："他告诉哪个班级里的学生这本书很难？"（What class did he tell that the book was difficult?）这个句子完全对头。假设我把同一个句子嵌入一个更复杂的结构中，比如："我让他告诉班级里的学生这本书很难。"（I asked him to tell the class that the book was difficult.）假设我再次就"班级"提问。我会得到这样一个句子："我让他告诉哪个班级里的学生这本书很难？"（What class did I ask him to tell that the book was difficult?）这个句子仍然对头，尽管更复杂了。

但假设我把本质上相同的句子嵌入一个不同的结构——比如这样："这本书比他告诉班级里学生的要难。"（The book is more difficult than he told the class that it was.）现在我就"班级"提问，得到的句子是："这本书比他告诉哪个班级里学生的要难？"（What class is the book more difficult than he told that it was?）这不再是一个句子了。所以这种特殊的嵌入阻碍了我们就"班级"提问。同样，在相当大的范围内，我们发现在某些情况下可以提问，而在另一些情况下——表面上看起来和前述情况相差无几——则无法提问。

麦基：这些无法提问的情况难道不是英语语言所特有的吗？

乔姆斯基：嗯，也许是这样。但这样一来，我们就不得不得出如下结论，讲英语的人专门从经验中学习（或被教导）这些事实，而在这种情况下，这种可能性似乎很小。在这种情况下，任何科学家都会采取如下做法。我们把可能的情况和不可能的情况放在一起，看看能否构想出一条原则来解释它们的差别——换句话说，这条原则能把这些情况恰当地分类。这一原则将说明为什么会出现这样的特例。关于这一点，我认为有一些合情合理的理论，也就是说，可以合情合理地提出规则系统有某些一般属性，从这些属性可以推断出应该会出现这样的例子。在提出一条原则之后，我们就会问你所提问题的变体："这条原则是否适用于英语的其他子系统？"——因为如果这是一条普遍原则，它就必须普遍适用。如果答案是肯定的，我们就会问："对德语适用吗？对日语适用吗？对澳大利亚的某些土著语言适用吗？"诸如此类。这就变成了一个非常困难的问题，因为就这项工作的性质而言，只有深入研究了相关语言之后，你才能提出这类问题。在这方面，人类学家或人类学语言学家从几个月的田野工作中得到的那种笔记很少能帮上忙。但我们知道如何继续。通过更深入地研究各种语言，人们可以试着检验、反驳、完善和修改从特定语言的研究中得出的原则。这是一种完全可行的探究模式。

如果我们是研究人类的火星人，用人类对待猴子的方式对待人类，我们就会有更直接的研究方法。在提出了我所讨论的那种原则之后，我们就可以着手对一群人类婴儿进行研究，并向他们展示一种类似英语的语言，只不过这种语言违背了我们的原则。然后我们看看会发生什么。我们的预测是："他们不可能学会这种语言"，或者"他们不会像学会英语那样轻松学会这种语言——心智器官无法正常发育。他们必须引入其他的心智官能，才能处理这种违背他们语言原则的现象"。如果我们在人为的环境中发现这是真的，我们就直接检验了假说的正确性。嗯，正如我所说，既然我们不能进行侵入性实验，我们就不得不仅限于实际存在的系统进行自然实验。但要强调的是，这些实验确实为我们提供了相当充分的证据。

麦基：换句话说，虽然你无法证明这一点，但你很确定，同样的不可能性在每一种已知的语言中都有——同样的东西用任何语言都无法说。

乔姆斯基：嗯，对我来说，这样说还为时过早，因为很少有语言被研究到必要的深度，甚至无法提供相关的证据。事实上，直到几年前，关于英语的研究还没有发现任何跟我刚才提出的提问规则这一简单例子有关的证据。我们只能说，在已经得到深入研究的极少数例子中可以发现一些证据——我这么说吧，我认为有一些合乎情理的假说似乎很站得住脚，而且提供了一些相当有说服力的解释。诚然，已经得到深入研究的一小部分例子存在问题。但这正是我们对一门本质上很年轻的科学，甚至是成熟科学所期望的。

麦基：现在，为了便于展开讨论，我们假定你的理论是正确的，我们开始来看看它更广泛的影响。你的理论的一个后果是，作为人类，我们几乎完全受限于我们的生物禀赋——有些事情我们可以理解，超出这个范围的事我们就无法理解。是这样吗？

乔姆斯基：这是对的，尽管我们必须仔细考虑原则上可以达致的理解的外部限制。

麦基：这个学说挺令人震惊的。它违背了我们对自身的看法。

乔姆斯基：嗯，觉得它令人震惊可能是个直接反应，但我认为这不是正确的反应。事实上，我们的基因程序确实严格限制了我们，但更重要的一点是，它也为我们的自由和创造力提供了基础。容易获得的知识的范围和限度之间有着密切的联系。

麦基：你的意思是，正是因为我们被预编了程序，我们才能做我们能做的事情？

乔姆斯基：就是这样。关键是，如果我们真的是没有被预编很多程序的可塑有机体，那么我们的心智所达到的状态就只会是对个体所处环境的反应，因而会异常平庸。幸运的是，我们被预置了丰富的系统，而这些系统是我们生物禀赋的一部分。因为这一点，也唯因这一点，少量的相当残缺的经验才能让我们飞跃到一个丰富的认知系统，而该认知系统在一个社群中根本上是一致的，事实上在整个物种中也是大体一致的。

麦基：这个认知系统是经过千百万年的生物进化过程演化而来的。

乔姆斯基：嗯，基本的系统是在长期演化过程中形成的。我们确实不知道它是怎么形成的。但对每个个体来说，它们都是存在的。因此，只需极少量的证据，个体就能构建出极其丰富的认知系统，从而以自由而富有创造性的方式行事，这些方式对人类来说都很常规。特别是，我们与生俱来的语言官能，由于其高度受限和相当特殊的属性，使我们头脑中的语法得以生长和成熟——这就是所谓的"语言学习"（language learning）。一个人心智中形成的系统，与其他人同样基于非常有限的经验而在心智中形成的系统相当。这样，我们就能在无限的范围内畅所欲言。其他人会理解我们说的话，尽管他们以前从未听过类似的话。我们之所以能取得这些成就，正是因为我们严格的编程。没有这种编程，我们将无法完成这类事情。

麦基：你如何解释创造力？如果我们像你说的那样被预编了程序，那么我们如何可能创新呢？

乔姆斯基：在这里，我认为我们必须仔细点儿。我们可以对所获得的系统的性质、所达到的知识状态以及心智的成熟状态说很多。此外，我们还可以对习得这个系统的生物学基础，即最初的心智状态，进行相当多的探讨。但当我们转向第三个问题，即："怎么使用这个系统？我们怎样才能创造性地行动？我们怎样才能决定说一些新颖但不随机、合乎情境但不受刺激摆布的话？"当我们提出这些问题时，我们就进入了一个神秘的领域，至少到目前为止，人类科学（human science）都还没够到这个领域（甚至可能在原则上够不到）。我们多少可以理解使我们能够以常规的创造性方式行事的原则，但一旦出现意志、决定、理由或行动选择的问题，人类科学就几乎一筹莫展。据我所见，它在这些问题上几乎无话可说。这些问题自古典时代以来就一直笼罩在迷雾之中。

麦基：但是，可以肯定的是，经过数百万年的演化，我们才有了今天的样子，我们一定经历了一个无休无止的创新和适应过程，发展出了新的能力、新的性向、新的器官，诸如此类。我们难道不是仍在发展，甚至总的来说仍在演化，即使只是在边缘的部分如此？我们是不是还有点可塑性呢，即使只是在边缘的部分如此？

乔姆斯基：笼统说来，可以说，我们现在的系统是通过演化和自然选择发展起来的。但重要的是要认识到，当我们这么说的时候，我们说出的东西是多么少。比如，我们所具有的每一种特质未必都是特定选择的结果——我们未必是因为具有那种特质而被选择的。有些突出的反例，或者至少是表观层面的反例。就拿我们处理数系*的抽象属性的能力来说，这是人类独特的能力，

---

* 数系（the number system）是指具有某些（一种或若干种）运算的数集。——译者注

就像语言能力一样独特。任何正常人，只要没有某种程度的疾病，都能理解数系的属性，都能在理解其深层属性方面走得很远；但我们很难相信这种能力是特定选择的结果。我们很难相信那些数论定理证明能力稍强的人往往会有更多的孩子。这样的事情肯定没有发生过。事实上，在人类演化的大部分过程中，人们甚至都不知道这种能力的存在。允许人们行使该能力的机缘从未出现过。然而，特质就摆在那里，能力就摆在那里——可以说，心智器官已经发育成形。据推测，它是作为大脑的一些其他特性的伴随物而发育成形的，而那些特性可能是被选择的。比方说，我们可以推测，脑容量的增加是导致差别繁殖*的一个因素。情况也许是这样：由于我们眼下还不知道的物理定律，在人类演化的特定条件下，脑容量的增加带来了一个有能力处理数系属性的系统。这样一来，演化着的心智，演化着的大脑，就将拥有这种能力，但这一点并不是通过对这一特质的特定选择而达成的。现在，我认为人类语言至少有同样的可能是这样。假如它功能失调，它就维系不到现在。在以某种方式演化出来之后，人类的语言官能无疑为该物种在生物学上的成功做出了巨大贡献。但是，主张语言的特定结构本身就是特定选择的结果，这就跳得有点远了——而且我认为这个跳跃并不特别可信。至少，认肯科学自然主义（scientific naturalism）并不意味着我们要接受这一假定。

---

* 差别繁殖（differential reproduction）是指某些类型比其他类型产生更大比例的后代。造成差别繁殖的任何因素都是自然选择因素，只要这种差别能够遗传。——译者注

麦基：你说，我们被预编的程序给我们施加了限制，这一说法促使我想到以下几点。我们习惯于认为，在社会生活中，我们每个人都倾向于根据自己的经验来构建自己的世界图景——我们必须这样做，因为我们别无选择，但这确实意味着，我们每个人都对自己的社会环境形成了系统性的扭曲看法，因为这种看法主要是根据形成这种看法的个人的局部和偶然的经验来构建的。现在，你是否认为这种情况适用于整个物种对其自然环境也就是宇宙的认识？你是否认为，人类所碰巧拥有的用于理解的特殊装置的性质，既极大限制又系统扭曲了他们对自然世界形成的整个图景？

乔姆斯基：我觉得可以认为情况就是这样。不过，我还是要对"限制"一词的使用提出质疑，因为这个词有误导之嫌。我假定我们有这样一种官能——要是你愿意的话，也可以说成我们的心智器官——我们可以称之为科学形成能力（science-forming capacity），也就是在某些领域创造可理解的解释性理论的能力。如果我们回顾一下科学史，就会发现一次又一次这样的事情：当人们在特定的理解水平上提出特定的问题时，有可能发生创新性的想象力飞跃，达到一种丰富的解释性理论，从而为宇宙的某个子领域呈现一幅可理解的图景。后来我们发现，这些理论往往是错的——但这是有过程可循的，之所以会出现这种情况，正是因为我们整个物种都有科学形成的能力，而这种能力呢，你可以说它限制了我们，但同时也提供了创造解释性理论的可能性，这些理论远远超出了现有的任何证据。认识到这一点很重要。值得关注的是，当一个新理论诞生时科学家通常在做什么——我指的不一定是牛顿的理论，也包括远为有限的理论。首先，科学家掌握的证据非常有限。理论远远超出了证据的范围。其次，很多现有的证据都被忽视了；也就是说，这些证据被搁置一边，科学家希望由别人来处理。在科学史的每一个阶段，即使是在常规科学中，都存在着高度的理想化，存在着对证据的大量挑选甚至歪曲。创建新理论；核实、反驳或修改该理论；对理论的进一步理想化——这些都是非常奇特的步骤。尽管如此，我们经常能完成这些步骤，能用别人可以理解的方式完成这些步骤。这看起来当然不只是什么随意的想象行为。但凡在我们有可能这样做且发展出可理解的理论之处，我们实际上就对世界的某个面相有了些了解。现在，这一切之所以成为可能，仍然是因为我们被严格地预编了程序，因为我们通过演化或其他方式，发展出了一种特定的官能来形成相当特殊的理论。当然，我们马上就会由此推出——或者我们至少可以合理地假定——正是这种使我们能够在某些领域构建出丰富且成功的理论的官能，用到其他领域，则可能会把我们引入歧途，或让我们无所作为。若有一位火星科学家从更高级智能的角度审视我们，观察我们的成功与失误，他可能会惊讶地发现，在某些领域，我们似乎能够取得可观的科学进步，而在其他领域，我们似乎总是碰壁，也许是因为我们的心智是如此这般构造的，以至我们无法实现所需的智性飞跃——我们无法形成那些概念，我们不具备在该领域获得洞见所需的范畴。

麦基：如果我们对语言形成能力——也就是你所说的我们

的认知能力——的研究，能够极大地增进我们对这些人类官能的理解，那么你认为这可能给我们带来任何改变这些官能的力量吗——或许，我们甚至能够打破它们对我们的思考和理解所施加的限制？

乔姆斯基：我认为，这种可能性微乎其微，因为这些官能是生物学上的给定项。我们可能会研究心脏的结构，但我们这样做不是因为我们认为可以用另一种可能会更有效的泵来代替心脏。这里也类似：如果我们的确对心智器官有了真正的理解，那么在病理情况下，换句话说，在边缘情况下，这也许会对我们有所帮助，但我看不出它在改造我们的能力方面有什么帮助。然而，我们可以做的是发现我们科学形成能力的限度。比如，我们可能会发现，有些问题根本就超出了我们能够构建解释性理论的范围。我想，我们现在甚至可以看到一丝光亮，可以窥知在我们理解能力范围内的理论与人类因其特定的智性能力而不可能有这种理论的领域之间的界限。我们之前讨论过的例子没准就是其中之一。追溯到科学思辨的早期起源，人们曾对天体提问，也对人类行动的根源提问：唉，我们对人类行动的根源还在提出完全相同的问题。在这方面，科学毫无进步可言。我们不知道如何在科学的框架内处理这些问题。我们可以写关于它们的小说，但我们无法构建出有意思的科学理论，哪怕是错误的理论。我们根本无话可说。当我们问："既然这是个自由的决定，为什么一个人会以某种方式而不是其他方式做决定？"我们就是没有办法在科学的框架内处理这个问题。另一方面，比方说，物理学史已经取得了长足的进步。在一个领域取得叹为观止的进步，而在另一个领域则一片空白，这种惊人的差异很可能反映了我们科学形成能力的特殊属性。如果这属实，没准哪天我们就能证明这一点。

麦基：到目前为止，我们倾向于说，好像所有有组织的思考都是在语言中完成的。但事实并非如此，不是吗？语言是否必然会在所有高度发达的思想形式中出现，这一点甚至并非显而易见。一位作曲家创作了一部大型作品，对音乐的发展构成了革命性的创新——比方说，斯特拉文斯基（Stravinsky）创作的《春之祭》（*The Rite of Spring*）——那他就是在思想，以新颖、复杂、精巧、无人能出其右的方式思想。更重要的是，他的思想分环勾连（articulate）——它以一种别人可以理解的结构公开表达出来，尽管这种结构的复杂程度不亚于任何一种可理解的结构。然而，这一切都没有用到语词。这样的事实会威胁到你的论证吗？

乔姆斯基：恰恰相反。我假定，心智不是一个统一的系统，而是一个高度分化的系统。就像身体一样，它本质上是一个由各种官能或器官组成的系统，而语言只是其中一种官能。我们不必达到斯特拉文斯基的水平，也能找到无语言思考的例子。我相信，每个自省的人都会立刻明白，他的很多思考和语言无关。或者，拿猫的思考来说，这明显就和语言无关。显然还有其他的思考模式和其他的官能，音乐官能是其中特别有意思的一种。像数学和物理学一样，这个领域里发生过快速而丰富的发展，这种发展是他人能理解的，即使未必能马上理解。在这方面，20 世纪的一个显著特征是，20世纪的音乐创作似乎往往缺乏过去那些音乐作品的即时可通达性（immediate accessibility）或短期可通达性（short-term accessibility）。要证明这一点得做实验，但我猜想，如果我们让今天的孩子——假设是两组——一组让他们听莫扎特（Mozart）、海顿（Haydn）和贝多芬（Beethoven），另一组让他们听勋伯格（Schoenberg）、韦伯恩（Webern）和贝尔格（Berg），他们在理解和处理这种音乐体验的能力上会有很大的差别。如果这是正确的，那它就反映了与生俱来的音乐能力。这种性质的问题已经有人讨论了一段时间。保罗·欣德米特[*]——我想应该是25年前吧——在诺顿讲座[†]中指出，真正的音乐如果违背了调性原则，就好比物体违背了引力原则。

麦基：尽管我必须说这个音乐的类比很吸引人，但我不想由此追索太远。我只是把它作为一个例子。我觉得它最能说明两件事。首先，我们一些最重要、最高层次的思考是在不使用语言的情况下进行和公开表达的——因此，我们绝不能掉进如下陷阱，即提出关于思考或表达的这样一些解释性理论：它们在应用于非

---

[*] 保罗·欣德米特（Paul Hindemith，1895—1963），德国作曲家、指挥家，也是一位专业的音乐教育家，他的音乐理论著作至今仍是音乐教育的重要教材。欣德米特以"调性音乐"充满浓厚的实验色彩，使用不协调的和声旋律，反浪漫、重理性与客观，作品大多无标题，曲式偏向巴洛克与古典，多数以室内乐曲为主体，最重要的作品为管乐五重奏《小室内乐》。——译者注

[†] 1952年出版，书名为《作曲家的世界》（*A Composer's World*）。在《语言》（*Language*）一书里，雷·杰肯道夫（Ray Jackendoff）在评论伦纳德·伯恩斯坦（Leonard Bernstein）的《未做回答的问题》（*The Unanswered Question*）时对整个问题展开了精彩的讨论。——原注

语言形式时会失效，或者它们错误地假定这些形式仅限于较低级、较不复杂的层次，因此可以在某种程度上忽略不计。其次，它阐明了你的理论，也就是，在语言系统之外，我们同样被编好了发展理解系统或表达系统的程序：比如，我们周围的世界是由空间中的物体组成的这种常识性观点，或者"读取"人脸的能力，或者通过手势进行交流的能力。

乔姆斯基：嗯，我认为，唯当人类生存的某个领域多多少少以一致的方式发展出丰富而复杂的结构时，这个领域才值得研究。否则就不值得研究。而这些正是我们期望发现预先编程的情况，正是这种预先编程使得这些伟大的成就成为可能。

麦基：你认为所有人类构造都展示了我们的预先编程吗——我们的建制、艺术、科学、饮食习惯、服装、游戏——我们的一切？

乔姆斯基：好吧，在这里我仍然认为有必要小心些。就拿游戏来说吧。显然，我只是在猜测，但在我看来，我们可以合理地认为，从某种意义上说，游戏被设计成处于我们认知能力的外部极限。我们不会编出我们在其中就像在常规使用语言中那般熟练的游戏。那不会是个有意思的游戏。每个人能做的太多了！我们所做的就是编像国际象棋这样的游戏，这是一种异常简单的游戏——它的规则系统完全微不足道。然而，即便如此，我们还是不太擅长下国际象棋。在使用语言方面，我们都非常出色，而且在相当大的范围内，我们基本上没什么差别，但是，当说到国际象棋这样的东西时——我假定下国际象棋处于我们认知能力的边界——智性天资非常相似的人在处理相关问题的能力上会有很大的差别。这正是这个游戏有意思的地方。此外，还可以构建一些超出我们认知能力的任务。事实上，有一个领域致力于开发这样的任务——它叫作实验心理学（experimental psychology）。许多现代心理学都致力于发现能够得出物种间一致的定律的任务（即基本上适用于许多物种的定律），或者构建有时被称为"好实验"（即能够产生平滑的学习曲线、有规律的增量等的实验）的任务，而且确实有这样的任务，比如走迷宫，在这方面老鼠和人类的水平相当——两者都很糟糕。这些任务被设计成没有有意思的解决方案，或者超出了我们的基本认知能力，所以我们通过试错、归纳等方法来完成任务。

麦基：当你使用"试错"和"归纳"这两个短语时，你显然指的是传统经验主义对常规学习过程的分析。显然，你认为这些对常规学习并不适用——如你所说，只有当我们试图处理超出我们认知能力的事物时，这些理论才会发挥作用。换句话说，你对常规学习过程的分析构成了对哲学中经验主义传统的拒斥。你认为经验主义者对我们如何学习的看法是错误的，这必然意味着，你认为他们对知识的本性的看法是错误的。而知识的本性一直是整个经验主义哲学传统的核心问题。

乔姆斯基：嗯，在我看来，以休谟为最高代表的古典经验主义传统是一个极其重要的传统，因为它试图提出一种关于知识起源的科学理论。事实上，用休谟的话说，它试图构建一门关于人性的科学。休谟认为他发展出来的理论是一种经验性理论。但当我们对它展开研究时，在我看来，我们会发现它完全是错的。他提出的机制似乎并不是心智达到知识状态的机制。而且（心智）所达到的知识状态与他所考虑的完全不同。在休谟看来，心智在他的意象中是一种剧场，观念在剧场的舞台上表演；* 因此，我们可以通过内省来穷尽我们心智中的观念内容。如果观念不在舞台上，那它也就不在心智中。事实上，他接着说，甚至连剧场都没有，只有观念，而这些观念以他所讨论的方式联系在一起——从这一点来看，这个意象是有误导性的。它是一个理论，一个在西方思想史的很长时间里牢牢控制着人们的想象力的理论。

在古典理性主义传统中，人们也假定，只要仔细观察，就能穷尽心智中的内容——就能真正辨别出那些"清晰明确的观念"，并由此进行推演。即使你搬出弗洛伊德的无意识理论以及他偶尔提到的不可通达的心智过程，仔细阅读仍然会发现，他认为无意识原则上是可以通达的——只要能克服各种障碍，我们就能感知剧场和舞台，以及舞台上的物事。我觉得，从上下文来看，他说的不可通达指的是"难以通达"。好吧，如果我的建议是正确的，那么这种观点就大错特错——甚至作为起点都是错的。我们完全没有理由相信，与我们的行动、我们与世界或他人的互动、我们的理解力或我们的言语密切相关的心智表征和心智计算原理，从内省的可通达性上说，能比我们视觉系统的分析机制乃至我们肝

---

* 参见：休谟，《人性论》（*A Treatise of Human Nature*），第一卷（"论知性"），第四章，第六节。——原注

脏的运转机制多出几分。

麦基：你一次又一次地回到同样的观点，即哲学家（还有心理学家——你提到了弗洛伊德）所讨论的许多问题和提出的理论都是关于物理过程的问题和理论，这使得可以对它们展开科学研究。而当我们对其展开研究时，却发现它们都是错的。这从根本上颠覆了许多"公认的"理论，尤其是经验主义理论。在我看来，你用来取代它们的理论在历史上源于理性主义传统。我在本次讨论的引言中说过，你的研究总是让我想起康德；事实上，在我看来，你几乎是在从现代语言学的角度重做康德所做的事。你觉得这么说有没有几分道理呢？

乔姆斯基：我不仅觉得你这么说有道理，我甚至还试着以某种方式把其中的道理呈现出来。不过，我自己并没有经常特别提到康德，而是提到了 17 世纪欧洲大陆笛卡尔主义和英国新柏拉图主义的传统，它们提出了许多现在在康德著作中更为人熟知的观点，比如，经验符合我们认知模式的观点。当然，关于语言结构、普遍语法、心智理论，甚至关于自由和人权的非常重要的工作，也是在这片土壤中生长出来的。我曾多次撰文谈及这些问题。*尤其是英国的柏拉图主义者，他们对经验赖以构成的心智组织原

---

* 比如，《句法理论面面观》第一章（*Aspects of the Theory of Syntax*，MIT Press，1965）；《笛卡尔式语言学》（*Cartesian Linguistics*，Harper and Row，1966）；《语言与心智》（*Language and Mind*，Harcourt-Brace-Jovanovich，1968）；《以国家的利益为理由》（*For Reasons of State*，Fontana and Pantheon，1973）中的《语言与自由》（"Language and Freedom"）。——原注

理有着丰富的见解——这是我所知道的最为丰富的一些心理学见解。我认为该传统可以经由现在可能的实证研究得到充实、明确、修改和发展。当然，我认为我们必须背离该传统的许多方面。我已经提到了其中一个方面，即这个传统相当广泛（尽管不是一致）地认肯如下看法：心智里的观念原则上是可以内省的。而且我们也没有理由去接受该传统的形而上学，即相信身心二元论。我们可以明白为什么笛卡尔主义者会接受——这是他们的理性之举，但我们不必效仿。我们有其他方法来解决同样的问题。

麦基：我在引言中提到一点，你在两个领域蜚声世界，一个是作为语言学家，另一个是作为政治活动家。表面上看，这两项活动毫不相干，但在我看来，它们之间存在着真实且有意思的联系。我这么来跟你说吧。在欧洲思想的历史发展中，自由主义的出现与经验主义哲学和科学方法密切相关。这三个领域的口号都是："不要听信权威人士的一面之词：看看事实，然后自己判断。"这在政治、科学和哲学上都是革命性的。正因为如此，自由主义一直被视为西方传统中主要的反权威主义信条。但是，正如你在哲学和科学中拒斥经验主义一样，你在政治上也拒斥自由主义。你在书里说，无论自由主义在过去有多正确，它现在已成为权威的盟友。由于你的这两项活动在很大程度上都是基于对作为我们盎格鲁—撒克逊传统核心的经验主义—自由主义方法的拒斥，因此你在语言学方面的工作与——说得夸张点儿——你反对越南战争之间存在着一种潜在的智性联系。

　　乔姆斯基：嗯，这就引起了一连串的问题。首先，笛卡尔大概也会接受你引用的口号。不过，我先来谈谈自由主义这个非常复杂的概念。在我看来，自由主义当然是在经验主义的智性环境中——即拒斥权威，相信感官证据，等等——发展起来的。然而，多年来，自由主义作为一种社会哲学经历了非常复杂的演变。假设我们回到经典，或者至少是我所认为的经典——比如洪堡的《国家行动的限度》（*Limits of State Action*），它启发了密尔，是一部真正的自由至上主义的自由派经典……洪堡所考虑的世界——部分是一个想象的世界——是一个后封建、前资本主义的世界。在这个世界里，个人之间（至少在理论上）在他们所拥有的权力或财富方面并无太大差异，但个人与国家之间却存在巨大的差距。因此，自由主义关注人权、自由和个人平等，等等，其任务是要消除对个人自由构成威胁的巨大国家权力。从这种理解出发，人们可以发展出洪堡意义上的古典自由主义理论。当然，这是前资本主义的世界。洪堡没有想到在那个时代，公司会被视为法人，也没有想到在那个时代，在控制资源和生产方面存在如此巨大的差异会把个体区分开来。在我们这样的社会中，从狭义上看待洪堡的观点，就是采纳一种肤浅的自由主义。在这样一个私人权力分化的时代，虽然反对国家权力仍然符合洪堡的结论，但这种反对并不是基于他的理由。现在他的理由引向一系列不同的结论，即我们必须消除对生产和资源的威权性控制，这种控制导致了个体之间如此大的差异，从而极大地限制了人类的自由。人们可能会在古典自由主义和一种自由至上的社会主义（libertarian socialism）之间划出一条直接的界线——我认为可以将后者看

成是使古典自由主义的基本推理过程适应于我们这个非常不同的
社会时代。如果你回顾一下"自由主义"一词的历史，你会发
现，它在现代有了一种非常奇怪的含义。自由主义现在本质上是
国家资本主义理论，是国家干预资本主义经济的理论。这和古典
自由主义关系不大。我认为，古典自由主义实际上就是现在所谓
的保守主义。但这种新观点是高度专制的。该观点接受了多个权
威中心和控制中心——这些中心一方面是国家，另一方面是私人
权力的聚集——所有这些中心相互作用，而个体在这台高度受限
的机器中是顺从的齿轮。人们可能将其称为民主，但考虑到实际
的权力分配，它离真正的民主还很远，也不可能是真正的民主。
我一直认为，要在一个如此不同的社会中实现古典自由主义的理
想——出于当初提出这些理想的理由——我们必须朝着一个非常
不同的方向前进。接受为另一个社会得出的结论，而不考虑得出
这些结论的推理过程，是肤浅和错误的。我认为这个推理过程非
常重要——也许在这个意义上，我是一个自由主义者——但我认
为它现在使我成了某种无政府主义的社会主义者。

12

Philosophy of Science

科学哲学

对话希拉里·普特南

希拉里·普特南
（Hilary Putnam，1926—2016）

引 言

麦基：哲学与数学科学之间的联系向来特别密切。柏拉图在其学园（Academy）的门上写着："不懂几何者不得入内。"正是亚里士多德将基础科学编纂归类，并为其命名，我们沿用至今。一些最伟大的哲学家本身就是伟大的数学家，是数学新分支的发明者：笛卡尔就是一个明显的例子；*莱布尼茨†和帕斯卡尔‡也是如此。大多数伟大哲学家——不是全部，但却是大多数——都是从数学或科学转向哲学的。这种趋势一直延续到 20 世纪：伯特兰·罗素最初是数学家，维特根斯坦最初是工程师，波普尔成年后开始担任数学和物理学教师，维也纳学派的几乎所有成员就受

---

* 笛卡尔于 1637 年发明了坐标系，将几何和代数相结合，创立了解析几何。——译者注

† 莱布尼茨（Gottfried Leibniz, 1646—1716）在其数学研究中最为著名的成就是发明了微积分，尽管与牛顿发明微积分的时间非常接近，但是莱布尼茨与牛顿的方法并不相同，莱布尼茨发明的微积分法在符号表示上更为简便，也更加广泛地被应用。此外，莱布尼茨还发明了二进制算术，并用它设计了一种用于加密和解密的机器。——译者注

‡ 帕斯卡尔（Blaise Pascal, 1623—1662）的数学造诣很深。除对概率论等方面有卓越贡献外，最突出的是他在《关于圆锥曲线的论文》中提出的帕斯卡尔定理。这是射影几何的一个重要定理，即"圆锥曲线内接六边形其三对边的交点共线"。——译者注

过的训练来说都是科学家或数学家，甚至海德格尔最初的成熟研究也是在自然科学领域。

（哲学与数学科学之间的）这种联系持续存在的主要原因很简单，那就是推动大多数伟大哲学家的基本动力向来是加深我们对世界及其结构的理解，而这正是富有创造力的科学家所从事的工作。在过去的大部分时间里，人们也认为数学是我们人类所拥有的最不容置疑的知识，同时也是最精确、最清晰的知识。所以经常有哲学家研究数学，看看它有什么特别之处，以及它是否可以应用于获取其他类型的知识。科学也是如此，人们同样认为科学能产生一种格外可靠、确定的知识。是什么让科学的成果如此可靠？科学的方法，不管是什么方法，能否用于其他领域？这些对数学和科学所涉及的概念、方法、程序和模型的研究后来被称为"数学哲学"和"科学哲学"。在本次讨论中，我们要关心的就是这两者——其中主要是科学哲学，尽管我们的主角，哈佛大学的希拉里·普特南（Hilary Putnam）教授，在这两个领域都是专家。

讨　论

麦基：我想让我们先来审视一下我们许多同代人——如果不是大多数人的话——的立场。自 17 世纪以来，宗教信仰的流行程度几乎以惊人的速度下降，尤其是在西方，特别是在受过教育的人中——在千百万人的心目中，基于宗教的世界观已被基于科学的世界观，或者至少是声称源自科学的世界观取代。这种科学的世界观影响着我们所有人。那么，你能明确表述一下这种科学的世界观，以此给我们的讨论开个头吗？

普特南：想想我们怎么做填字游戏：临近最后，一切都对上了，除了一些迟早会被发现的错误，其他东西都是一步一步添加上去的。这就是 300 年来科学进步的轨迹。在 1900 年的一些人眼中，探明基本物理定律的任务即将结束。事实上，在 1900 年，大卫·希尔伯特提出了一个非常著名的清单，列出了 20 多个数学问题，*其中包括一个排在很前面的"问题"，那就是把物理学建立在一个令人满意的基础上。

麦基：这只是个小任务！我注意到，这是数学家的任务，而不是物理学家的。

普特南：没错。希尔伯特认为，牛顿和麦克斯韦（Maxwell）已经提供了题材，可以说，现在只需要数学家来清理逻辑。在我们的一次谈话中，你将这种观点描述为"百宝箱"观点（"treasure chest" view）：科学被视为一种通过积累、通过填满百宝箱而发展起来的东西。我听过的另一个比喻是建造金字塔的形象：偶尔

---

* 大卫·希尔伯特（David Hilbert，1862—1943），德国数学家，柏林科学院荣誉院士，生前是德国哥廷根大学教授。1900 年，在巴黎国际数学家代表大会上，希尔伯特发表了题为《数学问题》的讲演。他根据过去特别是 19 世纪数学研究的成果和发展趋势，提出了 23 个最重要的数学问题。这 23 个问题统称希尔伯特问题，后来成为许多数学家力图攻克的难关，对现代数学的研究和发展产生了深刻的影响。——译者注

会犯一点小错误，但基本上整个结构是一层一层越建越高的。我认为，传统的科学知识观有两种。一种认为科学知识是通过积累而发展起来的；另一种则认为，科学的成功特别源于所谓的"科学方法"。后一种观点可以追溯到很久以前。哲学家培根的思想给牛顿留下了深刻的印象，培根将自己的方法称为"归纳法"；自牛顿以来，人们就一直认为存在一种叫作"归纳逻辑"（inductive logic）或归纳法的东西，科学的特点恰在于有意且有意识地运用这种方法。我认为这两种观点——科学知识通过积累而增长，以及科学知识通过使用一种特殊的方法，即归纳法而增长——都是旧有观点的关键要素。

麦基：如果我把同一件事稍微换个说法，我会说，两三百年来，受过教育的西方人认为宇宙和其中的万物都是由运动着的物质组成的——上至最外层的恒星星系，下至构成我们身体的细胞，都是如此。所谓"科学"，就是通过一种叫作"科学方法"的特殊方法，越来越多地探知这种物质及其结构和运动规律。如果这样做的时间足够长，它最终会探知所有可探知的东西。科学家们现在已经抛弃了这种科学观——但大多数非科学家似乎还没有接受这一事实。

普特南：我觉得这种科学观是从爱因斯坦开始失效的。如果我可以引入哲学史的话，康德做了一件与我们的讨论非常相关的事情。他质疑真理符合论（correspondence theory of truth）。在康德之前，没有一个哲学家对真理就是与实在相符合或与实在"一致"的观点有什么怀疑。知识的形象是一面镜子，或者是个摹本（copy）。但康德说："事情没这么简单。思维着的心智也有它的贡献。"当然，知识不是由心智编造的——康德不是观念论者。知识并不全是虚构的。但它也不只是个摹本。我们所说的"真理"既取决于存在的物事（物事的存在方式），也取决于思维者的贡献 [心智——我用了"心智"（the mind）一词，但今天我们会从社会性而非康德的个人主义角度来看待这一点]。我认为爱因斯坦也得出了类似的观点——对于我们所说的"真理"，人类做出了贡献，概念层面上的贡献。科学理论并不简单地来自事实对我们的口授。

麦基：我想有些人可能会觉得这个想法令人费解。他们会问，什么是真的什么是假的，怎么能够不只取决于无关人的心智的事实是什么呢？

普特南：嗯，我拿视觉来打个比方吧。我们往往认为，我们看见什么，无非取决于有什么东西摆在那里；但无论是科学家还是画家，对视觉研究得越多，就越会发现所谓的"视觉"包含了大量的解读。我们看到的"红色"，在一天中的不同时间，从波长上说并不是同一种颜色，因此，即使在我们认为与世界最简单的相互作用中——只是看一看——我们也在进行解读。

麦基：事实上，我们给这个世界带来了一整套概念性和范畴性的图式，除非我们有意识地将目光转向内部，开始审视它，否则我们通常不会意识到这一点。

普特南：没错。我想，在中世纪那些仰望星空、认为星星在"上"而我们在"下"的人眼中，世界一定是另一个模样。今天，当我们向外眺望太空（我们所认为的太空）时，我们与持中世纪世界观的人有着不同的体验。

麦基：那么，你的意思是，我们看待世界和解读经验所依据的范畴，以及我们把观察结果——也就是我们通常喜欢称之为"事实"的东西——组织在其中的框架，都是由我们自己贡献出来的，这意味着科学所认识的世界有一部分是由我们自身之外的事实构成的，但也有一部分是由我们赋予它的范畴构成的。

普特南：是的。现代物理学中的波粒二象性*就是一例——以此为例虽然过于简单化，但基本上还不算歪曲。有许多实验可以用两种方式来描述——电子既可以看成波，也可以看成粒子，出奇的是，这两种描述都是真实的、充分的。

麦基：描述同样事实有不同方式，两种描述方式都可以是准确的。

---

* 波粒二象性（wave/particle duality）指的是所有的粒子或量子不仅可以部分地以粒子的术语来描述，也可以部分地用波的术语来描述。这意味着经典的有关"粒子"与"波"的概念失去了完全描述量子范围内的物理行为的能力。波粒二象性是微观粒子的基本属性之一。——译者注

普特南：确实如此。哲学家们开始谈论"等效描述"（equivalent descriptions）——这是科学哲学中使用的术语。

麦基：在牛顿之后的一两百年里，受过教育的西方人都认为，牛顿式科学是一套无可修正的客观事实。物理宇宙的运行受牛顿和其他人发现的某些定律的支配，这就是物理实在的真实写照。但是，从19世纪末开始，这种科学观念开始瓦解。人们开始意识到，虽然有些科学理论在几个世纪以来一直为人们所接受，并在这段时间里做出了准确的预测，但这些理论也可能是错的。换句话说，科学是可以修正的。但这引发了极其令人不安的问题。如果科学定律不是对事物存在方式的真实客观的描述，那它们是什么呢？如果我们不是通过观察事实得出科学定律，也就是说，不是从充满事实的实在中照着读出科学定律，那我们是如何得出科学定律的呢？

普特南：显然，康德的论点是，有一部分不是我们的功劳——有某种摆在那里的东西——但也有来自我们的贡献。然而，即使是康德也认为牛顿式的科学多多少少是最终的：他认为我们为其不容置疑性做出了贡献。超越康德的一步——20世纪许多科学家和科学哲学家迈出的一步——是认为存在着可供选择的概念图式，以及进一步认为我们施加（或试图施加）给世界的概念可能不是正确的概念，没准我们得对其进行修正——我们所贡献的与我们所发现的之间存在着相互作用。

· · · · ·

麦基：是什么使人们认识到科学是客观真理的观念是错的呢？

普特南：我认为是旧的科学在没有人预料到出错的地方被证明是错的——不是错在细节上，而是错在大的图景上。这并不是说，比如，我们发现太阳距离地球不是 9300 万英里，而是只有 2000 万英里。科学有时确实会在这类事情上犯错误，但这并不比我们有时会在房间里是否有一把椅子的问题上犯错误更让人感到惊奇。全盘怀疑科学中的数值是否正确，就像对任何事物的全盘怀疑一样毫无道理。但是，今天的理论与牛顿的分歧之处并不在于牛顿理论中数学表达式的近似正确性——这些表达式用于大量计算完全够用——而在于大的图景。我们用四维时空的图景取代了绝对空间和绝对时间的图景。我们把欧几里得世界的图景换成了服从某种我们做梦都没想过的几何学的世界的图景。我们甚至回到了宇宙在时间上有起点的图景，这真是令人震惊。曾经被驳倒，不代表永远被驳倒。

麦基：所以，我们现在必须把科学看作一套不断被更好的理论取代的理论——更好是指更精确，或者是指更丰富，也就是能解释更多（的现象）。随着时间的推移，即使是我们所拥有的最为成功、最为精深的理论，比如爱因斯坦和他最有天赋的后继者们的理论，也会被科学家们尚未构想出来的理论取代。

普特南：你说得一点没错。事实上，科学家们自己也做出了这样的预言：20 世纪的主要理论——相对论和量子力学——将让位于另一种理论，后者将取代这两者。依此类推，直到永远。

麦基：这就提出了一个非常根本的问题："什么是真理？"
在有了这些新理解的情况下，当我们说这个或那个科学陈述或理
论为真的时候，我们说的意思是什么呢？

普特南：仍然存在着两种观点，自康德以来一直如此：符合
论仍有其拥趸，但越来越多的人认为，人们无法将真理与可断言
性（assertability）完全分开。康德的图景——真理依赖于心智
（the mind-dependence of truth）——的切入点在于，什么是真、
什么是假，在某种程度上依惯例而定——这并不是说任何陈述都
完全"依据惯例而为真"，也不是说任何陈述都不涉及惯例因素。

麦基：你能对此多说点儿吗？

普特南：与此相关的一个哲学难题来自这样一个事实：即使
在一种科学理论中，人们也发现所谓的"事实"可以用不止一种
方式来描述。这在狭义相对论中有所体现，在该理论中，不同的
观察者对有关时间顺序的事实可以有不同的描述。想象一下，两
个不同星球上的童子军队员在发射发令枪。一个观察者可能会说：
"队员 A 比队员 B 先开了枪。"另一个人可能会说："不，队员 B
比队员 A 先开了枪。"如果距离足够大，以至信号无法在不超过
光速的情况下从一事件传播到另一事件（任何物理信号都无法做
到这一点），那么两种描述都是正确的，都是可以接受的。

麦基：这给人们理解某些现代科学理论带来了深层次的概念性困难——这反过来又促使人们认为，即使没有人真正完全理解科学理论的含义，它照样可以有效、有用处。量子力学不就是这样吗？

普特南：的确如此；但我想说的是，我们不应该把这个想法推得太远，因为我觉得我们并不想完全放弃我们的可理解性标准。我们想说："量子力学是有效的，而它有效这一事实本身就意味着它有根本上正确的一面。"关于它的可理解性，我们愿意说，在某种程度上，也许我们的可理解性标准有误，我们必须改变我们的直觉。然而，理论中确实存在悖论，我认为重要的是找到一个令人满意的办法来解决这些悖论。

麦基：那些一直在跟进我们的讨论并且对这些观点感到新奇的人，可能会在想："那么，科学是如何有效的呢？如果科学并不是一套可靠的、客观的知识；如果每一种科学理论有很大一部分都是主观的，是人的心智促成的——那么，我们是如何能够建造不倒的桥梁、驾驶飞机、制造火箭飞向月球，以及做其他类似的事情的呢？我们又是如何让这套模糊的、不断变化的、带有部分主观性的理论体系为我们服务的呢？"尽管我们之前对它有这样那样的说法，但一定有某种基本方式使它合于这个世界。

普特南：我觉得"主观"与"合于世界"之间的对照是不对的。比如，在日常生活中，我们使用的术语反映了我们由文化决定的特殊兴趣。如果我们没有一个完整的社会建制网络，我们就不可能说"街角有警察"。来自原始部落社会的人可能会说，"街角有个穿蓝衣服的人"。但是，警察概念反映了我们的兴趣这一事实并不意味着街角有个警察在客观上不为真。我不是说科学知识是主观的，也不是说"怎么都行"。我的意思是说，我们所处于的是一个我们在生活中经常处于的困难境地，即认识到推理有好坏之分，但却没有一个机械的规则。此外，正如皮尔士早就指出的，科学之所以行之有效，正是因为科学在"变化"。科学与以往试图探求真理的方式之间的区别，很大程度上在于科学家们愿意检验自己的想法，因为他们并不认为自己的想法是不可错的。我们必须再次提一下培根所知道的，我们必须向大自然拷问，如果行不通，我们就必须愿意改变我们的想法。

麦基：在科学与宗教的传统对立中，双方在某些方面已经对调，不是吗？宗教人士倾向于相信他们对世界有确定的知识，比如，就拿基督徒来说，他们相信上帝创造了世界，上帝按照自己的形象造人，并赐予我们这些人以不朽的灵魂，这些灵魂将在我们死后存续下来。这些确实是非常根本的命题，而且人们常常会对它们抱有确信的态度。是科学家想要继续坚持认为，我们并不知道这些根本命题——世界是个神秘的地方，我们可能永远无法揭开谜底，而且我们所学到的东西很可能永远与我们所预期的大相径庭。换句话说，确定性现在成了只有一些宗教人士才会宣称的东西，科学家们则否认确定性的可能性。

普特南：也许是这样。

麦基：你说"也许是这样"……

普特南：我不喜欢对"宗教人士"一概而论。

麦基：好吧，那我们还是别单就宗教问题追着不放了。我来问你另一个一般性问题吧：既然我们已经如此彻底地改变了我们的科学观，那么科学与非科学之间的区别是否无法再像过去人们所认为的那样被接受呢？

普特南：我认为这是事实，而且在文化上非常重要。旧的科学图景所造成的危害是，如果存在一个由科学家逐渐积累起来的绝对事实的领域，那么其他一切似乎就都是非知识，是无法恰当应用"真"和"假"的东西。比如，在进行政治讨论时，很难说不会有人问："这是事实还是价值判断？"——好像希特勒是个坏人不是事实似的。

麦基：你认为希特勒是个坏人是事实吗？

普特南：我认为是。

麦基：我当然认为希特勒是个坏人这一点是真的。但如果是这样，而我们又放弃了过去那么多明确的区分，那继续使用"科学"这个术语还有什么意义呢？它是否仍然划定了在思想上站得住脚的理由去谋求划定的东西呢？

普特南：我不认为它还能够这样。从前，区分科学与非科学很有意义，因为旧观点认为存在"归纳法"这种东西，还认为，科学之所以是科学，就在于它相当自觉、相当有意地使用了归纳法，而在非科学中，人们要么不自觉地使用归纳法（比如学习如何做饭），要么根本没有使用。然而，事实上，似乎根本不存在唯一的科学方法这回事。当然，经验性研究也有些一般准则——比如，我们既称之为经验性研究，这本身就反映了其中的一条准则："不要试图用纯先天的方式来弄清楚自然是如何运作的。"自然科学是后天的而不是先天的，这是培根对现代思想的伟大贡献。一两分钟前我提到了它的两个推论——"检验你的想法"和"记住你的想法是可修正的"。但是，哪些理论我们应该检验，哪些理论我们应该认为"太疯狂"甚至不应该检验；什么时候一个理论经过充分检验可以暂时接受，什么时候一个理论经过检验可以信赖，至少在更好的理论出现之前可以信赖；在实践中，科学家在决定这些问题时，部分依据传统 [模仿库恩（Kuhn）所说的"范式"（paradigms），即其领域内以往成功实践的范例]，部分依据直觉。似乎并不存在任何机械的规则，可以将人的心理、人对"合理性"（reasonableness）和"看似合理"（plausibility）的直觉判断排除在外，以至只要有足够的时间和足够的数据，科学研究原则上就可以由一台只遵循这一规则的计算机来完成。但传统上认为，"科学"不同于日常的实践知识，正是因为有这样一种方法，即"归纳逻辑"，而"科学"自觉地遵循这种方法。既说科学与非科学之间有一条明确的界线，又说用来划定这条界线的方法是模糊的，而且事实上只够做出最含糊和最笼统的描述——这样说在我看来是愚蠢的。

顺便说一句，将归纳法形式化的尝试在很大程度上是失败的——"归纳逻辑"，如果有这种东西的话，还没有在计算机上编程成功过。在过去的一百年里，演绎逻辑的发展以及计算机的发展，鲜明地昭示了我们在数学科学的证明和归纳科学的证明方面所处的位置是多么不同：对于前者，我们可以提出严格的规范；而对于后者，我们所能提出的只是我前面提到的那种准则。

麦基：正如你所说，这意味着必须对存在任何特定科学方法的传统观念进行修正。很长一段时间以来，人们对什么是唯一的科学方法曾经很有把握。进行严密控制和仔细测量的观察，在收集到大量可靠的数据后，通过归纳逻辑，人们提出一个可以解释观察到的现象的一般性理论；然后，想出一个关键的实验来检验理论；如果理论通过了检验，它就得到了证实。在大约两个世纪或更长的时间里，人们认为只有这种方法才是"科学的"。但现在，我们关于科学的整个观念已经发生了变化，与其说是另外某种方法成了人们眼中"唯一的"方法，不如说是人们不再认为所有科学问题都只有一种有效的解决方法。

普特南：有一种"科学方法"的范式（正如我刚才所说，这种范式本身就很含糊），人们偶尔会发现它得到了很好的例证，尤其是在物理学中。但即使在物理学中，也有大量知识不合于，也不应该合于这种范式。我相信，在我们的文化中，对于什么是"科学"、什么不是"科学"，并没有真正达成共识。任何一所大学的目录都声称有名为"社会科学"的学科，都声称社会学和经济学是科学。但我敢打赌，如果我们问物理系的人社会学是不是一门科学，他会说"不是"。

麦基：是的，但他基于什么理由说"不是"的呢？

普特南：我认为真正的理由并不是社会学家不使用归纳法——他们可能比物理学家更认真地使用归纳法，可怜的家伙。我认为是因为他们没那么成功。

麦基：所以你认为"科学"现在只是一个代表对知识的成功追求的术语？

普特南：没错。

麦基：在科学是什么——正如到目前为止我们在讨论中所刻画的那样——的整个背景下，我们现在可否转而考虑一下你和你的同事——科学哲学家——的工作？

普特南：嗯，我们所做的工作，一部分是对特定科学理论进行相当技术性的研究，我不打算在本次讨论中加以描述。我们深

入研究了量子力学。我们研究它，既是为了从中汲取哲学方面的
经验教训，也是为了看看作为哲学家，我们能为澄清其基础做出
什么贡献。我们深入研究了相对论。我们深入研究了达尔文的演
化论。诸如此类。科学哲学的这一部分为其他部分提供了资料。
但很多科学哲学与一般性的哲学难以分辨，我认为描述它的最好
方式就是从我们刚才一直在讨论的内容出发。我们讨论到的每一
个问题都使科学哲学家产生分歧。有些科学哲学家持有真理符合
论，他们试图表明这种符合论可以变得精确，反对意见可以被克
服——换句话说，他们试图表明，在某种意义上，人们仍然可
以用旧的方式来看待科学；还有一些科学哲学家试图勾勒出另
一种真理观的轮廓。有些哲学家仍然认为存在一种可以严格表
述的归纳法，他们从事归纳逻辑的研究。（顺便说一句，我认为
应该有可以严格表述的归纳法这一点很重要，因为如果没有，
我们就无法在研究归纳法的形式面相上取得进展。）有一些人更
多地从文化和历史的角度来看待科学的发展；还有像我这样的
哲学家持中间立场，认为"科学方法"这个概念是有一定道理
的，它有明确的例子，但在科学知识和我们不冠以"科学"这
个尊称的日常的非形式化知识之间，或多或少存在着一个连续
体，而且我们不能把科学方法看成是一种机械的规则、一种算法，
仿佛应用它就可以获取科学知识。我想说，这些问题——真理
的本质、科学方法的本质，以及科学中是否存在必然真理（任
何永恒的、不可修正的概念性贡献）——是当今科学哲学中的核
心和热点问题。

麦基：你们做这些（研究）主要是为了谁——科学家，还是哲学家？我之所以这么问，是因为我参与了让科学家和哲学家聚在一起讨论这些问题的尝试。这些尝试通常都以失败告终，原因都是一样的：科学家对此兴趣寥寥。不过，在我看来，虽然大部分从业科学家似乎都不太关心这些问题，但很明显，伟大的科学家往往是例外。20世纪科学革命的许多开路先锋都写过有关科学革命的哲学思考的书——仅举几例，爱因斯坦、马克斯·玻恩 *、尼尔斯·玻尔 †、海森堡 ‡ 和（我最喜爱的）薛定谔 §。然而，正如我所说，大多数从业科学家似乎对此并没有什么兴趣。

普特南：嗯，我首先要说的是，我们是在为对哲学感兴趣的普通人、为哲学的读者写作。我不认为科学哲学家会直接向科学家提出建议，就像我认为，假如道德哲学家认为他们会就如何生活或在议会中通过什么法案提出立竿见影的相关建议，那也是不

---

* 马克斯·玻恩（Max Born，1882—1970），德国犹太裔理论物理学家，量子力学奠基人之一，因对量子力学的基础性研究尤其是对波函数的统计学诠释而获得1954年诺贝尔物理学奖。——译者注

† 尼尔斯·玻尔（Niels Bohr，1885—1962），丹麦理论物理学家，长期从事量子力学研究，量子力学的奠基人之一，哥本哈根学派创始人，1922年诺贝尔物理学奖获得者。——译者注

‡ 沃纳·海森堡（Werner Heisenberg，1901—1976），德国物理学家，于20世纪20年代创立量子力学的矩阵形式，提出了测不准原理，创建了关于原子核的中子—质子模型，获得1932年诺贝尔物理学奖。——译者注

§ 埃尔温·薛定谔（Erwin Schrödinger，1887—1961），奥地利物理学家，被称为量子物理学之父，1933年诺贝尔物理学奖获得者。在固体的比热、统计热力学、分子生物学等方面也做了大量工作。最重要的成就是创立了波动力学，提出著名的薛定谔方程。——译者注

明智的。另一方面，我确实认为科学家往往了解 50 年前的科学哲学，也许这不是件坏事；也许这种滞后，这种文化上的滞后，在剔除他们不应该关注的东西方面有一定的价值。当然，对于一个哲学家来说，遇到这样一个科学家是很烦人的，他确信自己不需要听任何科学哲学的东西，然后一字不差地提出你可以认出是来自 1928 年流行思想的观点。

麦基：你所说的科学家和凯恩斯（Keynes）的名言有相似之处。凯恩斯说，那些自认为头脑冷静、讲求实干、不受抽象经济学概念影响的商人，总是在不知不觉中成为某些已故经济学家的奴隶。另一个类似的例子是日常语言使用者对自己所使用语言的描述——尽管他们的母语说得很流利，但他们对自己正在做的事情的叙述几乎总是过于简单，且充斥过时的预设。

普特南：认为只要从事了某项活动就可以提出关于它的理论，那就大错特错了。

麦基：然而，反过来，人们经常对科学哲学家提出的一个批评是，尽管他们往往大谈特谈"科学"，但他们脑子里想到的几乎总是一门特定的科学，即物理学。然而，近 20 年来取得最引人注目、最令人兴奋的发展的科学不是物理学，而是生物学。难道科学哲学家就不会被指责过于拘囿于物理学，尤其是对生物学关注太少吗？

普特南：也许我可以针对这些指控为我们辩护一下。我认为，虽然生物学理论具有重大的科学意义——克里克和沃森关于 DNA 在细胞繁殖中的作用的理论、*达尔文的演化论，等等——但总的来说，它们并没有提出在物理科学中没有出现的重要方法论问题。我不确定你是否会同意我的观点。

麦基：我不同意。你提到了"演化"（evolution）。这是一个起源于生物学的概念，且在很短的时间内在我们的整个文化中蔓延开来。如今，它不仅影响着人们对人类起源的日常思考，还影响着人们对从艺术到社会建制等各种其他物事的思考。然而，任何验证"演化"这一概念的尝试都会引发巨大的方法论问题。

普特南：也许人们对这一理论的关注还不够；不过，让我感到有意思的是，由于计算机科学的发展，对我们所认为的生物种类进行解释的可能性，也就是从功能而不是从物理学和化学的基本构件（the building blocks）——即组成成分——的角度进行解释的可能性受到了更多的关注。

麦基：我还想说的一点是，尽管计算机最初是通过有意识地

---

* 1953 年，25 岁的年轻博士后詹姆斯·沃森（James Watson）和 37 岁的大龄在读博士生弗朗西斯·克里克（Francis Crick）共同在《自然》杂志上发表了 DNA 双螺旋结构的分子模型。这是继爱因斯坦相对论和量子力学之后 20 世纪自然科学的第三大发现。这项突破性的成果揭开了生命的奥秘，为人类探索基因组和遗传学提供了无尽的可能性。——译者注

类比人的心智而构建出来的，但随着它们变得越来越复杂，我们开始从它们那里了解人的心智。因此，一方面，我们构建计算机，另一方面，计算机对我们自身有启示，这两者都是通过一个互动成长的过程发展起来的。同样值得留意的是，我们在这里看到的，不仅是哲学与科学之间的互动，也是哲学与技术之间的互动。

普特南：我同意。顺便说一句，这是哲学家与科学家密切接触的一个领域。语言学、认知心理学、计算机科学和语言哲学等领域一直保持着良性互动。人们互寄论文，这并不是因为有人让他们这样做；这些领域的专家们在一些会议上共聚一堂——同样，这也不是因为有人决定应该相互交流。我多说几句吧，计算机这个例子的好玩之处在于，人们可能会认为，计算机的兴起会助长某种庸俗的唯物主义，也就是说，人们可能会期待得出这样的结论："所以，我们毕竟是机器；因此，我们的一切都可以用物理学和化学来解释。"——但矛盾的是，计算机对心理学和心智哲学的真正影响却是减少了这种还原论（reductionism）。要知道，当我们使用计算机时，很少需要考虑它们的物理学和化学问题。用现在已经成为语言一部分的术语来说，人们区分了它们的"软件"——即它们的程序、指令、行事规则——和它们的"硬件"；一般情况下，人们会忽略硬件（工程师除外）。计算机科学家在软件层面上谈论计算机，而在硬件层面上解释计算机的工作原理则对谁都没有用处。这里有一种"涌现"（emergence），尽管不是一种神秘的涌现——比如，计算机并没有违反物理定律。但就给出解释而言，关于组织方式的更高层次事实有种自主性。人们所说的是，计算机器遵循这样或那样的程序，这一事实解释了为什么它会这样做，人们不需要知道它是如何造出来的，人们只需要知道有可能以这样一种方式造一个设备，使得它将遵循该程序。如果将这一观点应用于心智，就会提示出向亚里士多德心智观的一种回归。这种观点认为，我们不是"机器中的幽灵"，不是仅仅暂时寄居在身体中的灵魂；它认为，心智与身体之间的关系是功能与具有该功能的东西之间的关系。亚里士多德说，"如果我们用'灵魂'一词来形容斧头"，当然，他说我们不会这样做，"我们会说斧头的灵魂是砍"；他说，"眼睛的灵魂是看"。他认为人是会思考的东西。

麦基：你现在谈到了唯物主义和宗教的替代方案，这让我想向你提一个关于所有唯物主义哲学中最具影响力的流派的问题。马克思主义自称是科学的（理论）。马克思主义对科学哲学做出过重大贡献吗？

普特南：我不觉得马克思主义做出过什么重大贡献，但我也不觉得马克思主义者都错了。我觉得恩格斯是他那个时代最有科学素养的人之一。他在一些事上搞错了，但他拥有广博的一般科学知识，他的科学哲学巨著《反杜林论》（*Anti-Dühring*）虽然包含了一些相当奇怪的观点——顺便说一下，其中一些观点是他从黑格尔那里学来的——但在很多方面都是一本在科学哲学和其他方面都很有见地的书。另一方面，这些有见地之处并不专属马克思主义。我想说，恩格斯关于科学哲学的观点在很大程度上受到了当时常规的科学哲学的影响。他的相关论述相当精细，与密尔的论述并无太大区别，尽管恩格斯声称不喜欢密尔。

麦基：那后来的马克思主义思想家们呢？

普特南：嗯，我觉得他们水平不一。比如，列宁……他说"理论是运动的摹本"。这是关于科学理论的最粗糙的摹本论。

麦基：那马克思主义对当今的科学哲学有什么贡献吗？

普特南：我认为它预见到了一些事情。如果人们在意识形态上的分歧少一些，它或许会有所贡献，因为我认为非马克思主义者本来可以从中学到一些东西。马克思主义者是第一批试图以某种方式将现实主义观点与强调可修正性结合起来的人，他们很敌视先天真理的概念。如今，一些主流科学哲学家也对存在先天真理的观点持敌视态度。事实上，他们在科学哲学中扮演的角色与凯恩斯所说的他们在经济学中扮演的角色相同。凯恩斯称马克思是他的"地下"前辈之一。

麦基：在这次讨论的引言中，我不仅提到了科学哲学，也提到了数学哲学，在我们的讨论结束之前，我希望我们能就此说几句。数学哲学中的核心问题与科学哲学中的核心问题是直接相似的，不是吗——最重要的问题是"数学知识从何而来？"和"数学凭什么合于世界；以及数学以何种方式、在何种程度上合于世界？"

普特南：哲学上的困难甚至更糟糕，这是因为，事涉经验性科学，如果有人试图捍卫摹本观点，也就是真理符合论，那么面对图景是如何建立起来方能去符合的问题，他就可以用"我们有感觉器官"来回答。这其实不是一个令人满意的回答，因为正如我之前提到的，简简单单的看和听都涉及大量的解读；但是，如果有人问我们如下问题，我们应该怎么回答呢："如果数学知识不过是摹本，它摹画数字是怎样的、集合是怎样的以及其他数学对象是怎样的，那么，什么'感觉器官'使我们能够'看到'它们是怎样的呢？"

麦基：数究竟是什么？这本身仍是一个相当成问题的问题。

普特南：没错。另一方面，我也不想说反符合论的观点的处境就有多轻松。在我看来，数学知识是个真正的谜题，我认为哲学家应该比现在更专注于数学哲学，因为这似乎是一个任何理论都无法很好发挥作用的领域。

麦基：这就是数学与科学之间另一个重要的相似之处。纵观科学史，一个长期存在的冲突是，一种观点认为科学跟一个独立于人类经验而存在的世界中的物体有关，另一种观点则认为科学是人类心智的产物。（正如你之前指出的，真相几乎肯定是这两者的结合。）同样，在数学史上也有一场旷日持久的争论，一方认为数学是世界结构所固有的（我们通过观察和经验从中得出数学），另一方认为数学是人类心智的创造（然后我们试图将其强加于实在，就像风景上的网格一样）。

普特南：由于感觉器官的问题，后一种说法很有吸引力，但似乎也行不通，因为我们似乎不能随意地强加任何我们想要的数学或逻辑。几乎所有人都会承认，至少我们必须保持一致；而什么是一致的，什么是不一致的，并不是我们可以随意编造或决定的。当我们试图提供惯例论的说明，即主观论的说明时，我们就会遇到数学的客观性问题，而当我们试图强调数学的客观性时，我们又会遇到另一系列的问题。我认为，通过深入研究这一领域，我们可以就人的知识和科学知识学到远多于我们目前所知的东西。

麦基：这就引出了我的最后一个问题：你认为在不久的将来，数学哲学和科学哲学中最有可能成为增长领域的是什么？

普特南：我想我的预测将仅限于不久的将来，因为我们知道长期预测总是错误的……在不久的将来，我预计数学哲学和逻辑哲学会成为"增长领域"。我预计物理学哲学在科学哲学中的中心地位会有所下降。不过，物理学哲学的一部分触及逻辑哲学。关于量子力学，有人提出了一个非常重要的建议，那就是我们也许得改变逻辑，改变我们对真正的逻辑定律的看法，以便理解世界是如何以量子力学的方式存在的。这方面的量子力学哲

学将是一个重要的讨论领域。不过，总的来说，我预计这个领域
的主要问题将是那些我们几乎不认为是科学哲学问题的问题，而
那些问题可以被恰当地或更恰当地描述为心智哲学或语言哲学
问题，比如心智的计算机模型（computer models of the mind）
的意义和可能性问题，语言的计算机模型（computer models of
language）的意义问题，以及关于真理的理论、真理的本质、证
实的本质的问题，还有即使没有严格的科学方法，科学如何能做
到客观的问题。

麦基：有件事我很担忧。距 25 岁的爱因斯坦发表狭义相对
论至今已有 70 多年，但大多数受过高等教育的人对它几乎仍然
知之甚少。这对他们的世界观几乎没有任何影响。对于 20 世纪
取得的大多数令人难以置信的科学进步，我们也可以这么说。现
在的科学发展如此之快，以至非专业人士根本无法了解科学为我
们的宇宙开辟的新天地，这难道不是一种危险吗？

普特南：这是一种危险，但也是一种可以解决的危险。比如，
现在有本泰勒和惠勒编写的狭义相对论教材，书名是《时空物理
学》（*Spacetime Physics*），[*] 它是为大学一年级物理课程的第一个

---

[*]　埃德温·F. 泰勒（Edwin F. Taylor）和约翰·A. 惠勒（John A. Wheeler）共同编写
了这本于 1965 年出版的关于狭义相对论的入门教材。两位作者自始至终贯彻了狭
义相对论服从洛伦兹几何这个重要特点。这本教材编写得非常用心，比如，书中
的习题着重阐述狭义相对论的物理内涵而不是数学推导；习题涉及大量物理实验
的细节，这给了解相关物理学史提供了一个视角；正文内容中每引进一个新的概
念都会给出评论并与过去的观念做对照，且以对话的形式给出初学者经常会弄错
的概念辨析。——译者注

月而设计的；作者在开头就说，他们期待着在中学里教授这门课的时刻到来。

麦基：你认为这个时刻会很快到来吗？

普特南：我敢肯定会很快到来。

13

哲学与政治

对话罗纳德·德沃金

罗纳德·德沃金
（Ronald Dworkin，1931—2013）

引　言

　　麦基："二战"期间，西方同盟国有种强烈的共同感觉，即他们为之奋斗的是个人自由，而这实际上意味着捍卫自由民主制度。这种感受浸透了"二战"期间写就的唯一一部重要的政治哲学著作，即卡尔·波普尔于 1945 年出版的《开放社会及其敌人》（*The Open Society and Its Enemies*）。在战后的几十年里，西方民主国家达成了某种自由主义的共识——以至人们开始谈论"意识形态的终结"，就好像政治上根本的东西也没剩什么可争论的了。在英国，学术界广泛引用的一句口号是："政治哲学已死。"

　　也许针对这种情况的反抗迟早会出现。当这种反抗在 20 世纪 60 年代中期开始显现时，它来自右派和左派两个方向。保守派开始感到，在某些方面，个人的自由已经太多，比如，在性放纵、色情制品、服用毒品方面，以及在他们所认为的遏制犯罪尤其是遏制暴力犯罪的失败方面。他们还感到，整整一代年轻人被允许在这种社会氛围中成长，而不受传统纪律和惩罚的约束，现在开始显现出来的结果是灾难性的。与此同时，自由民主政权也受到极左派攻击——他们中的许多人本身就属于所谓的放任的一代（permissive generation）——但原因则完全不同：这些政权被指责为几乎没有认真尝试重新分配财富或消除贫困；它们所领导的社会被说成是阶级森严、种族主义和性别歧视的社会；最糟糕的是，它们被认为要为延长残忍的越南战争负责。

于是，关于政治基本原则的争论又开始了，而且争论得非常认真，现在争论的焦点是长期以来被视为理所当然的自由民主制度的有效性。也许是因为这些争论在美国最为激烈，所以新一轮政治思潮的主要人物也是在美国崭露头角的。由于我刚才概述的所有原因，他们的工作采取的形式往往是为自由民主提供一种新的捍卫——或者更确切地说，是为自由民主提供种种新的捍卫，因为即使是他们的核心论证有时也彼此不同。在学术界，迄今为止最有影响力的著作是哈佛大学教授约翰·罗尔斯于1972年出版的《正义论》。知名度仅次于它的，是另一位哈佛大学教授罗伯特·诺齐克于1974年出版的《无政府、国家和乌托邦》。如果要在这份名单上加上第三个名字，那就是参与本次讨论的主角罗纳德·德沃金（Ronald Dworkin），他也是美国人，曾任耶鲁大学教授，现定居英国，担任牛津大学法理学教授。德沃金的《认真对待权利》（*Taking Rights Seriously*）一书于1977年出版，获得了从标准最严的学术认可到《时代》（*Time*）杂志专题文章的广泛赞誉——我认为后者表明该书不仅影响了学界的思考，也影响了大众的思考。

讨　论

麦基：在我开始就你和你同行的工作向你提问之前，对我刚才所说的关于这些工作产生的历史和社会背景，你有什么想当作引言来补充的吗？

德沃金：你谈到的美国的很多社会问题都是种族问题的一部分，这很有意思，不是吗？其中许多社会问题首先跟民权运动（Civil Rights Movement）有关，然后与纽约等城市全面的福利计划所造成的特殊问题有关。这些计划主要帮助的是黑人和波多黎各人，而且越来越多地损害到了以前自认为是工人阶级的人的利益，比如出租车司机，他们开始质疑自由主义的前提，因为这些前提不再对他们有利，而是对处境更差的人有利。自由主义突然在这些人群中引起了争议，这是前所未有的。这些发展还有另一个维度。当新左派首先攻击越南政策，然后又总体性地攻击自由主义时，他们认为自己攻击的不只是一种特定的政治理论，而是理性的、合乎逻辑的政治理论的整个观念。所以当约翰·罗尔斯撰写他的《正义论》一书时，他是在捍卫传统的自由主义价值观，但同时，他也是在捍卫用哲学来支持政治立场的整个观念。

麦基：具体到学术方面，这股政治思想新浪潮的背景是什么呢？

德沃金：其中最重要的是经济学。长期以来，经济学家一直关注集体选择（collective choice）的观念，也就是，我们可以说，由于某种对一些人有利而对另一些人不利的变更，社会整体上变得更好了。但在战后的一段时间里，人们非常在意以一种形式化的方式来做这件事，即试图用公式、数字和图表来说明一个社会的整体状况实际上何时变得更好。肯尼斯·阿罗[*]的研究非常重要；在英国，卡尔多[†]、希克斯[‡]等人的研究也非常重要。在罗尔斯的书中，形式性的福利经济学（formal welfare economics）的影响是显而易见的。特别是在美国，法学学术的发展也很重要。在英国，人们通常不认为法学院是进行政治原则辩论的地方，但在美国却是。原因之一当然是最高法院在裁决重大宪法原则问题方面发挥着举足轻重的作用；而且在战后至 20 世纪 60 年代这段时间里，最高法院确实对重大的原则问题做出了裁决。在很大程度上，这些是关于如何对待被告罪犯的问题，但由于这些问题是由法院裁决的，它们就成了法学院在原则层面争论的问题。在我看来，诺齐克的书展示了思考社会问题的法律风格的印记。因此，这两方面的发展——一方面是经济学，另一方面是法学——是政治哲学发展的学术背景。

---

[*]　肯尼斯·阿罗（Kenneth Arrow，1921—2017），美国经济学家，因在一般均衡理论方面的突出贡献与约翰·希克斯（John Hicks）于 1972 年共同荣获诺贝尔经济学奖。阿罗在微观经济学、社会选择等方面卓有成就，被认为是战后新古典经济学的开创者之一。除了在一般均衡领域的成就之外，阿罗还在风险决策、组织经济学、信息经济学、福利经济学和政治民主理论方面进行了创造性的工作。——译者注

[†]　尼古拉斯·卡尔多（Nicholas Kaldor，1908—1986），英国当代经济学家，新剑桥学派的主要代表人物之一，以提出与经济增长论相融合的收入分配论和建议以消费税代替个人所得税著称。——译者注

[‡]　约翰·希克斯（John Hicks，1904—1989），1972 年诺贝尔经济学奖获得者，也是英国首位获得诺贝尔经济学奖的经济学家。他开创了宏观经济学微观化研究的先河，是微观经济学中一般均衡理论的创建者，提出了完整的均衡模型，也在货币理论和商业周期理论领域有巨大建树。——译者注

麦基：我想我们已经讲得很清楚，为什么这一切主要发生在美国。即便如此，我还是对大西洋这边所做的工作如此之少感到惊讶。以英国为例。在一代人到半代人之前的这段时间里，我们有像卡尔·波普尔和 H. L. A. 哈特这样杰出而其间差异又如此之大的人，他们在政治思想方面做出了原创性的工作，然而，尽管这一切对我们来说都已成过往，但近年来我们在英国所做的却极少。你认为这是为什么呢？

德沃金：当然，在英国也有一些非常重要的工作。以赛亚·伯林、斯图尔特·汉普希尔、约翰·普拉梅纳茨 *、迈克尔·奥克肖特 †，以及你提到的 H. L. A. 哈特，都是重要的政治哲学家。但我同意你的看法，近期英国并没有出现任何引人注目的、新颖的、有章法的理论，其原因无疑非常复杂。在我看来，原因之一是，英美两国实际政治辩论特点方面的一种深层次的不同。毕竟，美国至少在政治辞令方面仍以一种 18 世纪的传统为主导，该传统强调个人权利、个人与社会对立的理念。在英国，政治辩论在我看来

---

* 约翰·普拉梅纳茨（John Plamenatz, 1912—1975），黑山政治哲学家，学术生涯的大部分时间都在牛津大学教授政治理论，因其在政治义务和民主理论方面的思考而为人所知。1967 年，普拉梅纳茨接替伯林担任牛津大学万灵学院奇切利社会和政治理论教授（Chichele Professor of Social and Political Theory）。——译者注

† 迈克尔·奥克肖特（Michael Oakeshott, 1901—1990），英国哲学家、政治思想家，20 世纪最重要的保守主义知识分子。其思想熔英国观念论与休谟的怀疑论于一炉，对伯克等人建立的英国传统保守主义思想从哲学上做了系统阐述。他对于知识论、政治哲学、历史哲学、宗教哲学和教育哲学都有着深湛的研究和阐发，在英美学术界享有极高声誉，被誉为"20 世纪最有原创性的学院政治哲学家""是密尔或伯克以来盎格鲁—撒克逊传统最伟大的政治哲学家"。——译者注

更多的是关于公众福祉（the general welfare）的特点——什么样的策略能让每个人过得更好——或者是与此不无关系的一些事情，即群体或阶级之间孰上孰下的斗争。我认为，个人权利问题更适合于有组织、有章法的表述，就像论文一样。个人主义的新思想引发了美国近期的政治哲学浪潮。关于集体福利，还没有类似的具有哲学特性的新思想。我应该补充一点，英格兰传统中最伟大的政治理论——洛克和霍布斯，等等——都是关于个人主义的理论，而且我的确认为，在英国，人们对个人主义产生了新的兴趣。比如，英国是否应该制定《权利法案》（Bill of Rights）的问题为政治辩论提供了问题，如果我的假设是对的，那么这场辩论晚些时候会产生哲学式的政治理论。

麦基：我猜想，与美国相比，英国近来在政治哲学的产出方面略显单薄的另一个原因是，在过去的二三十年里，英国哲学总体上有了一种更为普遍的正统观念，而这种正统观念恰好是语言分析，这导致人们对哲学任务的看法变得狭隘。很长一段时间以来，英国哲学家倾向于认为，在政治方面所要做的就是对政治思考中所特有的概念进行哲学层面上的澄清。这是一项熟练工的任务：人们就平等之类的概念写一些有意思的文章，不过是有点经院性质的文章，就这种性质而言，它们不太可能产生任何宏大或引人注目的理论。

德沃金：我相信你的说法是对的。但在英国的其他哲学领域，对哲学角色的这种非常有限的认识已经被抛弃了。比如，你所说的情况在形而上学和知识论中也曾出现过，但现在已经不复存在。

麦基：现在，部分由于受到美国的影响，我们也开始在政治学上抛弃这种认识。不过，引人注目的是，英国大学关注的焦点却是美国的政治理论，正如我前面所说，近期最有意思、最有影响力的人物是罗尔斯。

德沃金：绝对是这么回事。这一点毋庸置疑。比如，读一篇法律论文，常常会发现他被提到两三次。无论是在英国还是在美国，任何关于社会政策的学术或学术讨论几乎一定会提到罗尔斯——有时这样的写法会让我觉得作者根本没读懂，甚至可能都没读过他的书。但这是怎样的影响力啊！

麦基：在我们讨论罗尔斯思想的实质内容之前，有无可能解释一下他为什么会有这种影响力呢？

德沃金：我认为有两个原因。首先，我已经提到过，那就是他不仅代表了一种特定的理论，也代表了论证在政治中的力量的豪迈展示。人们再次被这样一种想法吸引——把某些原则合理地视为第一原则，而由此出发的持续论证，实际上可以告诉我们如何处理侵权法方面的问题，如何处理向学童分发牛奶的问题，等等。其次，除了论证之外，他得出的结论对善良的人有着巨大的直觉吸引力。这些结论都非常吸引人。

麦基：我知道这是一个很高的要求，但你能否总结一下罗尔斯的中心论点，以说明它为何如此有影响力？

德沃金：我试试。不妨区分一下《正义论》这本书的两个面相——罗尔斯所建议和采用的方法，以及他得出的结论。我认为区分这两者是有用的，因为有些人只被其中一个打动，而对另一个不以为然。他的方法很惹眼。罗尔斯告诉我们，当我们关注正义的基本问题时，当我们希望发现能够提供正义社会基本结构的规则时，我们应当采取以下做法：我们应当给自己讲一个童话故事。我们应当想象一个由男男女女组成的议会，他们还不属于任何特定的社会，他们以制宪会议的方式聚集在一起，为一个有待形成的社会选择基本规则。他们和一般人没什么两样。他们有特定的身份、特定的弱点、特定的长处和特定的兴趣。但他们却患有最严重的失忆症。他们不知道自己是谁。他们不知道自己是老是少，是男是女，是黑皮肤还是白皮肤，是天才还是蠢才。尤其是——这一点非常重要——对于生命中什么是有价值的，他们不知道自己持有什么样的看法。每个人实际上都有一些自己的想法，希望自己的生活是什么样的，在性道德方面有什么偏好，诸如此类，但没有人知道他在这些问题上实际持什么看法。所以，用罗尔斯的话来说，他们与自己的个性之间好像隔着一层无知之幕。眼下，这些失忆症患者必须就政治体制达成一致。罗尔斯说，如果我们扪心自问，在这种奇怪的情况下，每个人都只为理性地追求自身利益而行动，那么人们在体制上会就什么达成一致呢？出于刚才提到的原因，问题的答案将是正义诸原则。当然，认定这样的会议真的发生过，哪怕是认定它有可能发生，都是很牵强的。这个故事以一种戏剧化的方式让人们想象自己是在为自身利益做出选择，但并不知晓那些能把一个人的利益与另一个人的利益区分开的事情，这当然只是一个限令政治决策采取某种平等观念的办法。不过，就眼下而言，我认为最好不要抛下这个神话，因为这个神话本身有巨大的力量。问题是，在这种情况下，人们会同意什么？

这就引出了该书的第二个面相。这种方法能得出什么结论？能得出两个结论，罗尔斯称之为"正义两原则"（the two principles of justice）。我应该说，它们适用的社会已经具有一定经济发展水平，比如，每个人都有足够的食物。罗尔斯说，一旦达到了这一点，处于原初状态（original position）——这是他给这种奇特的情形所取的名字——的人们会同意以下两个原则。第一，罗尔斯枚举道，人人享有基本自由权，而且享有的自由的量在人人平等享有这些权利而互不冲突的前提下达到最大。这些基本自由权包括传统的政治自由权——投票自由、政治言论自由、良心自由；它们还包括持有个人财产的自由、人身受到保护的自由、不在没有正当理由的情况下突然被捕的自由，等等。人们可能认为常规的自由主义自由权就是以这种方式得到保护的。第二，除非贫富差距有利于社会中最贫困的群体，否则贫富差距是不容许的。这第二个原则是一个非常有戏剧性的原则。假设经济结构的某种改变会使富人富裕很多，使中产阶级贫穷很多，也使社会整体上更穷。如果改变的结果会让最贫穷的群体受益，那么无论这个群体多么小，都必须做出改变。

所以，我们有两个原则：第一个原则是必须保护某些自由权，第二个原则是更加平等主义的原则，即"关注最贫困群体的状况。社会结构的每一次变化都应该使该群体受益"。这两个原则通过罗尔斯所说的"优先性原则"（the principle of priority）联系在一起。第一个原则与第二个原则相比更占上风。比如，即使限制政治自由权——剥夺自由言论的权利——对社会中最贫困的群体有利，也绝不能这样做。只有在自由权得到充分保护的情况下，你才有资格考虑由第二个原则所提出的经济问题。当你确实走到经济考虑这一步时，你必须让最贫穷的阶层受益，但只要每个人的自由权还没得到充分保护，你就不能去做这件事。

麦基：必须首先考虑最贫困者的福祉这一原则在双重意义上是奇怪的。首先，它违背历史。从来没有一个社会是按照这个原则运行的，即使是最民主的自由民主国家也不例外。其次，它违背直觉——这不是我们"自然"思考的方式。我们也不清楚为什么要把它视为正义的原则。

德沃金：我们必须区分两个不同的问题。一个问题是，"罗尔斯证明了这一点吗？"他能证明处于他的原初状态中的人实际上会选择第二个原则吗？另一个问题是，撇开他是否证明了这一点不谈，它对我们有什么吸引力？至于第二个问题，我必须说，它对我有很强的吸引力，对许多人也是一样。可以把它推到极端。显而易见，你可以想象在某些情况下，对大多数人来说，遵循它似乎是疯狂的。这一原则可能要求状况较好的人做出一切必要的牺牲，以便让印度每个饥肠辘辘的穷人多吃一碗米饭，可这实际上对那些穷人的生活不会有太大的改善。但是，在我看来，同情心——即对人类同胞的一种尊重感——会迫使你去关注那些最需要帮助的人，这个一般想法是很有吸引力的。

对我来说，更困难的问题是，这个有吸引力的原则实际上是否来自罗尔斯的方法，也就是说，他能否证明处于原初状态中的人会选择这一原则。毕竟，他的论证是，他们会出于自身利益选择这一原则。他的论证是，像这些人这样的残疾人——他们对自己一无所知——会对自己说："看，如果我选择了适合于文艺复兴时期佛罗伦萨的规则，那我可能就是个王子。另一方面，我可能是一个卑贱的农奴。如果我选择罗尔斯的第二个原则，我至少为我可能会处在的最糟糕境地设置了一个底线。我若处在最糟糕的位置，我也会是一切最糟糕位置上的人中过得尽可能好的。"现在罗尔斯说，在原初状态中，人们会稳妥行事，选择他的第二个原则。批评他的人说他无权这么假定。有些人天生就是赌徒，他们会选择佛罗伦萨。而另一些人则天性极端保守、畏首畏尾，他们会选择罗尔斯的第二个原则。如果我们对他们的性情不做任何假设，我们就无法证明他们会选择哪个（原则）。

麦基：我不太理解"原初状态"这整个概念。当然，正如你已经说得很清楚的那样，罗尔斯是把它作为一种神话提出来的，但尽管如此，在我看来，它还是一个有些单薄甚至轻浮的神话。

这让我想到某种棋盘游戏：人们在桌前落座，打算玩大富翁*之类的游戏，并采用这种规则，因为在开始玩游戏之前，他们不知道自己最终是会成为在梅菲尔和帕克街†拥有酒店和一大笔钱的人，还是会成为一无所有的人。而游戏规则的本质就在于，它必须对所有玩家或特定位置上的任何玩家都一视同仁。但在我看来，所有这些都跟历史现实关系不大——现实社会正是从历史现实中产生的，因此历史现实塑造了现实社会——同时也跟现实的个人所处的社会现实关系不大，因此与政治哲学需要与之相关的真实要素关系不大。

德沃金：我们在这里不关心历史问题。我们并不关心原则实际上是如何被选择的。我们关心的是哪些原则是正义的。罗尔斯告诉我们，他的原初状态背后的根本理念是正义之为公平 (justice as fairness)，是公平办事 (fair play)。现在，你说，当人们要玩游戏时，他们会在不知道游戏结果的情况下选择看起来公平的规则。如果玩家因为知道某条规则会有利于他们期望占据的位置而为其辩护，这似乎是错的。罗尔斯认为，这个直觉——虽然你

---

* 大富翁 (Monopoly)，又名地产大亨，一款多人策略图版游戏。参与者分得游戏金钱，凭运气（掷骰子）及交易策略，买地、建楼以赚取租金。英文原名"monopoly"意为"垄断"，因为最后只有一个胜利者，其余均破产收场。——译者注

† 帕克街 (Park Lane) 是伦敦中部威斯敏斯特市的一条主干道，路东则为梅菲尔区 (Mayfair)。梅菲尔是整个伦敦最为奢华的地段，高档酒店、餐厅和名不见经传的百年老店比邻而居。梅菲尔的名字来源于古老的"五月节"(the May Fair)，在中世纪时一度是伦敦的显贵们庆祝五月初夏来临的地方，现在则成了有钱人享受优质服务、购买各种礼物的重要目的地。——译者注

是在轻浮的语境中诉诸它的——实际上是一个非常深刻的直觉，而且对整个社会都适用。正义的问题就是如下问题："如果人们不知道自己是否富有、是否有技能、是否有聪明的父母，他们会同意哪种规则？"在我看来，这正是该原初状态的直观吸引力的一部分。现在，我想补充一点，那就是我和你一样，也有些不满。我认为，这一神话、这一策略的提出缺乏足够的背景，人们会想问这样一个问题："作为一种严肃理论，我们必须就公民权利、就政治正义的基本要素假定哪些内容，才能说明该装置以及正义之为公平的理念何以有吸引力呢？"这就是罗尔斯要我们思考的问题。

麦基：在为罗尔斯辩护，反驳了我的隐含批评之后，你现在能继续谈谈你自己认为他的理论有哪些主要缺点吗？

德沃金：原初状态的理念——虽然强有力且醒目——在书里过于自行其是了。我认为，罗尔斯花了太多的时间试图证明，处于原初状态中的人不可避免地会选择他的两个原则，而不是想到的其他选择，在这一论证中，他借助了相当复杂的经济论证，但这些经济论证并不完全成立。这就夸大了这一论证的重要性：它暗示原初状态是一个公理性的或者说自明的起点，一切都取决于实质性结论是否从这一自明的起点以不可阻挡的逻辑得出。因此，有些读者认为，如果他们能在证明这一点的论证中发现任何漏洞（比如，处于原初状态中的人可能天生就是赌徒这一主张所带来的困难），那么罗尔斯的整个事业就失败了。当罗尔斯说，原初状态的一些特征正是为得出他所支持的两个原则而确定的，这时读者对此也会感到困惑。这听起来像是预先做了手脚。

事实上，根据我对这本书的理解，原初状态并不是正义理论的一个公理性的、不证自明的起点，而是某种居间的停靠站。它是为具有独立吸引力的正义原则提供大量支持——假定这些正义原则不是逻辑上必然的——的一个装置，它本身似乎也捕捉到了重要的公平要求。但这些事实只是表明，我们需要某种更深层的理论来解释，为什么看似支持这些结论的原初状态是正义理论的一个有吸引力的模型。当把更深层的理论陈述得更清晰，作为装置的原初状态的重要性就会降低，因为论证的重要联系将从更深层的理论直接连到它们所支持的正义原则。最终，这些原则可能会多多少少不同于罗尔斯所认为的处于原初状态中的人们在看来存在的种种选项之中所选择的原则。

因此，我的第一点抱怨主要是对阐述方式的抱怨。考虑到罗尔斯总体上的哲学抱负，他有时似乎超出必要地让过多的东西取决于从原初状态出发的论证，尤其是这个论证的经济学方面。我的第二点抱怨更具实质性。罗尔斯为第一个原则——要求自由权优先的原则——给出的论证非常薄弱。他认为，一旦最低生活条件得到满足，每个理性的人都宁愿拥有更多他所列举的自由权，而不是进一步提升物质财富。但从经验来看，这似乎是个没有道理的假定。事实上，我不认为自由权优先的原则可以由原初状态这个装置产生。罗尔斯必须表明的，不是处于原初状态的人会选择自由权优先，而是这种优先性对于构成原初状态的地位平等是必要的。要做到这一点，他只能假定偏好这些自由权是原初状态设计的一部分。当然，这样做会使这一装置的吸引力大打折扣，因为更多的结论将包含在原初状态本身之中。但是，正如我刚才所说，我反正也不认为这种装置像最初看起来的那么重要。

不过，我刚才提出的抱怨倒说明了这本书最大的优点。这本书的重要性并不在于它所提出的特定论证。它向读者展示了一项事业，并邀请读者加入其中。它对读者说："如果这些结论对你有吸引力，如果我们必须通过思考公平来思考正义的想法似乎是正确的，那么为什么是这样呢？"事实上，这本书开启了沿着这些思路进行思考的事业，就这些思路而言，罗尔斯将是其中第一个说他自己的书不是最后定论的人。每个读过这本书的人都会对这项事业有不同的理解。就我个人而言，我对这项事业有着特殊的看法，这使得这本书对我来说非常重要。对于什么是公正的社会安排这一问题，一般有两种可能的进路。一种进路认为，"什么是正义？"的答案取决于对一个更进一步问题的回答，即："人应该过怎样的生活？怎样的人才算卓越？"它说："根据某种关于什么是卓越的理论，以卓越之人所希望的方式来待人。"自由派拒斥这种达致正义的进路。他说，正义独立于任何关于良好生活的特定观念，这样，那些对人类卓越持有大不相同的理论的人可以就正义的要求达成一致。[当然，我说的自由主义不是指英国的自由党（Liberal Party），我指的是被称为自由主义的政治理论。]罗尔斯在书里力图说明，基于这第二种自由主义进路，在多大程度上可以产生一种有吸引力的、利他主义的和人道的政治理论。

麦基：保守派和激进左派都倾向于将个人主要视作一种社会动物，并认为政治理论不仅通常而且始终应该（或许不能不）在其自身之中体现个人应该如何生活的观念。但自由派相信，个人如何生活应尽可能由个人自己决定。因此，自由派不希望一种政治理论为个人提供一种特定的生活，无论这种生活多么有吸引力（更不用说是"理想"了）。他们反对任何试图将这种理想强加于人的社会形式。

德沃金：这不是因为自由派持怀疑态度，也不是因为自由派说人类应该如何生活这个问题没有答案，而是因为他们出于种种原因坚持认为，答案必须由每个人自己给出，试图在社会层面为个人决定这个问题是极大的侮辱。

麦基：事实上，自由派对保守派或激进左派的一个批评是，他们认为答案对每个人来说都是一样的。

德沃金：是的。这并不是因为他们假定不同的答案都是正确的——他们不必是一个相对主义者——而是因为他们坚持认为，无论人们给出的答案是对是错，替他们回答都会剥夺他们的人格和尊严。

麦基：所以，真正的自由派绝不会相信别人的答案一定正确，而是会热切地相信他们有权利以自己不赞同的方式生活。

德沃金：是的。当然，依自由派对不正义的理解，人们还是不能过不正义的生活。人们的行为不得剥夺他人同样的独立性。据我对这本书的理解，罗尔斯认为，自由派这一耳熟能详的告诫是一个强有力的限制，因为它首先就要求正义的第二个原则。

麦基：《正义论》这本书有个异乎寻常之处，那就是它即刻催生出了一批文献。《正义论》出版于 1972 年，*仅仅过了 6 年，关于它的其他几本书就已经付梓并摆上了图书馆的书架。这真是了不起。我不记得上一次如此迅速地从一本书中涌现出一整批文献是什么时候了。你已经对罗尔斯提出了自己的批评，是否还有其他一些你自己未必赞同的批评，但却在一般讨论中占有重要位置？

德沃金：正如你所指出的，关于罗尔斯的大部分研究都是批判性的。我在前面描述了反对他的方法的最流行的一种论证。该论证抱怨说，罗尔斯假定人们都是保守的，然而有些人却是赌徒。另一部分文献——这些来得更有意思些——对罗尔斯的结论持批评态度，这些批评从右派和左派发出的都有。来自右派的批评者说，关心最贫困的群体是荒谬的。他们为价值观——比如文化价值观——据理力争；他们说，即使造成某种程度的分配不公，价值观也必须受到尊重。来自左派的批评则更为复杂。第一个批评

---

* 关于这里的时间，猜测有两种可能性。一种可能性是，《正义论》第一版第一印是 1971 年，或许麦基读到的是第二印，故这里说是 1972 年；另一种可能性是，麦基口误。——译者注

聚焦于罗尔斯自由权优先的思想，该思想似乎认为，当自由与平等发生冲突时，自由更为可取。激进派谴责这是布尔乔亚式中产阶级的观点（bourgeois middle-class view）。左派的第二个批评聚焦于罗尔斯的第二个原则，即不允许任何不平等，除非最贫困群体能从中受益。一些激进派认为，即使不平等确实能让最贫困的群体受益，也是不好的，因此，即使存在一些不平等能让每个人的物质生活变得更好，我们仍应该选择一个完全平等的社会。

麦基：我觉得这是一种受虐狂的观点，但我想人们必须承认，有一些较真的人持有这样的观点。

德沃金：确实如此。看到他人在社会结构中处于更有利的地位，自尊心会受到损害，这种损害会对人格产生如此恶性的影响，以至处于底层的人即使在物质上有所改善，总体上也不可能真正过得更好。我想说的是，在所有针对罗尔斯的批评中，争论最激烈的就是这种看似"损人不利己"（cut-off-your-nose-to-spite-your-face）的观点。

麦基：要我说，我觉得你在短到不可思议的时间里对罗尔斯做了出色的阐述。现在我想谈谈我在引言中提到的第二本重要著作：罗伯特·诺齐克的《无政府、国家和乌托邦》。我能请你为诺齐克做一些你刚才为罗尔斯做的事情吗，或许可以更简短地阐述一下？

德沃金：我试试看。诺齐克在书的开头提出了一个简单得出奇的命题。他说，个人是有权利的，这些权利只包括其人身不受伤害、自由不受限制以及财产未经其同意不得剥夺的权利。诺齐克相信，这些人身权和财产权是绝对的，而且，由于政府通常会限制自由并（通过税收或其他方式）收取财产，因此诺齐克的主张提出了这样一个问题，是否存在不会系统地侵犯公民权利的政府？所以诺齐克在他书的第一部分——在很多方面也是最令人印象深刻的部分——专门论述了在个人拥有他所说的权利的情况下，如何表明某种国家能得到辩护。他认为最棘手的问题是这个。国家拥有垄断使用强力的权力，它甚至禁止公民自己使用强力从国家那里拿回他们被盗的财产。

麦基：想必任何国家都必须防止公民不遵从法律而自作主张。

德沃金：是的。但根据诺齐克的基本假定，我有权利拿回自己的财产，并做其他必要的事情来保护我的基本财产权和人身自由权。但他承认，如果每个人都在他认为自己的权利受到侵犯时使用强力，混乱就会随之而来。因此，他提出了这样一个问题：国家通过要求和行使对强力的垄断来避免这种混乱，这是否可以得到辩护？他认为，在某些情况下，国家这样做是可以得到辩护的。他的论证非常复杂，令人印象深刻，尽管我对其是否完全成功有些怀疑。但无论如何，论证的结果是，诺齐克所说的"守夜人国家"（a night-watchman State）是可以正当存在的。所谓"守夜人国家"，是说这个国家的存在只是为了保护财产和人身，只是为了代表一些人惩罚另一些人。那么问题来了："国家还能做更多吗？"毕竟，现代国家所做的远不止这些。它们向你我征税，用我们的钱去帮助其他人或做符合共同利益的事情。诺齐克对这一问题给出了非常坚定的回答。不能。除了充当"守夜人"，国家不得做任何事情。比如，除了支持警察和类似服务外，国家不得为任何目的征税。毫无疑问，很多人读到这部分讨论时都会对该观点略有同感。至少是出于他的这部分观点，诺齐克在某些政治圈子里颇受欢迎。

现在，他是如何论证将国家的角色限定在这种最低限度的或守夜人的角色上的呢？他的论证通常巧妙和复杂，但其主旨可以总结如下。诺齐克提出了一种正义分配资产的理论，他称之为历史理论。诺齐克所说的物品——"持有物"（holdings）——的特定分配是否正义，完全取决于每个人是如何拥有他的持有物的。在现代社会中，每个人所拥有的大部分持有物以前都是由他人持有的。如果一个人的持有物是在征得他人同意的情况下从他人那里获得的——无论是通过赠予还是交换——那么这些持有物就是正义的。如果这些财产是通过某种形式的盗窃从他人那里获得的（或者他人过去是通过盗窃获得这些财产的），那么这些财产就不是正义的。这就是诺齐克的整个论证。根据这一理论，正义是个历史问题（a matter of history），而不是诺齐克所说的模式的问题（a matter of a pattern）。也就是说，问题不在于人们现在所拥有的持有物是否符合某种独立于历史的图式（scheme），该图式刻画一个人的持有物应该如何与其他人的持有物相关联，或者应该如何与优绩（merit）相关联，或者任何诸如此类的东西。那么，一个比诺齐克的最低限度国家更活跃的国家，必定遵循某种模式化的正义理论。它向一些人征税以向其他人提供服务，其依据是类似这样的理论，比如，正义要求不能让任何人在其他人拥有的远超过他们所需的情况下陷入极度贫困。它并不像诺齐克的国家那样，满足于将分配留给历史。

所以，诺齐克通过反对所有模式化的正义理论来论证自己的最低限度国家理论。他说，假设你可以收集所有人的财产，然后按照你喜欢的正义模式重新分配。比如，如果你是一个严格的平等主义者，你会把收集到的所有财产平均分成若干份，给每个公民各一份。但只要你一转头，（诺齐克认为）公民就会参与交易和讨价还价，这样你所施加的模式就会一直被打破。假设你的公民之一是威尔特·张伯伦（Wilt Chamberlain，美国著名篮球运动员）。数以百万计的其他公民愿意每人付给他25美分，诱使他打篮球给他们看。届时，他将变得比他们中的任何人都要富有得多。为了防止这种情况，你必须禁止人们进行他们所希望的交易。你将不得不建立一个不断干涉公民自由的暴政。所以，模式化理论——如果我们认真对待的话——变成了最系统化的暴政形式的借口。因此，诺齐克的历史理论及其所支持的最低限度的守夜人国家，是唯一可以接受的正义理论。

麦基：诺齐克的正义观似乎在某种程度上狭隘地局限于自由交换的权利。

德沃金：这回到了"同意"（consent）这个概念。你所失去的东西任何时候都必须经过你的同意。

麦基：你认为诺齐克理论的主要缺陷是什么？

德沃金：他的理论主要有两个缺陷。首先，他关于独立于任何国家的人享有何种权利的理论似乎完全是武断的。诚然，认为人们有权利在不经自己同意的情况下不失去自己拥有的东西，这一观点具有一定的直觉吸引力。但其他观点也有直觉上的吸引力，比如身处绝境的人有权利得到他人的关心。当然，如果有另一种基本的、前政治的权利得到承认，比如在紧急情况下得到他人关心的权利，那么诺齐克关于最低限度国家的论证就会被削弱。我同意权利不应受到侵犯。但有时权利主张（claims of right）会发生冲突，而我看不出诺齐克的财产权有什么理由排斥其他权利，看不出它为什么一定比其他权利更重要。其次，他的论证往往非黑即白，并且正因这一点而存在缺陷。威尔特·张伯伦的论证就是一个很好的例子。一个社会如果禁止所有带来不平等分配的自愿交换，那将是没有吸引力的，甚至可能是专制的。但这并不是说，对这种自由的大的干涉就是一种大大的不正义，而较小的、有选择性的干涉就是较小的不正义。

麦基：在英美社会，国家不断干预交换，但如果说这些社会是独裁统治，那就太离谱了。

德沃金：是的，没错。从干预程度上说很可能有一个门槛，只有越过这个门槛，才会有人的权利被侵犯。以下三种做法显然有很大区别：一是在年底对威尔特·张伯伦赚取的利润征税，二是禁止他为打篮球索要他想要的一切，三是禁止那些想按他的要求付费的人付费。然而，诺齐克不会同意你的观点，即美国和英国显然不是独裁国家。他认为，为再分配而征税就是一种奴役。

麦基：鉴于诺齐克的模型与现实相去甚远，阅读他的意义何在？

德沃金：我们一直在讨论这本书的一些核心主题。但这本书的内容非常丰富，有很多迂回和延伸开去的讨论令人收获颇丰。比如，在论证过程中，诺齐克为素食主义提供了我所见过的最有说服力的理由。我也非常喜欢诺齐克的文风，无论是他的措辞还是他的论证风格。除了这些附带的乐趣之外，诺齐克这本书的价值还在于它对那些认为权利非常重要的人（我就是其中之一）提出了巨大的挑战。诺齐克认为，任何认真对待权利的理论都必须谴责福利国家的做法。正如我所提示的，他的论证不是不可战胜的，但我们必须起身迎战他的论证。

麦基：最后，我想讨论一下你自己的工作。你的工作与罗尔斯和诺齐克的工作有何关联呢？

德沃金：从某种意义上说，我们都在同一个领域内工作。如果你接受我之前给出的对自由主义的刻画——自由主义是这样一种理论，它使正义的内容独立于任何关于人之德性或人之卓越的特定理论——那么我们都在试图界定和捍卫如此设想的自由主义的后果，尽管方式不同。你应该已经猜到了，我赞同罗尔斯远多于诺齐克。但是，至少从我认为重要的角度来看，我们彼此间的分歧可以通过关注一个耳熟能详的观点来展示，即自由与平等有时会发生冲突，因此必须做出选择或妥协。诺齐克采取了一边倒的极端立场。他说，自由就是一切，平等什么都不是，除非它是自由交换的意外产物，但这是极不可能的。另一方面，当罗尔斯展示他的正义两原则时，至少从表面上看，他似乎试图在这两个理念之间做出妥协。他选出了某些基本自由权——我们熟知的政治自由权——他说这些自由权确实是第一位的。基本自由权可能会与第二原则所代表的平等要求发生冲突，当发生冲突时，基本自由权具有优先性。当然，基本自由权只是大多数人所说的"自由"的一部分，因此，第二原则的平等主义要求与某种不在基本自由权之列的自由权（比如经济自由权）之间的任何冲突，都会以有利于平等的方式得到解决。

就我而言，我非常希望反驳这样一种假定，即在我们称之为权利的常规的基本自由权中，会有某种权利在某种根本层面上与平等相冲突。在我看来，我们若把个人权利设想为任何站得住脚的关于平等要求什么的理论（theory of what equality requires）的必要条件，就最能把个人权利讲通。我想这样改变正统辩论的措辞：关于任何个人自由权利的主张，我们不问"我们必须放弃多少平等才能充分尊重这项权利？"，而是问"这项权利对于保护平等是否必要？"。我想为自由主义辩护，反对如下指控，即自由主义以牺牲社会底层人民的福祉为代价来保护个人。诺齐克对这一指控表示认罪，但却声称这罪是一种美德。罗尔斯既主张某些基本自由权形式的自由，又主张为最贫困群体谋取福利；但他的理论似乎在概念上把两者分开了，只是在一个可疑的说法中把它们联系起来：他说，处于原初状态中的人会按这个顺序希求这两者。我已尝试论证，经济平等和我们所熟知的个人权利都源于平等之为独立这一相同的基本观念，因此平等是自由主义的动力，对自由主义的每一次捍卫也都是对平等的捍卫。

麦基：所以，你否认很多人所断定的那种观点，即个人权利的概念会与平等的概念发生冲突；相反，你说它们是相辅相成的。但是，个人权利的观念难道不是与另一种政治理想相对立的吗？这种政治理想就是，政治决策的目标不应旨在为要求"权利"的特定个人的特殊利益服务，而应旨在为公众利益服务。

德沃金：是的，至少表面上是这样。事实上，我认为，关于权利是什么的唯一明确且有用的定义，就是将权利与公众福祉对立起来。在这种强有力且有用的意义上，某人拥有一项权利的条件就是，他有资格坚持做某件事或拥有某样东西，即使公众福祉会因此受到损害。所以，某人只有这样才算拥有真正的言论自由权——他有资格就政治问题发表自己的看法，即使出于某种原因，他这样做会使社会中人的平均境况变得更糟。就此而言，权利是个人凌驾于公众利益或平均利益的王牌。（这种关于权利是什么的概念可能并不完全符合"权利"一词的日常用法，因为这个词的日常用法是不精确的，它将许多不同的情况归在一个名头之下。但这个定义确实表明，尽管罗尔斯在他的书中没有频繁地使用"权利"一词，但他的基本自由权实际上就是我所使用的意义上的权利，因为基本自由权优先于最贫困群体状况的改善，当然更优先于平均福祉的改善。）这么来解释权利的一个优点是，它表明权利不能像诺齐克眼中的个人自由权和财产权那样被视为理所当然，或被简单地视为公理。毕竟，如果有人有资格坚持某样东西——即使别人在福祉方面遭受的损失比他得到的要多——那么他就提出了一个非常强的主张，而这种主张需要一个辩护。如果允许个人随时随地批评政府真的会威胁到经济稳定，许多人会因此而受苦，那么在这种情况下他是否还有资格批评政府，就不是直觉上明显的事。如果我们认为，即使在这种情况下他也有自由发言的权利（我是这样认为的），那么我们就必须说明这是为什么。

你可能会认为有各种策略可供选择。我们可能会试着找到某种不同于公众利益这一价值且比它更重要的价值，也许是个人自我发展的价值，或者类似的价值。然后我们可以说，既然自我发展比公众利益更重要，既然即使在公众利益受到损害的情况下言论自由对自我发展也是必不可少的，那么个人就必须有言论自由的权利。事实上，急于捍卫个人权利的人经常尝试这种一般策略，但我认为它不会成功。自我发展也许重要，但如果它重要，那它就是一种被纳入公众福祉计算的价值。如果在某些情况下禁止某人发言会促进公众福祉，那么这一定是因为对其他个人的福祉的损害加起来超过了被禁止发言的人在自我发展方面的损失。如果其他人因经济不稳定而失业，他们的自我发展可能会受到威胁。

我主张采取一种截然不同的策略来捍卫权利。我想表明，权利之所以必要，并不是因为某种与公众福祉相对立的基本价值，而是因为权利的概念和公众福祉的概念都根植于同一种更为基本的价值。毕竟，就像坚持认为权利是基本的和公理性的似乎是武断的一样，坚持认为公众福祉具有根本的或公理性的重要性，似乎同样是武断的。人们经常认为，公众福祉具有根本重要性，因为快乐（或幸福，或欲望或偏好的满足）本身就是一种善。假定一项特定的经济决策（比如收入政策）对某些人不利，但对更多人的长期利益有利，那么，依这一理论，从给予多数人的快乐中减去给少数人带来的痛苦后，总体上会比相反的决策产生更多的快乐（或幸福）。如果快乐本身就是一种善，那么总的来说，快乐宜多不宜少，这就是为什么公众福祉而非特定个人的利益具有决定性的重要意义。

不过，这种对公众福祉观念的辩护虽然耳熟能详，却显得非常无力。认为快乐（或幸福，或欲望的满足）本身就是一种善，这不荒唐吗？罗尔斯的一些最好的论证旨在表明，这一观点就是像它看起来那般荒唐。所以，如果我们当真认为公众福祉是政治事务中的一项重要考量，我们就得找到更好的解释。我认为我们可以从平等观念中找到更好的解释。如果一项决策会在一定程度上使许多人受益，且在同等程度上会使少数人受损，而社会的管理者却选择了相反的决策，那么他们就是在偏袒少数人。平等对待所有公民的唯一方法就是对每个人的命运予以同样的关心；由此可见，在其他条件相同的情况下，多数人受益必定比少数人受

益更为可取。边沁（他的功效主义哲学为公众福利的观念提供了
最引人注目的辩护）自己也提出了这一点。他说，追求公众福祉
的策略将每个人都视为一个人且仅视为一个人。

所以，公众福祉观念实际上植根于更基本的平等观念。但是
（正如我前面所说），这一基本观念也支持在某些情况下把个人权
利看得高于大众福祉。权利与公众利益之间看上去存在对立——
我所提出的定义依赖于这一点——但这个对立只是表面上的。比
起简单地将公众福祉视作所有情况下的终极理由，这两种观念的
组合——在正常情况下，允许把公众福祉作为政治决策的正当辩
护，但在特殊情况下，则规定个人权利高于这一辩护——更有利
于实现平等。

在我们现有的讨论中，我无法详尽地为这一主张辩护，但请
允许我就如何辩护给出一些想法。比如，以经济权利为例，也就
是在一个资源总量足以为每个人提供体面生活水准的社会中享有
体面生活水准的权利。总体经济政策应以提高平均福祉为旨归。
这就意味着，如果一项经济政策能够改善整个共同体的状况，那
就应该选择这项政策，而不是另一项会改善某些小群体状况的政
策。这也是一般性的平等主义态度所要求的，因为否则，较小群
体中每个成员的要求都会优先于较大的、更具包容性的共同体中
每个成员的要求。但是，如果有些人由于其特殊情况——因为他
们是残疾人，或者缺乏市场上所珍视的才能，或者出于其他类似
原因——最终的生活水准低于过上任何体面的、自我实现的生活
所需的最低生活水准，那么最初选择的一般性平等主义辩护对于
他们来说就已经失灵了，必须通过如下做法予以纠正：承认他们

仍然有权利享受某种最低水准，即使忽视他们的存在会使公众福祉高一些。就这种解释而言，为他们争取经济权利的主张便归结为以上这点。

　　构成罗尔斯基本自由权的耳熟能详的政治权利，也能够从平等主义角度加以辩护。比如，议会民主制就是一种平等主义的方式，用以决定一个共同体的刑法应该是什么。刑法旨在保护公众福祉，而平等则要求每个公民在为此目的确定公众福祉的形态时拥有相同的发言权。但是，假定一个公民或一个群体因其种族、政治信仰或个人道德而遭受其他人的鄙视。在这种情况下就会有种危险，即其他人有可能联合起来对付他，制定专门针对他的刑法，这并不是因为这样做真的能改善公众福祉，而是出于蔑视和偏见。因此，平等要求他有权利反对立法机构的运作——这种权利也许内嵌在宪法中，就像美国那样。即使立法机构认为禁止某人提倡某种特殊形式的政府或禁止某人批评现任政府的经济政策会改善公众福祉，这人也有权利让立法机构实际上不这样做。同样，这也是对在根本上贯彻平等主义的制度运作的一项平等主义限制。正如我所说，这一描述并非论证，而只是对我在你提到的那本书＊中提供的论证的概括性总结。

　　麦基：你刚才说，你、罗尔斯和诺齐克都在同一个领域内工作，我认为你的这句话是极其重要的。学者们通常倾向于认为，至少罗尔斯和诺齐克是势不两立的，而根据你的分析，他们和你所做

＊　这里说的是麦基在引言中提及的德沃金的成名作《认真对待权利》。——译者注

的都是在捍卫自由主义。要知道，你们三人不仅是在为自由主义
进行不同的辩护，而且是在为三种不同的自由主义概念辩护；尽
管如此，这毕竟还是你们在做的事情——这意味着你们的不同立
场之间有一些松散但非常重要的共同点。你们的共同点最脆弱的
地方在哪里？以及——显然由此而生并与之相关的是——在不久
的将来，你们这种政治思考中最重要、最有意思的工作可能来自
哪里？

德沃金：我确实说过"我们都在同一个领域内工作"，但我
想说明的是，我们每个人都有非常不同的理论。我想说的是，我
们每个人都提出了一种自由主义观——从正义必须独立于任何关
于人之卓越或良好生活的观念这一点可以推出什么，我们每个人
各有说法。如我所说，诺齐克的书是对自由派的巨大挑战，因为
他认为自由主义的结果是大多数自由派会痛恨的结果，尽管诺齐
克并不痛恨。所以，证明诺齐克是错的对于自由派来说很重要。
我的论证——自由主义要求平等，平等不仅是经济权利的根基，
也是政治权利的根基——试图说明，这些更具吸引力的结论才是
自由主义的真正结果。但正如我所说，我们一致接受自由主义的
态度，即坚持认为政府不得把良好生活的概念强加给公民，也不
得通过偏好一种人之卓越的愿景而非另一种愿景来为政治决策辩
护。现在，我们必须捍卫这一基本的自由主义态度，抵御来自左
右两边非自由派的两种攻击——一种是理论上的，一种是实践上
的。理论上的攻击认为，自由主义建立在对人性和人是什么的虚
无主义或其他毫无吸引力或贫乏的观点之上。在我们的讨论中，

你曾说过，这些对立的观点都认为人是社会性的。自由派当然并不否认这一点，但他们的论证是，自由主义信奉的是一种通常被称为休谟式的或边沁式的或原子式的人性观念。对于自由派来说，现在绝对有必要证明这不是真的，并表明真正的自由主义之父不是边沁——事实上，他是令自由派颇为难堪的一个人——而是康德，后者对人性的理解不能被说成是贫乏的。实践上的问题是，我们都希望政府能做一些事情。比如，我们希望政府选择教育方法、赞助文化事业以及做许多其他事情，这些事情表面上看起来像是支持一种个人价值观而反对另一种个人价值观从而与自由主义相抵牾。对于自由派来说，很重要的是发展这样一种理论：该理论可以在丰富人们的选择和强令人们接受某种选择之间做出区分。在我看来，其中最关键的是想象力。自由派关心的是在不将任何特定选择强加给想象力的情况下拓展想象力。不过我只是陈述了问题，并没有应对问题。在我看来，自由主义在这一点上是相当无力的，它需要教育理论和文化理论，而这种支撑是它所不具备的。我认为，这正是对"政治理论该何去何从"这一问题的部分回答。

你在本次讨论的引言中说，很长一段时间以来，人们认为政治哲学已死。好吧，政治哲学已经重生，眼下很有活力。但政治哲学还没有完全融入整个哲学体系。自然，任何值得讨论的哲学问题都不能从哲学的整体中分离出来，我刚才提到的两个问题当然也是如此——一个是自由主义预设了什么样的心智理论，另一个是区分丰富和限制想象力的问题。很显然，政治理论必须摆脱人们通常认为的政治体制问题或策略问题的边界，必须像过去所

有伟大的哲学家那样，直面政治哲学与不带限定词的哲学之间的
联系。

麦基：正如你所提示的，一个惊人的事实是，过去最伟大的
政治哲学家——柏拉图、亚里士多德、洛克、休谟、康德——都
不是政治哲学专家，而是一般哲学家，他们的政治哲学只是他们
整体哲学的一部分。

德沃金：是的，这是下一步的工作。

14

哲学与学

对话艾丽丝·多克

艾丽丝 · 默多克
（Iris Murdoch，1919—1999）

引 言

麦基：一些伟大的哲学家也是伟大文学艺术家意义上的伟大作家——我想最突出的例子是柏拉图、圣奥古斯丁、叔本华和尼采。其他一些哲学家，即使不完全能相提并论，也肯定是非常优秀的作家——笛卡尔、帕斯卡尔、贝克莱、休谟和卢梭跃入我们的脑海。在我们这个时代，伯特兰·罗素和让-保罗·萨特都获得过诺贝尔文学奖。然而，也有一些伟大的哲学家写作差劲，康德和亚里士多德这两位最伟大的哲学家就是其中最差劲的两位。还有一些哲学家平平无奇，比如阿奎那和洛克。至于黑格尔，他的作品已成为晦涩难懂的代名词，在这方面几乎成了一个笑话。我想他一定是所有举世闻名的作家中最难读的一位。

这些例子表明，哲学本身并不是文学的一个分支，其品质和重要性取决于文学和美学价值之外的其他考虑因素。如果一位哲学家写得一手好文章，这只是锦上添花——很明显，这会让他引来更多人去研究，但却不会让他成为更好的哲学家。我一上来就坚定地指出这一点，是因为在这次讨论中，我将与一位经历跨越哲学和文学两个世界的人一起探讨哲学和文学重叠的某些面相。艾丽丝·默多克（Iris Murdoch）现在是一位蜚声世界的小说家，但在她成为一名成功的小说家之前的许多年乃至之后的一些年里，她在牛津大学担任了总共有 15 年的哲学导师。

讨　论

麦基：当你一边写小说一边写哲学时，你有没有意识到这是两种截然不同的写作？

默多克：嗯，我意识到了。哲学旨在澄清和解释，它陈述并试图解决非常有难度的高技术问题，哲学写作必须服从于这一目标。也许有人会说，拙劣的哲学不是哲学，而拙劣的艺术仍然是艺术。我们倾向于以各种方式谅解文学，但我们不会谅解哲学。阅读文学作品的人很多，也很多样，而阅读哲学作品的人却很少。严肃的艺术家都是他们自己的批评者，且通常不会为"专家"观众创作。此外，艺术是好玩的，它为的就是好玩，它有无数的意图和魅力。文学在不同的层面以不同的方式引起我们的兴趣。它充满了花招、魔力以及刻意的神秘化。文学愉悦人，它做很多事，而哲学只做一件事。

麦基：读过你的几本书，包括你的哲学著作后，我觉得两者的句子本身就不一样。在你的小说中，句子是不透明的，因为它们有着丰富的内涵、典故和歧义；而在你的哲学写作中，句子是透明的，因为它们一次只说一件事。

默多克：是的。文学写作是艺术，是艺术形式的一个面相。它可能是谦退的，也可能是恣肆的，但只要是文学，它就有种机心，其语言的使用具有与它所从属的"作品"——无论长篇还是短篇——相关的精心设计的特点。所以，不存在唯一的文学风格或理想的文学风格，尽管写作当然有好坏之分；有些伟大的、特立独行的思想家是伟大的作家，我不会称他们为哲学家，比如克尔凯郭尔（Kierkegaard）和尼采。当然，哲学家各有不同，有些人比其他人更"文学"，但我很想说，有一种理想的哲学风格，它有种独特且鲜明的直白和坚冷，有一种质朴、无私、直率的风格。哲学家必须设法准确地解释自己的意思，避免华丽的辞藻和空洞的装饰。当然，这不必排除诙谐和偶尔的插曲，但当哲学家与他的问题到了可说是"短兵相接"的地步时，我认为他说话的声音是冷冰冰的，是清晰可辨的。

麦基：在专业层面上从事这两项活动的人肯定很少。你是极少数能以亲身经历说明两者区别的人之一。你能多说点儿吗？

默多克：哲学写作不是自我表达，它涉及严格地消除个人的声音。有些哲学家在其作品中保持着某种个人身影，比如休谟和维特根斯坦就以不同的方式做到了这一点。不过，尽管如此，他们的哲学还是有种直白的不带个人色彩的坚冷。当然，文学也涉及对个人声音的控制及转化。我们甚至可以在哲学与诗歌——最难创作的文学——之间建立类比。两者都需要对作者自己的陈述和出现在语言中的思想进行特殊而艰难的提纯。

但是，文学中还保留着一种自我表达，以及艺术的一切游戏性和神秘化。文学作家有意为读者留下了游戏的空间。哲学家绝不能留任何空间。

麦基：你刚才说，哲学旨在澄清，而文学则往往旨在神秘化：我想，小说家或剧作家所做的核心工作是试图创造错觉，而哲学家所做的核心工作则是试图消除错觉。

默多克：哲学不为形式上的完美本身而追求它。文学与复杂的美学形式问题缠斗，力图创造一种完整性。每一种艺术形式都有感性的、物性的元素。即使是片段性的文学写作，也会显示出某种完整的整体感。文学（主要）是"艺术作品"。哲学著作则完全不同。哲学著作偶尔也可能是艺术作品，比如《会饮篇》（*Symposium*），但这些都是特例；正是参照柏拉图哲学思想的其他部分，我们把《会饮篇》作为哲学论述来阅读。与文学相比，大多数哲学都显得东拉西扯、缺乏形式，即使哲学家在解释某种形式极其复杂的东西时也是如此。哲学就是抓住一个问题不放，并在尝试不同的表述和解决方案时，做好不断重复的准备。这种耐心地、坚持不懈地解决问题的能力是哲学家的标志；而对标新立异的渴望则通常是艺术家的标志。

麦基：考虑到这种对照，你如何以区分于哲学的方式刻画文学呢？

　　默多克：虽然我们都大致知道文学是什么，但要给文学"下定义"可能需要很长时间。它是使用字词的艺术形式。新闻可以是文学，如果它也是艺术的话；学术著作可以是文学。文学是多种多样的，是很大的，而哲学则很小。哲学的开端处所陈述的问题，大多与我们今天所面临的问题相同，虽然问题很庞大，但从某种意义上说，问题并不多。哲学产生了巨大的影响，但产生这种影响的哲学家人数却相对较少。这是因为哲学太难了。

　　麦基：关于你所说的哲学问题从开端以来就具有连续性的观点，怀特海有句妙语令人印象深刻。他说，所有西方哲学不过是柏拉图的注脚。

　　默多克：确实如此。柏拉图不仅是我们的哲学之父，还是我们最好的哲学家。当然，哲学的方法在变，但我们并没有把柏拉图抛诸脑后，也就是说，哲学不像科学那样取得进步。当然，文学也不取得进步。没有人比荷马（Homer）更卓越。但文学没有连续的任务，它不是那种意义上的"工作"。实际上，文学是我们每个人都会自发沉迷其中的事，因此它似乎更接近于游戏，更接近于千变万化得不讲道理的游戏。文学模式对我们来说非常自然，非常贴近日常生活，非常贴近我们作为反思者的生活方式。并非所有的文学都是虚构，但其中大部分都是或都涉及虚构、发明、面具、角色扮演、假装、想象、讲故事。当我们回到家中"讲述我们的一天"时，我们是在有所用心地将素材塑造成故事的形式。（顺便说一句，这些故事通常都很有意思。）因此，从某种程度上说，作为字词的使用者，我们存在于文学氛围之中，我们生活在文学之中，呼吸着文学的气息，我们都是文学艺术家，我们不断地运用语言，把原本看似枯燥或不连贯的经验变成有意思的形式。重塑在多大程度上关涉违背真理？这是任何艺术家都必须面对的问题。创作文学乃至任何形式的艺术的一种深层动机就是渴望战胜世界的无定形，在本来看似毫无意义的瓦砾中构建出各种形式，让自己快活起来。

麦基：你所说的"让自己快活起来"突出了一个事实，即文学的要旨之一始终是愉悦人；我认为哲学与这一要旨无关。

默多克：哲学并不完全是愉悦人的，但它可以让人感到安慰，因为它也是从混沌中唤起形式。哲学家经常会构建庞大的系统，其中涉及大量复杂的意象。很多不同类型的哲学论证或多或少都明确依赖于意象。哲学家很可能会怀疑自己的美学动机，并对自己想象力的本能一面持批判态度。然而，任何一位艺术家都必须至少一半地爱着自己的无意识心智，毕竟这是他创作的动力，也是他大量创作的源泉。当然，哲学家也有无意识的心智，哲学可以缓解我们的恐惧：问一个哲学家"他害怕什么？"往往是有所揭示的。哲学家必须抵制自己心中那个寻求慰藉的艺术家。为了追求真理，他必须不断推翻自己的工作，以便继续抓住问题。这往往与文学艺术格格不入。哲学是重复性的，它回到原来的地方，不断打破它所创造的形式。

麦基：眼下你已经说了很多关于文学的事情，暗含着将文学与哲学做对照的意思，但我想更明确地指出这些对照。比如，你说讲故事是很自然的——我们在日常生活中都会讲故事，我们都喜欢听故事。相比之下，我认为哲学是反自然的。哲学让我们对自己的信念和信念的预设做批判性的分析，而一个突出的事实是，大多数人既不喜欢这样做，也不喜欢别人这样对他们。如果他们的信念所依据的假定受到质疑，他们就会感到不安全，并予以强烈的抵制。

默多克：是的。我认为哲学是非常反自然的，它是一种非常古怪的非自然活动。任何哲学教师一定会有这种感受。哲学扰乱了我们通常所依赖的大量半美学观念习惯（semi-aesthetic conceptual habits）。休谟说，即使是哲学家，当他离开自己的书房时，也会回到这些习惯性的假设上。而哲学并不是一种科学性的探求，任何求诸科学的人都是在直接脱离哲学。哲学是一种从思想中察觉和梳理我们最深层、最一般的概念的努力。说服人们去看一看哲学所运行的层面并非易事。

麦基：伯特兰·罗素曾说过，哲学是由我们不知道如何回答的问题构成的。以赛亚·伯林也持这种观点。

默多克：是的，我们不知道如何回答，或许甚至不知道如何发问。有很多问题我们无法回答，但我们知道它们可能会得到怎样的回答。哲学关涉从耳熟能详的事物中看到绝对的奇异之处，并尝试提出真正具有探究性的问题。

麦基：你刚才说哲学不是科学，这点我同意。但它与科学有某些非常基本的共同点。其中的一个共同点是，两者都试图理解世界，而且理解世界的方式不包括表达个人态度。换句话说，在这两项活动中，人们都要服从自己以外的标准：人们试图说出一些在非个人角度上真实的话。这与哲学和文学的另一个重要区别有关。你刚才说的话似乎在暗示，尽管你的小说创作彰显了鲜明的文学个性，但你不会介意你的哲学写作没有这种个性。在我看来，对于一个富有想象力或创造力的作家来说，最重要的差不多就是拥有这种意义上的个性。如果他没有这种个性，我们就没兴趣读他的书。而哲学家的情况则完全不是这样。你可以兴致勃勃地阅读康德的所有作品，但最后却对作为一个人的康德的内心世界知之甚少。

默多克：你的意思是，我们感兴趣的是作品中所表现出来的个性？作家本人又是另一回事；虽然他的工作不无聊，但他本人可能很无聊，反之亦然。关于"文学个性"，我不太确定。我们希望作家写得好，说出点有意思的内容。或许，我们应该将可辨识的风格与个人身影区分开来。莎士比亚有清晰可辨的风格，但没有（个人）身影，而像 D. H. 劳伦斯（D. H. Lawrence）这样的作家则风格不明显，但（个人）身影鲜明。尽管许多诗人和一些小说家以高度个人化的方式与我们对话，但许多优秀的文学作品不会让人强烈感受到作者的身影。文学身影如果像劳伦斯那样过于专横，可能是有害的，比如当一个受眷顾的角色是作者的代言人时。拙劣的作品几乎总是充满了个性的气味。在这里很难制定规则。欲求表达自我，欲求解释和确立自我，这是引向艺术的强大动机，但必须加以批判地对待。我不介意拥有个人风格，但我不想在我的作品中现身得很明显。作家当然要展示他的道德和才华。哲学中也有这种自我表露，但我们会问，结论为真吗，论证有效吗？

麦基：当我和那些虽然非常聪明、受过良好教育但对哲学知之甚少的朋友交谈时，我发现他们常常显露出一个臆断，以为哲学是文学的一个分支——哲学家是在以一种与散文家或小说家相同的方式表达对世界的个人看法；而要解释为何不是这样，却并非易事。我想部分原因是，哲学问题是有历史的，每个哲学家都是在那段发展史中的某个阶段出场的；如果他要有所贡献，他就必须在那个阶段做出贡献，否则根本就没有什么贡献可做。在这方面，他又像一位科学家。

默多克：是的，没错。也许这就是"真正的哲学家"与其他好反思的思想家和道德家的区别所在。哲学家涉足哲学领域时，这个领域总是带着哲学家出场时所特有的形式。他必须对一套明确的学说做出反应，并在某些方面与过去展开相当小范围的对话。相比之下，艺术家似乎是个不负责任的人。他可能与他所处的时代和他那门艺术的历史有着深刻的联系，但他没有既定的问题需要解决。他得创造自己的问题。

麦基：也许部分出于这个原因，艺术创作——戏剧、小说和诗歌创作——比哲学更能调动作者和读者的个性。哲学是一种更狭义的智性活动。文学作品要成为文学作品，就必须在情感上打动人，而哲学家——就像科学家一样——则在积极地努力消除其作品中的情感诉求。

默多克：是的。我认为当艺术家比当哲学家好玩。文学可以说是一种唤起某种情感的有板有眼的技巧。（当然，还有其他类似的技巧。）我会将唤起情感纳入艺术的定义中，尽管不是每个体验艺术的时刻都是充满情感的时刻。这里关涉艺术的感性本质，即艺术与视觉、听觉和身体感觉有关。没有感性的东西就没有艺术。仅这一点就使其与"理论"活动截然不同。此外，许多艺术，也许是大多数艺术，也许是所有艺术，在某种极其一般的意义上都与性有关。（这也许是个形而上学的说法。）艺术是与无意识力量的切近的、危险的游戏。我们享受艺术，即使是简单的艺术，因为它以深层次的、往往是难以理解的方式搅扰我们；之所以优秀的艺术对我们有益，拙劣的艺术对我们有害，这是原因之一。

麦基：到目前为止，我们一直在讨论哲学与文学之间的差异，我认为我们应该强调这些差异，这一点很重要；但两者之间也有一些重要的共同点，不是吗？比如，我从之前和你的谈话中得知，你认为真理概念接近两者的中心。

默多克：是的，确实如此，我认为哲学和文学虽然如此不同，但它们都是寻求真理和揭示真理的活动。它们都是认知活动，是解释。与其他艺术一样，文学关涉探索、分类、辨别和有条理的构想。当然，优秀的文学作品并不像"分析"，因为想象力的产物是感性的、融合的、物化的、神秘的、暧昧的、特殊的。艺术是另一种模式的认知。想想一部莎士比亚的戏剧或一部伟大的小说包含了多少思想、多少真理。以任何一门反思性科目为例，看看针对它的批评词汇是什么样的，都会很有启发性。文学可能会受到纯粹形式上的批评。但更多的时候，人们批评它在某种意义上不信实（untruthful）。诸如"滥情""做作""任性""小题大做"等字眼，都把弊病归结于某种虚假，某种公允的欠缺，某种理解或表达上的扭曲或不足。"幻想"一词的某种贬义涵盖了许多典型的文学缺陷。将"幻想"的坏与"想象"的好做对照，也许会有所帮助。当然，哲学也是一种富于想象力的活动，但它所追求的陈述完全不同于艺术的"具体陈述"，同科学一样，哲学的方法和基调抑制了个人幻想的诱惑。在作家的头脑中，创造性的想象和痴迷的幻想这两种力量可能非常接近，几乎无法区分。严肃的作家必须"玩火"。在拙劣的艺术作品中，幻想简简单单主宰着一切，就像我们熟悉的浪漫爱情片或惊悚片，主人公（也就是作者）勇敢、慷慨、不屈不挠、惹人爱（当然他也有缺点），在故事的结尾，幸运之神眷顾了他。对于有洞察力的、有智慧的、真正具有创造性的想象力来说，幻想是狡猾的强敌，谴责艺术是"异想天开"就是谴责它不真实。

麦基：但这种真理观与哲学家想要达到的大相径庭，不是吗？

默多克：我想说文学在这方面与哲学相似，因为我想强调文学也是一种追求真理的活动。不过，哲学当然是抽象的、推论的和直接的。文学语言可以有意含糊不清，甚至听起来平淡无奇的说话也是某种秘而不宣的形式性想象结构的一部分。在小说中，即使最简单的故事也是有其用心的，是间接的，尽管我们可能不会注意到这一点，因为我们已经习惯了其中的惯例，而且在日常生活中，我们在某种程度上都是文学艺术家。在这里，我们可以说，是哲学的直接性让我们觉得不自然，而故事的间接性则让我们觉得自然。要描述哲学上的错误是什么样的并非易事。有时，一连串的论证会出现逻辑或准逻辑错误，但更常见的是，哲学之所以不合格，是因为所谓的想象性或痴迷性的概念性错误、错误的假定或出发点使得整个研究走错路。可以说，"感觉予料"概念，或评价性语言与描述性语言之分，就是此类错误的例子。在哲学中检验真理是困难的，因为整个学科是如此困难、如此抽象。我们可能不清楚该拿什么证实什么，因为为理论辩护的现象也必须由理论来描述。哲学家必须惧怕同义反复，并且不断回望不那么严格概念化的"日常世界"。艺术中也有类似的问题，但由于艺术与世界天然亲近，这种问题是不同的，而且往往不易察觉。检验哲学真理之所以困难，是因为这门学科很难；检验文学真理之所以困难，是因为这门学科在某种意义上很容易。我们都觉得自己懂艺术，或者说懂很多艺术。如果艺术非常晦涩难懂，它就会麻痹我们的批判能力；我们已经做好了受其蛊惑的准备。就像我说的，哲学做一件事，文学做很多事，事关创作者和读者的许多不同动机。比如，它能让我们快乐。它向我们展示了这个世界，而艺术中的许多乐趣就是一种认出我们隐约知道其存在却从未看见的东西的乐趣。艺术是模仿（mimesis），而优秀的艺术，用柏拉图的另一个术语来说，是"回忆"（anamnesis），是对我们此前不知道自己知道的物事的"回忆"。艺术"端起一面反映自然的镜子"。当然，这种反映或"模仿"并不意味着盲从的或照相式的复制。但重要的是要坚持这样一个观念，即艺术是关于世界的，它是在我们日常知识的背景下为我们而存在的。艺术可以扩展日常知识，但也要接受日常知识的检验。我们本能地运用这些检验，有时当然用得不对，比如在我们还没有真正理解一个故事是什么样的时候就认为它不可信。

麦基：接下来，我们来讨论关于文学的哲学思想。你刚才谈到了贬义的幻想——我认为它是一种任性，通常包含错误的价值观，比如对权力、地位或财富的崇拜，因此与艺术中的粗俗密切相关。这与一些哲学家实际上对艺术怀有敌意的原因密切相关，不是吗？你上一本书《火与太阳》（*The Fire and the Sun*）讲的就是柏拉图对艺术的敌意。听你讲讲为什么像柏拉图这样伟大的哲学家竟会与艺术对立会很有意思，毕竟他自己也使用艺术的形式，比如对话——柏拉图著作中明显有很多虚构。

默多克：柏拉图敌视艺术是出了名的。作为政治理论家，他害怕艺术的非理性情感力量，害怕艺术有说出诱人的谎言或颠覆性的真理的力量。他赞成严格的审查制度，而且想把剧作家驱逐出理想国。此外，他也害怕他自己身上的艺术家气质。他是个非常虔诚的人，他认为艺术既敌视宗教，也敌视哲学——艺术是宗教戒律的一种自我主义的替代品。悖论在于，柏拉图的作品是伟大的艺术，而他在理论上并不承认这一点。他说，哲学和诗歌之间有个古老的争论；我们必须记住，在柏拉图时代，我们所熟知的哲学刚刚从各种诗歌和神学思辨中崭露头角。哲学通过把自己定义为不是别的东西而取得进步。在柏拉图时代，哲学从文学中分离出来，在17、18世纪从自然科学中分离出来，在20世纪从心理学中分离出来。柏拉图认为艺术是模仿，但他认为艺术是拙劣的模仿。的确，坏艺术总是比好艺术多，喜欢坏艺术的人也比喜欢好艺术的人多。柏拉图相信，艺术本质上是个人幻想，是对无价值的事物的赞美或对美好事物的歪曲。他认为艺术是对特定对象的琐碎复制，没有普遍意义，当然这也是大部分艺术的本质。想象一下柏拉图会如何看待电视。人们应该看看真实的世界并对其进行思考，而不是满足于琐碎的图像和不三不四的幻梦。这与弗洛伊德将艺术视为权力和"现实生活"满足的替代品的观点不无相似。弗洛伊德有时会暗示，艺术是艺术家的幻想心智直接对观众幻想心智讲话。艺术是私人的慰藉。我认为这是一个深刻的观点，也是一种严肃的指控。我们可以看到，惊悚或感伤的影片可能只是对读者或观众私人幻想的一种刺激。色情制品就是这种对"艺术"的私人使用的极端例子。

麦基：但这些批评肯定只适用于拙劣的艺术。诚然，如你所说，大多数艺术都是拙劣的艺术。但优秀的艺术——也就是人们所希望的经久不衰的艺术——并不受这些批评的影响。

默多克：我想，受众总是可以尝试将艺术用于自己的目的，只有优秀的艺术才能更成功地抵制拙劣的目的。我的意思是，有人可能去国家美术馆只是为了寻找色情画像。我们所说的拙劣的艺术是要求被拙劣地使用，而不能另作他解。一般性的艺术实践产生好的东西，必然也会产生坏的东西，但不一定是那么坏的东西。批评家可能过于严厉和古板。我对色情制品非常敌视，我认为它真的很有破坏性和侮辱性。但人们在享受普通的平庸艺术时是相当无害的。一部伤感的小说可以让人从烦恼中解脱出来，不过读《战争与和平》（*War and Peace*）可能会更好一些。

麦基：如今，人们普遍认为，优秀的艺术在另一种意义上对人有益——它让人的感受力变得更敏锐，增进人的理解力，从而增进人的同理心。不是吗？

默多克：我认为优秀的艺术对人有益，恰恰是因为它不是幻想，而是想象。它打破了我们沉闷的幻想生活的束缚，激发我们努力形成真知灼见。大多数时候，我们根本看不到广阔的真实世界，因为我们被执着、焦虑、嫉妒、怨恨和恐惧蒙蔽了双眼。我们把自己封闭在一个狭小的个人世界里。伟大的艺术是一种解放，它使我们看到我们自己之外的东西，并从中获得乐趣。文学能激发和满足我们的好奇心，让我们对其他人和其他场景产生兴趣，帮助我们变得宽容和大度。艺术增长见闻。即使平庸的艺术也能告诉我们点儿东西，比如告诉我们其他人是如何生活的。但这样说并不是要对艺术持功效主义或说教的观点。艺术要比这类狭隘的观点更为开阔。柏拉图至少看到了艺术的巨大重要性，并提出了有意思的问题。总的来说，哲学家在艺术方面的著作写得不太好，部分原因是他们认为艺术只是小事，必须合于其形而上学或道德的一般理论。

麦基：这样说大体是对的，但我觉得有位哲学家可以免受这种指控——叔本华。与几乎所有其他哲学家不同，他确实认为艺术是人类生活的中心，并对此有一些真正深刻的见解。

默多克：是的，当然可以。叔本华不同意柏拉图的观点，事实上，他把柏拉图的观点颠倒过来了。柏拉图认为，艺术能让灵魂中自我愚昧的部分得到智性上的愉悦。而灵魂更高尚的部分则通过柏拉图所称的理念（Ideas）来寻求对实在的认识，这种理念是普世的理性认识或启蒙的源泉，和不可理解的个殊事物形成对照。因此，依柏拉图的观点，艺术具有微不足道的特殊性，而知识则具有理性的普遍性。叔本华则说，艺术实际上是在寻求理念，而且艺术能够传达理念，他把理念刻画成可理解的形式，这些形式部分地在自然中实现，是艺术家的想象力所试图唤出的。叔本华说，艺术拨开了主观性的面纱或迷雾，截断了生命的流动，让我们看到了真实的世界，这种震撼就是美的体验。这是一种有吸引力的、崇高的艺术观，因为它将艺术刻画成道德和智性上的追求，并像哲学一样努力解释世界。它还表明了优秀的艺术何以兼具高度的普遍性和特殊性。东方宗教的观点在某些方面与此类似。然而，我不能接受这些"理念"，即使是作为对艺术家如何工作的一种比喻也不行。当然，我们的思想可以说是把"形式""强加"给世界，哲学家一直在寻找我们与自然之间的内在亲和力。我在这个问题上并不持有任何一般哲学观点，而且我认为在这里把哲学与艺术做类比可能太过了。工作中的艺术家会遭遇许多无法理解的随机事物，并可能因此而感到欣喜；也许伟大的艺术家只是看似"解释世界"，尽管他们确实解释了世界的一部分。叔本华想要"纠正"的康德的那种更混杂而不那么崇高的艺术观，倒在某些方面更为现实。艺术并不是那么的"可理解"，但我确实觉得叔本华的观点更为合意，因为它将艺术描绘成对智性和道德能力的高水平运用，以及克服自我和观照世界的努力。

叔本华是哲学家中的一个例外，因为他显然热爱并珍视艺术。很多关于这个话题的哲学理论都没什么想象力，它们在意的只是将一种相当有限的观点与另一种观点对立起来，比如，艺术是为了艺术还是为了社会？

麦基：几乎所有的艺术哲学都有一个问题，那就是它的排他性。一旦你认为所有的艺术都必须是某种类型的，以符合你的特定理论，那么所有不符合你理论的东西就都不是艺术。

默多克：幸运的是，艺术家并不太关注哲学家。但有时哲学会伤害艺术，它会使人们对某些艺术视而不见，或者只能催生某些类型的艺术。

麦基：……依马克思主义理论，艺术具有特定的作用，那就是成为社会革命的工具。……也就是，它是宣传的一个分支。

默多克：我当然不认为艺术家的任务是为社会服务。我想，马克思主义者确实相信这一点，尽管在如何做到这一点上存在着耳熟能详的争议。一些马克思主义者会认为，艺术实际上应该是革命当前状态的小册子或海报……还有一种更具智识、更自由主义的马克思主义观点，认为文学是对社会的深刻分析。格奥尔格·卢卡奇在被迫承认自己"弄错了"之前就持有这种观点。他区分了"现实主义"（realism）和"自然主义"（naturalism），前者是对社会结构的富有想象力的探索，而后者则是琐碎或煽情的照搬照抄；他将 19 世纪伟大的小说家描述为现实主义者，因为他们告诉我们关于社会的深刻且重要的真相。我认为他这样赞扬这些小说家是对的。但是，以马克思主义者感兴趣的方式分析社会并不是这些作家的主要旨趣，也不是他们所做的唯一事情。一旦一个作家对自己说，"我必须努力通过我的写作以这样那样的方式改变社会"，他就很可能会伤害自己的作品。

麦基：不过这里我们怎么把狄更斯纳入进来呢？他似乎有真正的社会目标——毫无疑问，他还有其他目标——他似乎确实有相当大的社会影响力。

　　默多克：是的，狄更斯无所不能，他既是一位富有想象力的伟大作家，又是一位执着且直率的社会评论家。我认为，他所处的社会的种种丑事，都与那种最能激发他想象力的骚动和社会变革密切相关。他能将所有这些东西都纳入他的天才创作之中，你很少会觉得他是在用某种格格不入的社会观点"数落你"。但人们可能同样会注意到，他最"抽象"的小说《艰难时世》（*Hard Times*）是他不太成功的作品之一，他对社会最有效的批判是通过鲜活感人的人物来完成的，比如《荒凉山庄》（*Bleak House*）中的扫地男孩乔（Joe）。狄更斯之所以是一位伟大的作家，是因为他善于塑造人物形象，还因为他具有深邃可怕的想象力，而这些想象力与社会改革并无多大关系。《德鲁德疑案》*是一部比《艰难时世》更好的小说。刻意或着急忙慌地暗地里试图说服别人，通常会让作品变得更为肤浅。人们有时会在乔治·艾略特 † 的作品中感受到这一点，但她并没有像狄更斯那样"混过去"。

　　麦基：在这些作品中，艺术作品不仅不再是目的本身，它还成为一种手段，以达到比其本身更低的目的。

---

*　这里原文为 *Edwin Drood*，说的是狄更斯未及完稿的一部推理小说《德鲁德疑案》（*The Mystery of Edwin Drood*），于狄更斯逝世的那一年，即 1870 年出版。——译者注

†　乔治·艾略特（George Eliot, 1819—1880），英国维多利亚时代最有影响力的作家之一。其小说清新优美，极富田园生活的大自然气息。在创作中首次显示了现实主义小说的新特征，重视对人物内心世界的关注和对人性的体察。主要作品有《亚当·贝德》《福洛斯河上的磨坊》《米德尔马契》等。——译者注

默多克：是的。如我所说，我并不认为作为艺术家的艺术家对社会负有责任。公民对社会负有责任，作家有时可能觉得他应该写一些有说服力的报纸文章或小册子，但这是一种不同的活动。艺术家的职责是艺术创作，是用他自己的媒介讲述真理；作家的职责是创作出他所能创作出的最好的文学作品，而且他必须弄清楚如何能够做到这一点。艺术家和公民之间的这种区别似乎是相当人为的，但我认为值得这样反思。一部对艺术漠不关心的宣传剧，即使是受到良好原则的启发，也很可能是一种误导。如果严肃艺术是首要目标，那么某种公允也是首要目标。以艺术形式呈现的社会主题即使不那么具有直接说服力，也可能更为清晰。任何艺术家都可以通过揭示人们尚未注意或理解的事物，顺便为社会服务。想象力揭示事物，也解释事物。这就是所谓艺术是模仿的部分含义。任何社会都有宣传，但重要的是要将其与艺术区分开来，并保持艺术实践的纯洁性和独立性。一个好的社会有许多不同的艺术家，他们做着许多不同的事情。一个糟糕的社会会胁迫艺术家，因为它知道他们可以揭示各种真相。

麦基：我们首先讨论了哲学与文学的区别，然后讨论了关于文学的哲学思想，现在我们来谈谈文学中的哲学。我说的是几件事。我们以小说为例。首先，有一些著名的哲学家——或者很像哲学家的思想家，比如伏尔泰（Voltaire）——他们本身就是小说家，比如卢梭，或者我们这个时代的让-保罗·萨特。其次，在其他小说家中，有一些人受到哲学思想的影响。托尔斯泰在《战争与和平》的后记中解释说，他一直试图在这部小说中表达某种历史哲学。存在主义者经常把陀思妥耶夫斯基描述为最伟大的存在主义作家。普鲁斯特在《追忆似水年华》（*Á la recherche du temps perdu*）中深切关注时间本质的问题，这也是哲学家关注的经典问题之一。你能否就哲学在小说中的作用谈谈你的看法？

默多克：我看不出哲学在文学中的"一般作用"。人们谈论托尔斯泰的"哲学"，但这其实只是一种套话罢了。萧伯纳（George Bernard Shaw）就是一个作家误以为自己有"一种哲学"的可怕例子。幸运的是，他的"想法"并没有对他的剧作造成太大的伤害。T.S. 艾略特（T. S. Eliot）说诗人的任务不是思想，还说但丁（Dante）和莎士比亚都做不到这一点，我理解他的意思，尽管我不会这样说。当然，作家会受到其时代观念的影响，也可能对哲学变革感兴趣，但他们成功表达的哲学思想可能很少。我认为，哲学一旦进入文学作品，就会成为作家的玩物，这也是理所当然的。没有严格的思想和论证，规则不同，真理的传达方式也不同。如果所谓的"思想小说"是拙劣的艺术，那么它的思想——如果有的话——在其他地方会得到更好的表达。如果是优秀的艺术作品，思想要么会被改造，要么就会像托尔斯泰的作品那样，表现为一小块一小块的反思，为了作品的其他部分，我们会欣然接受这些思想。19 世纪的伟大小说家在其作品中混进了"思想游戏"，但人们不能将其视为哲学。当然，艺术家以批评家的身份撰写文章，并对自己的艺术进行理论探讨，这些可能不太"哲学"，但它们可能比哲学家（写的东西）来得有意思！托尔斯泰的《艺术论》（*What is Art?*）一书充满了古怪的想法，但它表达了一个深刻的中心思想，即优秀的艺术是宗教性的，它体现了那个时代最高的宗教观念。也许有人会说，最优秀的艺术在某种程度上能够向每一代人解释宗教的概念。我对这一观点深为赞同，尽管它不是从哲学上提出来的。

麦基：我不确定我是否完全同意你的观点。托尔斯泰在《战争与和平》中告诉我们，阐述特定的历史哲学是他创作小说的目的之一。或者以劳伦斯·斯特恩的《项狄传》[*]这样一部重要的英国小说为例。这部小说直接受到洛克观念联想（association of ideas）理论的影响——小说中确实提到了这一点，而且用词明显指向小说本身。换句话说，斯特恩有意识地在做一些他自己认为与洛克的观念联想理论有关的事情。因此，确实有一些伟大的小说在其结构中运用了哲学思想。

默多克：也许部分原因是，我自己对把理论或"哲学思想"这样的东西原样写进我的小说感到如此的恐惧。我可能会写一些关于哲学的东西，因为我碰巧了解哲学。如果我了解帆船，我就会写帆船；从某种意义上说，作为一名小说家，我更愿意了解帆船，而不是哲学。当然，小说家和诗人会思想，而且伟大的小说

---

* 《项狄传》（*Tristram Shandy*）全名为《绅士特里斯舛·项狄的生平与见解》（*The Life and Opinions of Tristram Shandy, Gentleman*），是 18 世纪英国文学大师劳伦斯·斯特恩（Laurence Sterne, 1713—1768）的代表作之一。书中绝大部分是特里斯舛讲述别人，主要是他父亲和他叔叔的生平与见解，叙述的顺序则是东一榔头，西一棒槌，完全打破了顺着事件发生的时间先后按部就班、一板一眼的传统程式。《项狄传》被认为是"世界文学中最典型的小说"。评论家指出，20 世纪小说中的意识流手法可以追溯到这部奇异的小说。——译者注

家和诗人思想得非常好（T. S. 艾略特的观点从字面上并不正确），但这是另一回事。托尔斯泰或其他人可能会说，他写作是为了"表达一种哲学"，但我们凭什么认为他成功了呢？卢梭和伏尔泰的小说无疑是"思想小说"的有力例证，在他们的时代都是非常有影响力的书。现在它们似乎过时了，而且相当死气沉沉，这就是对这种形式的惩罚。我能想到一部我非常欣赏的优秀哲理小说，是萨特的《恶心》（*La Nausée*）。这本书确实设法表达了一些关于偶然性和意识的有趣想法，而且仍然是一部不必参照作者在其他地方表达的理论来解读的艺术作品。这是一部难得的作品。当然，它在哲学上依然"新鲜"。

麦基：行，那就拿让-保罗·萨特的《恶心》来说吧。我同意你的看法，我认为这是一部非常出色的小说。它肯定也阐明了一种哲学理论吧？以小说的形式如此成功地阐明一种哲学理论可能是一项独特的成就，但这件事已经做到了，这一事实表明它是可以做到的。我认为你我之间有一个重大的意见分歧，我们可能根本无法在这次讨论中加以解决。在我看来，你是想说，哲学本身在想象性写作中没有地位，除非它可以成为素材，就像其他任何东西都可以成为素材一样。而我想说的是，一些重要的小说，不仅在这个意义上把哲学思想当成素材来用，而且这种运用对整个创作具有结构性的地位。

默多克：萨特的情况可能比较特殊。他早年的哲学有种文学的"感觉"。《存在与虚无》（*L'Être et le Néant*）充满了"图像与对话"。萨特强调黑格尔哲学更具戏剧性的面相——黑格尔哲学充满了历史实例，思想运动本身被视为形式的对立与冲突。"思想"在戏剧中往往显得更为自在，尽管（就像萧伯纳的情况一样）这里可能包含着一种错觉。我不确定萨特的戏剧在多大程度上受到或没受到拥有强烈理论动机的伤害。我非常欣赏萨特的其他小说和西蒙娜·德·波伏瓦（Simone de Beauvoir）的小说，从中我们当然可以看到，一旦开启"存在主义的声音"，艺术作品是如何变得僵化的。总的来说，我不愿意说有什么优秀文学作品的深层结构是哲学性的。我觉得我不是在争论用词。无意识的心智不是哲学家。无论好坏，艺术都比哲学更深。观念进到艺术里，必须发生巨变。想想看，莎士比亚有多少原创思想，这些思想是多么不显眼。当然，有些作家的反思要明显得多，但就像在狄更斯那里一样，他们的反思具有美学价值，因为这些反思通过人物性格等方式与并非抽象的子结构相联系。当我们问一部小说讲的是什么，我们是在问一些深刻的东西。普鲁斯特讲的是什么，为什么不直接读柏格森（Bergson）的书？文学中总有一些比观念下探更深的道德上的东西，优秀的文学作品的结构都与情欲之谜和善恶之间的暗黑斗争有关。

麦基：如果小说家要处理的是"比观念下探更深的道德上的东西"，这就必定意味着小说不可避免地会让作者做出一些预设，这些预设不仅是道德－哲学（moral-philosophical）方面的，甚至是道德－形而上学（moral-metaphysical）方面的。我想到的其中一点是这样的：任何类型的故事，任何类型的描述，都必然包含价值判断，它不仅体现在你使用的语词中，也体现在你选择叙述或描述的内容中。所以，价值判断根本不可能不成为写作结构的一部分。任何关于这些价值判断是什么的研究都是哲学活动，至少在一定程度上是这样，甚至仅仅是对这些价值判断进行认真的批判性讨论也是哲学活动。如果你的故事是关于人以及人和人之间关系的严肃故事，那么你就注定会展露出许多复杂而深刻的道德预设。

默多克：我同意，我们无法回避价值判断。价值观体现在文学作品中，而且体现得很清楚。有一些重要的道德预设，比如关于宗教和社会的预设，属于不断变化的"观念气候"（climates of ideas）。对宗教和社会等级的普遍信仰的消失深刻影响了文学。我们的意识会变化，这种变化可能先出现在艺术中，然后才在理论中得到评述，尽管理论随后也会影响艺术。我们不妨在这里提一下当代的一个批评流派，他们对近期的意识变化特别感兴趣。我指的是那些试图从结构主义哲学中发展出文学批评的文学形式主义者（literary formalists）。"结构主义"（structuralism）是一种非常普遍的哲学态度的名称，它起源于语言学和人类学的思想家们，如索绪尔*和列维－斯特劳斯†。

---

* 费尔迪南·德·索绪尔（Ferdinand de Saussure，1857—1913），瑞士语言学家。在日内瓦大学讲授的普通语言学，由其学生据听课笔记整理成《普通语言学教程》一书。索绪尔持社会心理主义语言观，把语言看作社会心理现象。提出语言是一种表达观念的符号系统，区分语言和言语、内部语言学和外部语言学、语言符号的能指和所指、语言中的组合关系和聚合关系、共时研究和历时研究。其学说对20世纪结构主义语言学派的建立有重要影响，被称为现代语言学的奠基人。其研究视角和方法也成为20世纪重要哲学流派结构主义的重要思想来源。——译者注
† 克洛德·列维－斯特劳斯（Claude Lévi-Strauss，1908—2009），法国著名（转下页注）

麦基：如你所说，结构主义起源于语言学。我们可以这样来阐述。你我之间通过说出句子来交流，每个句子包含相对较少的单词。但要让人理解我们，仅仅知道我们使用的单词还不够：他必须熟悉整个语言系统，在这个例子中是英语。这是对 19 世纪随着科学发展而产生的一种观念的反动，那种观念认为，要理解某件事，你就应该把现象分离出来，可以说是要通过显微镜来观察它。结构主义的基本思想是对这一观念的反动，它说："不，只有将现象与更大的结构联系起来，才能真正理解现象。事实上，可理解性（intelligibility）这一概念本身就涉及将事物与结构联系起来。"将这一观点应用到文学作品中的结果是，每篇作品主要被看作一个字词结构（word-structure）。

默多克：是的。这种看法表达了关于语言的一种焦虑的自我意识，至少从马拉美 *开始，这种意识就在文学作品中显现出来。它在语言哲学中也有所体现。可以说，维特根斯坦就是一位"结构主义者"。"符号无法表达的东西，由它们的应用显示出来。"†该理论的许多方面并不新鲜；它有各不相同的文学和哲学先驱，

（接上页注）社会人类学家、哲学家，法国结构主义人文学术思潮的主要创始人。他所建构的结构主义与神话学不但影响了人类学，对社会学、哲学、语言学等学科也有深远的作用。代表作有《忧郁的热带》《野性的思维》等。——译者注

* 斯特凡·马拉美（Stéphane Mallarmé，1842—1898），法国象征主义诗人和散文家。1876 年发表的诗作《牧神午后》在法国诗坛引起轰动。此后，马拉美在家中举办的诗歌沙龙成为当时法国文化界最著名的沙龙，一些著名的诗人、音乐家、画家都是这里的常客，如魏尔伦、兰波、德彪西、罗丹夫妇等。因为沙龙在星期二举行，被称为"马拉美的星期二"。——译者注

† 《逻辑哲学论》，3.262。——原注

比如现象学家、超现实主义者和萨特。它不是一个紧密统一的学说。形式主义者对"意识的变化"感兴趣，这种变化源于我们意识到自己是使用符号的动物，我们通过意义赋予（significance-bestowing）的活动来"构成"世界和我们自己。这是一个哲学或准哲学假定可以影响文学的例子，就像马克思主义的假定可以影响文学一样。这是一种文学观念论或文学一元论。形式主义者希望我们摆脱所谓的"现实主义谬误"（the realistic fallacy），即我们想象我们可以透过语言看到一个语言之外的世界。如果语言造就世界，它就不能指称世界。作者必须认识到，他生活和活动在一个"意义世界"（significance-world）中，而不能认为他可以穿过这个世界或爬到符号之网下面。这一理论把许多形式主义者卷入对现实主义小说的攻击，以及对"口水"文学的常见惯例的攻击，这种文学假装将语言作为一种简单透明的媒介来使用。经典的故事、经典的对象、经典的自我及其大量坚实的动机，都是由对语言的误解所构成的"伪整体"（pseudo-wholes）。自我不是一个统一体的观点可以追溯到休谟，而语言本身之为一种原始缺陷的怀疑则可以追溯到柏拉图。自浪漫主义运动以来，许多文学作家逐渐对这些思想产生了兴趣，并加以发挥。形式主义是描述和解释到目前为止相当漫长和异质的过程的最新系统尝试。这样的尝试必然是有价值和有意思的，但我自己却觉得它的基调和术语过于拘谨。我认为文学的变化比这些评论家所暗示的更加神秘，更不那么单一，文学形式也更加变化万千。在其更极端的表现中，形式主义会成为一种形而上学理论，这种理论通常会否认一种有用而必要的区分，在这里就是自我与世界的区分，以及语言的指称性（或曰"透明的"）使用的多与少之间的区分。任何艺术家都知道看世界是怎么一回事，而其中的距离和他者性（otherness）是艺术家的首要问题。当塞缪尔·约翰逊博士（Dr. Samuel Johnson）用踢石头的方式"反驳"贝克莱时，他是在正确地抗议从形而上学角度试图抹除某种必要区分的做法。作家将做出自己的选择，按自己的喜好和能力来使用语言，绝不能被理论胁迫，以为他现在不能讲述一个直白的故事，而是必须自觉地写出与日常的可理解性模式做斗争的文字。作为其规定性学说（prescriptive doctrine）的一部分，一些形式主义者试图发展一种"诗学"，一种中立的准科学理论，它与文学的关联就像语言学与自然语言的关联一样。但是，这样一种"元语言"（meta-language）将依赖于某种中立的方法来识别待分析材料中的基本要素，而文学作品中的"要素"究竟是什么，却不可能有明确的共识。在我看来，所有有意思且重要的意见分歧都有可能在最初阶段爆发，从而使元语言"感染"上价值判断；所以，除非这种理论极其抽象和简单（因而不够充分），否则它将被证明为只不过是文学批评的另一种手段。我们与一件艺术作品之间有着太多种关系。文学作品是极其异质的对象，要求我们以开放的心态做出异质的回应。此外，美学批评将某种一般性与某一特定对象的"实指"关系结合起来，当批评家说话时，听者会看着这个对象。当然，学生往往希望通过"批评理论"来得到安慰，简化也会减轻原创性思考的艰辛。但批评家最好不要有任何严密系统的背景理论，无论是科学理论还是哲学理论。好的批评家是松弛的博学者。我也不会接受这样一个危险的论证，即没有特定的理论意味着有一个"资产阶级"的理论。当然，我们必须在历史的局限下生活。但是，作为批评家、思想家和道德主体，我们可以努力理解我们的本能和态度，并将真正的价值观与地方偏见和狭隘的习俗区分开来。"资产阶级时代"给我们带来了某些道德观念，比如权利和个人自由的观念，我们可以将其评定为永恒的价值。它还产生了伟大的文学作品，这些作品展示了过时的假定，但也颂扬了仍属于我们自己的价值观。在这里，我们可以借鉴希腊人对人性的理解。一个重要事实是，我们能够理解荷马和埃斯库罗斯（Aeschylus）。文学的确是这种广博理解的主要载体和创造者。任何将人们与过去的伟大文学隔绝开来的理论，都会剥夺他们的历史和道德教育，也会剥夺他们的许多乐趣。

麦基：实际上，在形式主义理论影响下创作的文学作品往往是圈内人的文学作品，而不是具有广泛吸引力的文学作品。在我看来，语言与物和人的世界相关联这一常识性假定是任何文学作品要想获得广泛读者的必要基础——从莎士比亚开始，大多数最伟大的作家都得到了广泛的理解和赞赏，这无疑是个事实。我必须承认，我非常支持这场争论的一方。无论是文学还是哲学，我都不太愿意看到字词本身成为人们感兴趣的对象。我认为，在这两项活动中，人们应该把它们看作一种媒介，通过它们与世界建立联系，无论这个世界是人的世界，还是物的世界，或是自然的世界，或是问题的世界，或是思想的世界，或是艺术作品的世界。

默多克：是的，但我认为应由艺术家决定如何使用字词。从未听说过形式主义的作家可能会以吸引形式主义者的方式写作。《项狄传》和《芬尼根的守灵夜》*没有任何理论根据，却被认为是艺术。我们对理论有种正确的评判方式，那就是看它能否解释我们已经熟悉的事态，如果理论攻击我们的现象，我们就必须站队。我知道过去有哪些伟大的作家，我不会把他们拱手交给理论，而是会参照他们来考虑理论。当然，这里可以重提"形式"这个词，毕竟文学是艺术，从而是对形式对象的创造，而这些对象在某种意义上是自足的。诗歌、戏剧或小说通常以封闭的模式出现。但它也是开放的，因为它指向一个超越它自身的实在，而这种指向会引发我已经提到过的关于真理的问题。艺术既是真理，也是形式，既是表征性的，也是自主的。交流当然可能是间接的，但伟大作家的含混创造了我们可以探索和享受的空间，因为它们是通向真实世界的开口，而不是形式性的语言游戏或个人幻想的窄缝；我们不会厌倦伟大的作家，因为真实的东西才是有意思的。托尔斯泰的"艺术即宗教"这一观点在这里得到了很好的诠释。如我所说，任何严肃的艺术家都会感觉到他自己和某种完全的他者之间的距离，他对此感到谦卑，因为他知道，这比他所能表达的任何东西都要细致、美妙、可怕和惊人得多。对这个"他者"最方便的称呼是"现实"或"自然"或"世界"，而这种说话方式是

---

* 《芬尼根的守灵夜》（*Finnegans Wake*）是爱尔兰作家詹姆斯·乔伊斯（James Joyce，1882—1941）花了 17 年写就的最后一部小说。该书于 1939 年出版，书名来自民歌《芬尼根的守尸礼》。该小说彻底背离了传统的小说情节和人物构造的方式，语言也具有明显的含混和暧昧的风格。乔伊斯在书中编造了大量的词语，潜藏了许多历史和文化的背景以及哲学的意蕴，甚至大量运用双关语。——译者注

我们不能摒弃的。艺术中的美是对某种真实事物的形式性的想象力展示，批评必须始终可以自由地判断艺术中的真理。艺术家和批评家都在观察两样东西：表征和"他者"。这种观察当然并不简单。艺术中的训练主要是训练如何发现真理的试金石；批评中也有类似的训练。

麦基：我的上一个要点是关于语言使用中的某些类型的自我意识，我现在想就另一个要点提个问题。20 世纪哲学，尤其是盎格鲁－撒克逊世界的哲学，其突出特点之一是对语言的一种全新的关注，以及由此产生的对语言使用的一种新的自我意识，这种意识可能导致对语词最精练和最严谨的使用。这种情况波及小说了吗？就你个人而言，你首先接受的是哲学家的训练，然后才成为小说家——这是否影响了你创作小说的方式？

默多克：的确，我们与语言的关系出现了某种危机，我们对语言有了多得多的自我意识，这确实影响到了作家。

麦基：这样做的一个不可避免的后果是，你们再也不能像19 世纪的小说家那样写作了。

默多克：我们当然远比不上 19 世纪的小说家，但我们的写作方式也与他们有所不同。

麦基：这是一个非常有意思的问题。你能说说你们为什么不能像他们那样写作吗？

默多克：这个问题很难回答。有些显而易见的差异涉及作者的立场及其与人物的关系。作家与其笔下人物的关系在很大程度上揭示了他的道德态度，我们与 19 世纪作家之间的这种技术上的差异是一种道德上的变化，但这种变化很难分析。总的来说，我们的写作更反讽，而不那么自信。我们更加胆小，害怕看起来不成熟或幼稚。故事本来是作者通过一个或多个人物的意识讲述的，而现在，故事与作者的意识联系更为紧密了。作为外部权威情报人员发言时，作者通常没有直接的判断或描述。在这方面，若如今还像 19 世纪的小说家那样写作，那会像是一种文学手段，有时也被当作一种文学手段来使用。如我前面所说，我认为文学跟善与恶的斗争有关，但这在现代作品中表现得并不明显，现代作品中弥漫着一种道德上的畏怯，所呈现的人物通常都很平庸。许多事情都会引起文学上的变化，关于语言的自我意识可能更多的是症状而不是原因。有组织的宗教的消失或衰弱也许是过去一百年来发生在我们身上的最重要的事情。19 世纪伟大的小说家们认为宗教是理所当然的。社会等级制度和宗教信仰的丧失使判断变得更加迟疑，而对精神分析的兴趣使判断在某些方面变得更加复杂。所有这些变化都是如此显著，如此具有挑战性，以至听起来好像我们应该比我们的前辈做得更好，但事实并非如此！

麦基：我们的讨论快要结束了，但在结束之前，我想更深入

地探讨一下作者与他笔下人物的关系揭示了作者的道德立场这一
问题。

默多克：语言本身就是一种道德媒介，几乎所有语言的使用
都传达了价值，记住这一点很重要。这就是为什么我们几乎总是
在道德上很活跃的原因之一。生活浸透着道德，文学浸透着道德。
如果我们试图描述这个房间，那我们的描述自然会带有各种各样
的价值。价值只是出于科学目的而人为地、艰难地从语言中被剔
除出来。所以，小说家通过他可能进行的任何一种写作，都在揭
示他的价值观。只要他的（写作）主题是人类的行为，他就特别
有必要做出道德判断。我在前面提过，艺术作品既要有模仿性，
又要有形式感，这两个要求有时当然会发生冲突。在小说中，这
种冲突可能表现为人物与情节之间的斗争。作家限制和约束人物，
是为了迎合情节，还是为了迎合自己的判断和（写作）主题？或
者，他退居幕后，让各个角色独立于他也独立于彼此去发展，而
不考虑情节或任何带有总体压倒性的"语调"？尤其是，作家如
何表达他对其笔下人物的道德认可或不认可？他必须这样做，无
论自觉还是不自觉。他如何为好人辩护，他如何呈现好人，哪怕
是暗示好人的存在？作者的道德判断是读者呼吸的空气。在这里，
我们可以清楚地看到盲目的幻想和富有见地的想象之间的对照。
拙劣的作家会陷于个人的执着而拔高一些人物，贬低另一些人物，
完全不顾真实或公允，也就是没有任何合适的美学"解释"。在
这里可以清楚地看到，实在的观念是如何进入文学判断的。卓越
的作家是公正睿智的法官。他通过自己在书中所做的某种工作来

证明自己塑造人物的合理性。像滥情这种文学上的缺陷源于缺少这种工作支持的理想化。当然，这种工作可以是不同类型的，塑造人物的各种方法、人物与情节或主题的各种关系都可能产生卓越的艺术作品。批评主要关注的是实现这一目标的技巧。伟大的作家可以将形式和人物巧妙地结合在一起（想想莎士比亚是怎么做的），从而创造出一个巨大的空间，让人物可以自由地存在于其中，同时又为故事的目的服务。伟大的艺术作品会给人一种空间感，仿佛请你进入某个巨大的反思厅堂一样。

麦基：你所说的话，是否归根结底意味着，富有想象力的写作尽管是想象的，但也必须植根于对事物的某种原原本本的接受甚至尊重？

默多克：嗯，艺术家往往在某种意义上或在其他意义上具有革命性。但我认为，优秀的艺术家都有种现实感，可以说他们理解"事物是怎样的"以及为什么是这样的。当然，"现实／实在"这个词在哲学中是出了名的模棱两可，我用它是想提示，严肃的艺术家既看向世界，又看到更多的世界。伟大的艺术家看到了自私的焦虑对我们其他人所隐藏的奇观。但艺术家所看到的并不是什么分离的、特殊的东西，不是什么形而上学上与世隔绝的不毛之地。艺术家在其作品中触探了他的个性的很大一部分，他在常识世界中工作，通常也接受常识世界。艺术天然就是一种交流（只有某种存心跟人作对的巧智才会试图否认这一显而易见的真理），这就涉及将最遥远的现实与较切近的现实结合起来，这是任何信实的探索者都必须做到的。这也是批评家必须留心的。什么时候抽象画是拙劣的艺术，什么时候它压根就不是艺术？抽象画不只是任性的幻想或挑衅，它与空间和色彩的本质息息相关。抽象画画家生活在一个把色彩视作物体表面——他的画作也被这么看待——的世界中，他对这一点的意识是他问题的一部分。美学视野与"日常"现实之间的这种紧张关系可能会带来非常精细和困难的判断。文学与我们的生活方式息息相关。一些哲学家告诉我们，自我是不连续的，一些作家也探讨了这一观点，但创作（和哲学）发生在一个我们有充分理由假定自我是连续的世界里。这当然不是在呼吁"现实主义"创作。这是说，艺术家无法回避真理的要求，他要决定如何在艺术中说出真相，这是他最重要的决定。

麦基：你认为这种对现实的接受意味着保守态度（不是说大写的保守主义）吗？我想到的是那种对人、对事的原原本本的接受，这种接受可能源于强烈的兴趣，也与爱有关。至少就人而言，也许"宽容"这个词比"保守"来得好。

默多克：我想说，所有伟大的艺术家在他们的艺术中都是宽容的，但这一点或许无法论证。但丁宽容吗？我认为大多数伟大的作家都有一种冷静而仁慈的眼光，因为他们能看到人与人之间的不同，以及他们何以不同。宽容与能够想象远离自己的现实中心息息相关。荷马、莎士比亚和伟大的小说家身上都洋溢着宽容、慷慨和智性善良的气息。伟大的艺术家看到自己之外的大量有意思的事物，而不是按照自己的形象描画世界。我认为，这种特殊的仁慈的客观性是美德，而极权主义国家在迫害艺术时所要摧毁的正是这种美德。

15

Social Context

哲学与其社会背景

对话欧内斯特·盖尔纳

欧内斯特·盖尔纳
（Ernest Gellner，1925—1995）

引　言

麦基：在本次讨论中，我们将尝试把当代哲学的各种发展和流派拢集成一幅连贯的图景。这意味着要在现代西方社会的背景下看待现代西方哲学。这也意味着要结合西方哲学自身的过去来看待西方哲学，以了解其核心问题为何以及如何发展成今天这番模样——并由此了解我们当前处境的突出特点是什么。

当哲学家使用"现代哲学"一词时，他们指的是自笛卡尔以来的哲学，它在 17 世纪早期兴盛起来。自那时起，西方哲学的发展就一直处于一个连续而又复杂的传统之中——这意味着我们需要在这样的背景下来看待今天的哲学。在笛卡尔之前的几百年里，情况则完全不同。当时，只有单独的一种世界观，它以基督教为基础，并由政治当局强制推行。任何公开质疑都遭禁止，且质疑者通常会被处以死刑。与今天相比，有人不禁会说，人们的知识几乎是静止的，或者至少变化非常缓慢；无论如何，当时人们对这些知识都是非常确信的，它们所依据的权威正是上帝或上帝在地上的教会。只有到了文艺复兴和宗教改革时期，新科学才蔚为壮观地出现和得到发展，并产生了新的思想方式。旧有的确定性遭到破坏，旧有的权威也随之被推翻——这就以一种新的尖锐形式提出了一个问题：我们的知识主张如何能够得到证实？这个问题至今尚未解决。很长一段时间以来，人们相信科学将会提供绝对的确定性，但现在我们知道这是不可能的。

为了在这一历史和社会背景下讨论当代哲学，我邀请了欧内斯特·盖尔纳（Ernest Gellner），他既是一位专业哲学家，也是一位专业社会学家——他的正式头衔是伦敦经济学院（London School of Economics）"专涉社会学的哲学教授"（Professor of Philosophy with special reference to Sociology）。

讨　论

麦基：只有在我刚刚粗浅勾勒的历史和社会视角的背景下，才能正确理解当代哲学，这在我看来不言而喻，然而，你的许多专业哲学家同行似乎对该历史和社会维度视而不见。你同意吗？

盖尔纳：我非常同意你提出的这两个要点。我可能对你的一些附带的说法有所保留，但你的两个核心观点在我看来是完全正确的。首先，你所定义的现代哲学基本上是对自 16、17 世纪以来发生的社会和思想变革的一种写照，而且只有从这个角度才能正确理解，尽管这种写照并不总是有意识的。其次，人们对此认识得不够清楚。

麦基：只要这样来看待现代哲学，我们就能完全清楚地看到，为什么自笛卡尔以来的核心问题一直是知识问题。我们知道什么？事实上，我们真的知道——在绝对确信的意义上——任何事情吗？如果我们知道，我们是如何知道我们知道的呢？

盖尔纳：如果非要用一个特征来定义现代哲学，那就是，知识之于生活的中心性。在此之前，知识是诸事物中的一种；知识很重要，但还有其他问题；因此，知识是世界之中的一种事物。现代思想的特点是，世界变成了知识之中的某样东西。这里有个颠倒。

麦基：你是否也同意我的观点，即这种现象是间接地由智性领域既定权威的溃败引起的？以前，人们对他们所知道的事深信不疑，因为上帝说是这样，或者因为上帝的教会说是这样。不过一旦这些权威遭到削弱，人们该怎么知道什么是真的呢？

盖尔纳：是的，我确实同意；但之前的秩序如此重要，不在于它的宗教性，而在于它的稳定性。社会可以在稳定的背景下自信地将自己的想法反馈给自己。现在，稳定性已经消失了。我们现在所拥有的可能是有史以来唯一一个认知能力持续增长的社会。人们一心只想着经济发展，但经济发展与知识发展这一事实密切相关。从多个角度来看，这又会让人非常不安。

麦基：其中最重要的角度是什么呢？

盖尔纳：与大体可说是自然科学领域的成功故事相比，其他

领域的故事则是一场失败。以前人们自信满满的领域，现在不那
么自信了。相对而言，这几乎就像是知识的萎缩。

　　麦基：当你谈到知识的萎缩时，我想你指的是人们在其伦理
和宗教信仰上丧失了确定性？

　　盖尔纳：他们不再像以前那样确信自己的伦理、社会和许多
其他类型的信念，这与自然科学的辉煌成就形成了鲜明对照，从
而凸显了其自身的失败。自然科学不仅不稳定，而且成功地不稳
定。自然科学内部有相当多关于变化的共识，而且总的来说，后
来者会比先行者更好。没有人知道这是如何起效的，但总的来说，
它确实有效，而且效果越来越好。而在其他领域，情况绝非如此。

　　麦基：在笛卡尔之前，人们知道的并不多，但与今时今日的
态度相比，他们对自认为知道的东西很有把握，而在笛卡尔之后，
人们知道的更多了，但却远不那么确定了。

　　盖尔纳：知识地图发生了剧烈变形。一些领域的知识明显在
发展，而另一些领域的知识要么根本没有发展，要么在萎缩。与
此相关的还有第三个特征：你不能用不断扩张的领域来维持其他
领域。这不仅是因为这些领域在前进，因而众所周知是不稳定的。
而且，成功的知识会变得专业化。这些知识是用专门的习语表述
的，而不再是用我们通常谈论人类事务的习语表述。这使得这些
知识无法成为一个人的世界观或社会生活的前提。

　　麦基：在对稳定的有神论知识前提丧失信心之后，很长一段时间里，人们一直在寻找这些前提的替代品。也就是说，人们在如此长的时间里，一直认为有一个单一范畴——即上帝——可以最终解释一切，以至人们又在很长时间里，一直在寻找其他类似的可以最终解释一切的单一范畴。起初，他们以为自己在科学那里找到了它。然后，在新康德主义者那里，历史成了解释一切的范畴。接着是马克思主义，它试图将历史和科学整合到一个终极解释的单一框架中。直到我们有了独具现代特色的思想——得说是直到尼采这里——人们才开始说："也许没有一个单一的范畴可以最终解释一切。也许，实在到头来是多元的。也许实在只是由许多不同的、分立的物事组成，而理解它的唯一途径就是对它们分别进行研究。在这种情况下，任何单一的、包罗万象的解释性理论都将是一种妄想、一场梦，都将阻止我们看到实在的本来面目。"仅举一例，伯特兰·罗素就非常坚持这种进路。这一进路深深地渗入整个现代经验主义之中。

　　盖尔纳：我接受这幅图景。但我想我对它的刻画会和你有所不同。与其说是科学本身，不如说是获取科学知识的方法成了先前确定性的替代品。即使一个人对世界的视景不再稳定，至少他探明世界的办法是稳定的。这成为现代哲学的两大主题之一：专注于知识论，认为它给什么是、什么不是好的知识提供了试金石，从而也为世界是什么样的提供了试金石。如果世界并不稳定，至少我们用来发现世界的工具可以是恒定的。这样就间接地赋予了世界一种稳定性。这就导致了我们痴迷于这些工具。现代哲学的第二个主题——马克思主义就是一例——是寻求某种新的形而上学，这种形而上学不是对超验实在（transcendent reality）的说明，而是可以称之为人－社会的形而上学（human-social metaphysic），即对人类或社会历史状况一般特征的说明。这两条线索贯穿了过去三百年中发生的大部分事情，它们之间的交织就是现代思想的真实写照。

麦基：你提到了马克思主义——你认为它在思想上有多成功？……

盖尔纳：嗯，这是个大话题。提出探寻现代世界出现的先决条件的问题是对路的。不过，说到在我看来至关重要的错误因素，首先是乌托邦式或弥赛亚式的期待。这种想法认为，某种彻底的满足是可以达到的：当现有社会秩序中的某些缺陷和弊端被消除之后，就会出现一个自动进行自我调整的系统，在该系统中，问题将不再出现；在达到这种圆满之前，人们必须把现状看作完全错误的。这种一般性的乌托邦主义或弥赛亚主义通常可以追溯到宗教根源，或追溯到德国浪漫主义的绝对观念论，这种观念论先于马克思主义一步出现并对其产生了影响。更具体地说，事关政治的本质，某些错误至为关键。比如，它有种理论认为，就强迫和管理民众而言，这个意义上的政治只是某种阶级结构的副产品——一旦这种阶级结构消失，政治就不再有存在的必要——而这种理论剥夺了任何相信它的人提出正确问题的能力，即："相反，既然人对人的管理、政体对经济的管理始终与我们如影随形，那我们应该建立什么样的政体，才能既提供经济益品，又防止暴政呢？"

麦基：我想请你就另一种哲学，即相对主义（relativism），发表一下看法，既然眼下我们可以从更大的背景来看待它。根据我刚才所说的，我们不难看出，那些不再知道该去哪里寻找其信念的验证的人最终会说："好吧，也许信念是无法验证的——它们都同样有效或同样无效。"事实上，这在现代世界中的许多人身上都发生过——曾几何时，相对主义几乎成为一种时尚。你如何看待它在现代思想中的地位？

盖尔纳：相对主义认为，每个共同体都可以按照自己的规范生活，没有必要寻求一个共同的标准——这种观点根本就不是一个行得通的选项。作为应对权威瓦解的药方，要让相对主义奏效，必须有一批你可以在其中生活的类似岛屿社区的地方，这些地方各有各的愿景。世界史上曾经出现过这样的岛屿社区，尽管没能完全满足这些条件，但也多多少少满足了。有个著名的故事，讲的是有人问德尔斐神谕（Delphic oracle）他该遵守什么仪式。神谕回答说："在哪个城市就遵守哪个城市的仪式。"这在古希腊是完全行得通的。在亚历山大之前，有可识别的城市，一个人如果被告知要遵守他所居住的城市的礼仪，他就可以这样做。但如果没有可识别的城市，那么当你让一个人入乡随俗时，他根本不知道你要他做什么。社会单位太流动、太不稳定，有太多交织和重叠。

麦基：相对主义者可能会对你说："如果你要否定我的相对主义，那你就得告诉我，我们可以用什么办法来验证一种信念，而否证其他信念。"

盖尔纳：现代哲学的主要传统在这方面并没有失败。知识论试图把有效知识的标准加以整理，尽管这不是个完全成功的故事，但总体上还是相当成功的。很大程度上存在一种公认的认知伦理：在知识获取领域，规则被广泛接受，甚至被编成法典。顺便说一句，还有一个我们没有提到但在我看来却非常重要的后果，可以说成"去人性化（dehumanization）是知识进步的代价"。知识进程的一个面相是将事件和现象，包括人类行为，纳入以中立语言表述的、他人可以理解的概括之中。从某种意义上说，这是将所描述的现象去个体化。如果这样来解释你的个人行为和个人态度，那么可以说，它摧毁了你的个体性。它还可能摧毁你对自由的错觉（如果它是错觉的话）。在马克斯·韦伯（Max Weber）的影响下，社会学家有时把这种去人性化的效应称为世界的祛魅（the disenchantment of the world），这种把人类事务归入非人的抽象范畴的做法非常非常让人不安。

如果让我为现代哲学的第二项主要发展命名，那就是"人类维护运动"（the Movement for the Preservation of Man）——为保留人类形象而斗争，以抵御科学的解释。这就是浪漫主义！第一个主题当然是知识论的进步，而科学正是知识的一部分。你提到了马克思主义。马克思主义的一个有趣之处在于，它试图兼及二者。一方面，马克思主义以其所谓的科学历史理论迎合了被贬称为"科学主义"的东西，但另一方面，马克思主义也有其浪漫的面相，它告诉你，你的人性将得到完全恢复：你会是非专业化的、自发的和无拘无束的。人类的苦难在一个富有戏剧性的故事中得到了解释，这个故事有一个美好的结局，但在某种程度上也是用与科学，至少是马克思时代的科学相同的习语叙述的。马克思是两手抓的。当然其他一些哲学家也是两手抓的。

麦基：你所说的非常重要。我看看我能否简明扼要地概括一下。我们的知识已经变得如此广泛、如此复杂、如此技术化和如此专业化，以至不得不用与日常生活和人际关系越来越不相关的语言来表述。这反过来又使我们越来越无法将其作为我们在日常生活中所能接受的世界观的基础。这样做的结果是，我们会强烈地感觉到，我们自身知识的发展所带来的后果是颇为去人性化、去人格化的。这一点的结果是——该结果与知识的增长相伴而生，并直接与之相关——人们越来越意识到需要一种我们可以称之为人的哲学，某种关于我们自己的理论性认识，它可以帮助我们保持对自身人性的感知，并将我们与我们的社会和认知境况联系起来。这样，现代思想的发展就有了两大主流。

在这样区分了两大主流之后，我想在我们转去讨论社会哲学之前，回到我们对知识论的讨论，因为还有两三个有意思且重要的面相我们尚未触及。比如，我们还没有真正深入探讨现代知识的不稳定性，也就是这样一个事实：知识发展得如此之快，以至似乎没有任何一套可以构建连贯世界观的潜在前提能在 20 年的时间里保持稳定。

盖尔纳：是这样的。一些知识哲学试图将这一特点纳入其中，并声称这不是个问题。像蒯因和波普尔这样的哲学家以不同的方式向我们保证，我们可以而且必须与认知的不稳定性共存。我认为夸大这一点是可能的——而他们有这样做的危险。科学理论的具体内容会发生变化，这当然既是事实，也是可取的；但是，世界的那些使它适合于科学的一般特征，也可以说是形式特征，却不会发生变化。这些特征使其对于可检验性和认知的增长是友好的。从某种意义上说，它们根本不是世界的特征；实际上，它们是研究者或研究者共同体的心智状态的特征。它们是随着科学革命而出现的。在这里，重要的是要认识到，这些特征并不是一直与我们同在的。我不同意那些对永恒变化过于乐观的哲学，因为它们认为，正确的认知行为，不管是以生物适应为名，还是只是作为试错，确实一直与我们同在，不仅在人类历史上如此，甚至在生物历史上也是如此。这种观点认为，从变形虫到爱因斯坦，认知发展是一个连续的故事，贯穿始终的基本情节是相同的。我们可以将此称为连续性论题（Continuity Thesis）。我认为这是错的。关于我们的认知方式，重要的不是它们与变形虫或黑暗时代的共同点，而是它们的独特之处。重要的秘密在于差异。

麦基：我认为值得强调的是，不稳定带来的一些后果是好的而非坏的。比如，对权威丧失信心与知识的迅速发展相结合，产生了对几乎所有形式的权威本身的一种积极的怀疑论，这反过来又与自由主义思想——自由、宽容、平等的思想——的出现直接相关。在我看来，这具有不可估量的价值。

盖尔纳：是的，我会接受你这个说法。

麦基：我想和你讨论另一个问题。在笛卡尔之前，哲学最重要的主题是超自然的：人与上帝的关系。在笛卡尔之后，(哲学的)焦点转向纯粹的人类活动：科学、政治、道德、经济、历史、文化、心理、各种社会事务；这些领域的科学或准科学研究，以及这些领域的哲学研究，都取得了巨大的发展。

盖尔纳：我同意你的观点，尽管你的表述方式在我看来可能会有争议。你在谈论哲学和科学的时候，好像它们在当时是分离的，但事实上，直到 18 世纪，它们才真正分离。即使在当时，"自然哲学"（natural philosophy）一词也是指物理学：苏格兰大学的物理学教授（Professors of Physics）仍然被称为自然哲学教授（Professors of Natural Philosophy）。这种分离出现得相当晚，这在一定程度上反映了我们正在讨论的内容，也就是探究的实质（the substance of enquiry）与对认识方法的研究（the investigation into methods of knowing）之间的区别。不过，总的来说，我完全接受你的基本观点。

麦基：进一步看你现在提出的观点，值得注意的是，一些最优秀的在世哲学家将哲学视为科学的延伸。比如蒯因。在某种程度上，乔姆斯基也是如此。实际上，在某种非常特殊的意义上，甚至可以说波普尔也是如此。

盖尔纳：蒯因当然是这样。说波普尔也是这样问题就比较大了。

麦基：我想在我们所概述的背景下，看看当代哲学中最重要的一两个流派。我们已经讨论过了马克思主义和相对主义。那么，比如说存在主义呢？你如何看待它合于我们的图景？

盖尔纳：嗯，确实很合。存在主义是一种奇特的哲学，因为它与笛卡尔传统一样，非常个人主义，但与之不同的是，它本质上并不热衷于知识问题。其特点是，它对自然科学完全不感兴趣——它主要关注人类的处境。

麦基：好了，这实际上就把我们带到我们刚才已讨论过的现代思想的两大基本主题中的第二个。或许你最好以第二个传统为背景来阐述你对存在主义的刻画。

盖尔纳：嗯，存在主义的讽刺之处源于它关注人类处境。从言下之意看，它自称是对人类处境本身的描述。但具有讽刺意味的是，它分明是对后笛卡尔时代（post-Cartesian）甚至是后 18 世纪世界中人类处境的描述。它侧重于个人，个人必须对自己的世界观和道德承诺负责，不能推卸责任。但在我看来，在大多数社会中——这些社会具有稳定的信念体系——人类处境有这样的特征：权威是自信的，除非个人是积极的反叛者，否则他总是可以依靠权威。因此，存在主义虽然自称是对人类处境的一般性描述，但实际上它是对人类处境的一个非常独特的变体的描述。

麦基：尽管如此，从你刚才概述的情况来看，存在主义还是准确地描述了我们的处境。

盖尔纳：在它所达到的程度上，关于我们的状况，存在主义有很多有意思的事情要说。但关于它的一个重要之点是，它在严重危机和思想萧条时期最为流行——在"一战"后的德国，在"二战"后的法国。随着生活的富足和相对共识的形成——所谓的"意识形态终结"时期——它变得不那么流行了。作为一门大学学科，它有严重的缺陷：把人类状况变成一门博学的专业，这有点奇怪——人类状况无须撰写论文就能了解，也无须阅读艰深、相当冗长的书籍来探明。这有点滑稽，尤其是因为存在主义往往用自命不凡的语言表述——我想，这是其黑格尔遗产的一部分吧。

存在主义的另一个特点，在像萨特这样的思想家身上很明显，就是存在主义是一种先天心理学。它谈论你的感受和想法，不是通过询问你或观察你，而是通过从你处境的某些一般特征中推断出来的——你会死，并且你知道自己会死，你必须在没有保障的情况下做出道德决断，别人对你来说是对象，你对别人来说也是对象。存在主义从这些事情中推断出你的真实感受。然而，它确实说出了一些真正有意思的事情。但反对它的一个理由是，了解人们的真实感受而不考虑我们的人类状况模型就此而言隐含着什么，其实是相当有用的。而且，人们的感受未必是他们根据这一理论或任何其他理论应该有的感受。就拿萨特这样一位非常有意思的思想家来说，他试图将存在主义与马克思主义结合起来，但他的存在主义的先天论与马克思主义的具体的、经验主义的元素很难融合。

麦基：在不同于知识论的社会哲学传统中，有没有其他的当代思想流派——也就是你之前所说的"人类维护运动"的其他部分——在你看来是特别有意思的或有前途的？

盖尔纳：我认为，我们不能指望轻而易举地保留太多的人性。有人提供一些秘方，差不多是让我们全权行事的方子，用以证明我们真的是我们所想的那样，任何我们想要的自我形象或世界形象都可以保留，而且我们不必感到受威胁。我觉得我们确实需要感到受威胁。这是我们必须付出的代价。我们越能解释世界，我们自己就越能被解释。两者缺一不可。我没有那么同情人性维护协会（Society for the Preservation of Humanity）。我觉得我们应该维护人性，但不宜维护得太多，最重要的是维护不能太廉价。在这方面，我的榜样是一位相当老派的哲学家——伊曼努尔·康德，他非常关注维护最起码的人性，也就是自由意志、道德责任和自主认知，但在其他方面，他接受知识进步的部分代价是我们也成为知识的对象。在认知上，我们最终会像对待世界那样对待自己。

麦基：你如何看待你我都成长于其中的盎格鲁-撒克逊哲学

传统——我们既教过也研习过该传统：如何将它纳入这幅图景中来呢？

盖尔纳：在你我作为学生和教师参与其中的时期，最有影响力的哲学是所谓的语言分析哲学，这种哲学唯一的主要来源是路德维希·维特根斯坦的后期著作。如你所知，我对此持强烈批判态度。但为了讨论这个话题，我不得不违反你强加给我的规定，即把知识论传统与维护人性传统分开。

麦基：你可以随意打破规定。

盖尔纳：维特根斯坦跨越了这个分隔。他的出发点是知识论传统中一个略微古怪的变体，即划定界限的工作，而这个界限与其说是可知者的界限，不如说是可思者和可说者的界限，即意义的界限。这是一项极具本世纪（20世纪）特色的创新。这是个非常便利的装置。就像限定可知者的范围一样，如果可说的或可意谓的物事非常有限，那么这就为你提供了一套便利的最终前提。如果可阐述的观念的数量是有限的，那么这就构成了某种基础。这是对旧有稳定性的一种替代。嗯，维特根斯坦的早期哲学中就有这种思想，伯特兰·罗素的哲学中也有。但维特根斯坦很快就对此做出了反应——实际上是反应过度了，他斥之为哲学上唯一的典型错误。他后来说，语言的真正本质并不在于它是有限数量的事物的替身；语言的真正本质在于如下事实，你我出于无穷多样的各种目的在无穷多样的各种社会环境中使用语言，而且这完全没问题。一旦我们意识到这一点，问题就消失了。依他后期的观点，最大的错误在于寻求某种外部的验证物——他年轻时就是用这种做法尝试揭开记号法的秘密。

现在，我认为他把自己以前的错误视为唯一典型的、一般性的哲学错误是错的。促使现代人追求标准的，并不是想要找到一种单一的理想记号法以作为思想的模型的错误愿望。这些参照标准不是从哲学内部强加的——无论如何，哲学在当时都还不是一门独立的学科——而是由我们共同的人类社会处境强加的，这种处境就是，我们在一个领域了解得太多，而在另一个领域了解得太少；我们对自己的描述越来越去人性化；那些我们确实了解很多并且将继续了解很多的领域，并不能充当我们做一些决定——比如说决定我们要有什么样的社会政治秩序——的很充分的前提。这就是具体的问题情境，作为对情境的反应，人们常常开始哲学思考。但这种思考产生于客观情境。它与受到语言的蛊惑或追求一种理想的记号法无关。

麦基：我已经请你对当代哲学的许多流派——与后期维特根斯坦有关的流派，以及存在主义、马克思主义、相对主义——谈了你的看法：那么，你认为其中哪些流派最有营养，最有可能在未来开花结果？

盖尔纳：我想我点不出某个运动的名字。这两大主流——一方面是知识条理化的过程，以及制定知识标准的努力；另一方面是持续研究我们人类的社会状况——都是非常值得称道的。在我看来，未来的发展方向是在一个更精深的层面上将它们融合在一起。在我看来，关于那种对知识或思想或其后来的变体即语言加以省察的传统，要说的是如下之点。从根本上说，这是一项制定规范的工作。这是一项试图把有效知识主张的标准加以条理化的活动。不妨说，这是在试图确立知识共和国宪法的固定条款。在我看来，这是一项令人钦佩的工作，这项工作将受益于对它的恰如其分的正视。在过去，它常常被视为对个人知识如何实际运作的描述性或解释性说明——就这一点而言，它并没有太大的价值。

麦基：听起来，你好像把哲学主要看作一种工具论（organon），也就是一种获取知识的工具。

盖尔纳：我这么来说吧。维特根斯坦后期哲学中的一个有效要素——这恰恰是我不驳斥的——是这样的。他强调了一些人们知道但却没有足够认真对待的事情，也就是，作为对语言如何实际运作的解释，经验主义传统中普遍存在的解释是荒谬的。语言不是将句子与感觉或细微的观察相匹配，然后据此构建出一幅图画。我们对事物的图画并不是从小颗粒开始像堆沙堡一样建立起来，再像在城堡顶上插一面旗那样加上评价。事情不是这样的。我们对语言的实际运用是建立在制度、习俗等基础之上的。后期维特根斯坦在这一点上绝对地正确。作为对语言的描述性阐论的拆毁——如果需要这样拆毁的话——它是有效的。同样，在我看来，乔姆斯基在语言学方面的工作之所以重要，就在于它确凿无疑地证明了这样一个事实，即作为对我们如何获得语言技能的解释（这也适用于认知技能），旧有的知识论传统非常糟糕。

然而，即使我们对近期知识界的这些消极的拆毁工作表示欢迎，它也没有强迫或是哪怕允许我们放弃对认知事业的规范努力加以条理化的知识论。我再说一遍，这必须与对我们的社会和历史状况的更富现实主义的论述联系起来。这将取决于宽泛意义上的所谓"工业社会"的独特性——这种社会的基础是对自然的日益有效的控制、应用技术、普遍识字和大众组织。具有讽刺意味的是，我说哲学一方面要更加抽象和规范化，另一方面又要在社会层面上更加具体化。我觉得提出这两项建议没什么矛盾。……在我看来，这是前进的方向。我们需要把以下两件事结合起来，一是对工业文明的独特性、其先决条件和影响的现实主义认识，二是将知识标准作为我们可能拥有的安全感的唯一基础的规范性工作。

麦基：就目前的情况来看，在当代哲学所有看上去不同的分支中，你是否认为对语言的共同关注是这些分支的一个统合性因素？

盖尔纳：我觉得不是。你在开场白中说，自笛卡尔以来的哲学故事只有一个情节。嗯，在我们的讨论中，我们就其基本的、共同的主题和关注点达成了一致。奇怪的是，语言似乎并不是其中之一。表面上看起来是这样，我能想到20世纪有三大主要的运动在语言问题上大做文章，但在我看来，它们援用语言的方式是如此不同，以至相似性只是表面现象。真正的巨大反差，在维特根斯坦及其英语哲学界的追随者对语言的专注与乔姆斯基之间。他们都在语言问题上大做文章，但在表述问题的方式上却几乎截然相反。后期维特根斯坦语言观的要点在于，将语言作为一种解决来使用。语言是安驻之所。语言的实际运用为我们提供了我们唯一可以拥有、确实拥有或需要拥有的规范。它可以自我辩护和自我解释。这种语言观把追求更普遍的、更外部的验证说成是一种妄想，并提议将实际的语言惯例作为我们的安驻之所。另一方面，乔姆斯基的中心思想，也是他的重要性所在，则是语言是多么成问题。我们视为理所当然的造句和理解句子的技能，其实绝不能视为理所当然。乔姆斯基发现了这是一个多么重大的问题。维特根斯坦则试图把它*用作一种解决。我几乎想不出有哪两种思想体系比它们更背道而驰了，无论他们各自的追随者是否认识到这一点。同样，后期维特根斯坦与逻辑实证主义者之间的对照也非常明显。逻辑实证主义者试图利用语言的界限来划定世界的界限。他们为我们提供了重建一种共识、一种全新世界观的基础。但维特根斯坦用语言来证明，我们根本不需要这样的基础，我们从来不需要它，也没有必要去寻找它。在我看来，对语言的关注并不是一个统合性的主题，它并没有真的赋予 20 世纪思想以统一性。

非要说共性，你可以说，实证主义者和后期维特根斯坦的追随者对大致相同的问题给出了截然相反的答案；但乔姆斯基看到的是一个完全不同的问题，他的回答与那些人的回答没有可比性。

---

* 这里指的是前一句提及的"把造句和理解句子的技能视作理所当然的"这种想法。——译者注

　　真正根本的统一性，是追求某种一并囊括认知性约束和社会性约束的理解，正是这些约束限定了我们的选项，并帮助我们做出选择。今后的任务是将我们对这两套约束的理解联系起来。

进一步阅读建议

1. 哲学导引

　　向学生介绍哲学有三种行之有效的方法。第一种方法是让他们读某部经典名著，然后在适当的时候再读另一部，以此类推。第二种方法是让他们关注哲学中一个长期存在的问题，比较不同哲学家对该问题的看法，然后在适当的时候对其他问题重复上述步骤。第三种方法是让他们学习哲学史，这样他们就能按照时间顺序接触到各位哲学家所讨论的问题和作品。这三种方法可以简称为作品、问题和历史。它们既适用于近期哲学研究，也适用于一般哲学研究，比如，约翰·麦夸里（John Macquarrie）所著的《存在主义》（*Existentialism*）通过依次讨论关键问题和概念来介绍存在主义，而玛丽·沃诺克（Mary Warnock）所著的《存在主义》（*Existentialism*）则通过其历史来介绍存在主义；让－保罗·萨特（Jean-Paul Sartre）所著的《存在主义是一种人道主义》（*Existentialism and Humanism*）本身就是这段历史的重要文献。

　　挑选重要作品供初学者阅读是一项危险的工作。有兴趣的学生往往带着某种非常热切的期望来学习这门课程，如果这些期望马上被挫败、被打消，兴趣和热忱就可能会消失，一去不返。柏拉图的《理想国》（*Republic*）一定对成千上万的年轻人产生过这种影响。近期伯特兰·罗素（Bertrand Russell）的《哲学问题》(*The Problems of Philosophy*)恐怕也是如此。对于新手来说，找到一位意气相投的作者作为起点可能很重要，但即使觉得这个作者就是伯特兰·罗素，最好还是读他的《我们关于外间世界的知识》(*Our Knowledge of the External World*)。A.J. 艾耶尔（A. J. Ayer）的《语言、真理与逻辑》(*Language, Truth and Logic*)篇幅短小、清晰易懂、令人震撼，对于具有分析思维的人来说可能是一个更有希望的起点。接下来，可以继续阅读艾耶尔的《知识的问题》(*The Problem of Knowledge*) 和《哲学的核心问题》(*The Central Problems of Philosophy*)，由此读者就上道了。卡尔·波普尔（Karl Popper）的《开放社会及其敌人》(*The Open Society and Its Enemies*) 是一本现代经典著作，对于那些主要兴趣可能是政治和社会理论的读者来说，这本书是一个更好的起点；书中的注释包含了指向其他著作的大量线索。能从奥斯卡·王尔德(Oscar Wilde)和萨基*所属的独特传统的写作读出味道的读者，应该直接阅读吉尔伯特·赖尔（Gilbert Ryle）的《心的概念》(*The Concept of Mind*)，或许还可以先读读他篇幅更短且更易理解的《两难论法》(*Dilemmas*)。对科学感兴趣的读者应该读读欧内斯特·内格尔（Ernest Nagel）的《科学的结构》(*The Structure of Science*)，然后再读读托马斯·S. 库恩（Thomas S. Kuhn）的《科学革命的结构》(*The Structure of Scientific Revolutions*)。对艺

---

* 萨基（Saki），英国作家赫克托·休·芒罗（Hector Hugh Munro, 1870—1916）的笔名。——译者注

术感兴趣的读者可以从苏珊·K. 朗格（Susanne K. Langer）的《哲学新解》（*Philosophy in a New Key*）开始，之后再读读她的《感受与形式》（*Feeling and Form*）。想钻研哲理小说或存在主义的人可以从让－保罗·萨特的《恶心》（*Nausea*）开始，然后转向不同的方向——喜欢后者的可以阅读萨特直接论述哲学的作品，喜欢前者的可以阅读托马斯·曼（Thomas Mann）的《魔山》（*The Magic Mountain*）或艾丽丝·默多克（Iris Murdoch）的《在网下》（*Under the Net*）等小说。

有些初学哲学的人，更喜欢研究有意思的问题，不喜欢阅读名著，对这些人，我明确首推约翰·霍斯珀斯（John Hospers）的《哲学分析导论》（*An Introduction to Philosophical Analysis*）。它不过是本教科书，但在我看来，它是本极好的教科书。学生们认为它清晰明了、激动人心，而且包含全面的阅读清单。但它很厚。想从篇幅更短的内容开始的初学者，特别是如果有宗教信仰的话，或许应该读读卡尔·布里顿（Karl Britton）的《哲学与生命的意义》（*Philosophy and the Meaning of Life*）。对于那些对遣词造句有浓厚兴趣的读者来说，约翰·威尔逊（John Wilson）的小书《语言与追求真理》（*Language and the Pursuit of Truth*）是个极好的开端，接着还可以读读他的其他书。有许多初学者对身心问题着迷，他们应该从基思·坎贝尔（Keith Campbell）的《身体与心智》（*Body and Mind*）开始 [然后再试着从卡尔·波普尔和约翰·埃克尔斯（John Eccles）的《自我及其大脑》（*The Self and Its Brain*）中汲取养料]。基思·坎贝尔还在《形而上学：一部导论》（*Metaphysics: An Introduction*）一书中对一些更大的哲学问题做了清晰的介绍。另一本同样高质量的推荐书目是 C. H. 怀特利 (C. H. Whiteley) 的《形而上学导论》(*Introduction to Metaphysics*)。

约翰·帕斯莫尔 (John Passmore) 所著的《哲学百年》(*A Hundred Years of Philosophy*) 是一部杰出的近期哲学通史。我建议哲学系所有学生都能人手一本，而那些不想按顺序阅读的人可以把它作为参考书。关于特定领域的可读历史包括：J. O. 厄姆森 (J. O. Urmson) 所著的《两次世界大战之间的哲学分析及其发展》(*Philosophical Analysis, Its Development between the Two World Wars*)；G. J. 沃诺克 (G. J. Warnock) 所著的《1900 年以来的英国哲学》(*English Philosophy since 1900*)；G. J. 沃诺克的《当代道德哲学》(*Contemporary Moral Philosophy*)，这是一部历史性回顾作品；埃德蒙·威尔逊 (Edmund Wilson) 所著的《到芬兰车站》(*To the Finland Station*)（一部马克思列宁主义史）；马丁·杰伊 (Martin Jay) 所著的《辩证的想象：法兰克福学派和社会研究所的历史，1923—1950》(*The Dialectical Imagination: A History of the Frankfurt School and the Institute of Social Research 1923-50*)；*威廉·巴雷特 (William Barrett) 所著的《非理性的人》(*Irrational Man*)（对存在主义的历史研究）。喜欢以思想传记或杰出人物自传的形式了解哲学史的读者，可以参考伯特兰·罗素的《我的哲学的发展》(*My Philosophical Development*)，卡尔·波普尔略逊一筹但仍值得读的《无尽的探

---

* 本书有中译本《法兰克福学派史》（单世联译，广东人民出版社，1996）。——译者注

索》（*Unended Quest*），以及威廉·沃伦·巴特利三世（William Warren Bartley III）的《维特根斯坦》（*Wittgenstein*）（这本书比它的名声要好，包含了一些关于哲学的清晰明了的介绍性论述）。诺曼·马尔康姆（Norman Malcolm）撰写了一本关于维特根斯坦的回忆录，[*] 篇幅较短，但仍然很有价值。喜欢本书这种对话形式的读者，不妨读读同样由我编订且不无相似之处的《现代英国哲学》（*Modern British Philosophy*）。

关于哲学最好的通用参考书是麦克米伦（Macmillan）出版的《哲学百科全书》（*Encyclopaedia of Philosophy*），最初发行为八卷，现在可以读到按四册出版的全本。该书的编写者包括一些最杰出的现代哲学家，所有主要的文章都附有参考书目。

2. 马克思主义哲学

有很多种马克思基本著作选集。毫不奇怪，每种选集的重点都往往说明了其出版地点和时间的关注点或其编者的观点，这两者通常是相关的。比如，20 世纪 30 年代马克斯·伊斯特曼（Max Eastman）在美国出版的选集把马克思描述为经济学家，而差不多同一时期埃米尔·伯恩斯（Emil Burns）在欧洲出版的《马克思主义手册》（*A Handbook of Marxism*）则把马克思描述为社会分析家和政治革命家。我自己则更喜欢埃米尔·伯恩斯主编

---

[*] 这里说的是《回忆维特根斯坦》（*Ludwig Wittgenstein: A Memoir*）这本小书。——译者注

的选集，或者是 20 世纪 50 年代在美国出版的、由刘易斯·福
伊尔（Lewis Feuer）主编的《马克思和恩格斯：政治学和哲学
基本著作选》（*Marx and Engels: Basic Writings in Politics and
Philosophy*）。戴维·麦克莱伦（David McLellan）主编并于 20
世纪 70 年代出版的一本较新的选集强调了更年轻、更人道主义
的马克思。不过，由于某些关键文献——比如《共产党宣言》（*The
Communist Manifesto*），但也不止于此——几乎出现在所有选
集中，所以初学者使用哪种选集也许真正说来无关紧要。除了
这几种选集所包含的短篇著作外，强烈建议有严肃兴趣的读者
读读《资本论》（*Das Kapital*）[首选摩尔（Moore）和埃夫林
（Aveling）的英译本]。人们普遍以为这是一部枯燥乏味、难以
卒读的著作，这种看法是错的；这本书的笔触辛辣讽刺、感情
充沛，对于任何对这一主题有严肃兴趣的人来说，这都是一部
扣人心弦的读物。……

3. 马尔库塞与法兰克福学派

关于这一主题的杰出概述作品是马丁·杰伊所著的《辩证
的想象：法兰克福学派和社会研究所的历史，1923—1950》：与
书中所涉及的大多数作者相比，这本书写得更为清晰、生动，但
它仍对笔下的作家抱有赞同态度。书中还有详尽的参考书目。赫
伯特·马尔库塞（Herbert Marcuse）最广为人知的作品有《单
向度的人》（*One-Dimensional Man*）、《爱欲与文明》（*Eros and
Civilization*）以及《理性和革命》（*Reason and Revolution*）。阿多

诺（Theodor Adorno）的《最低限度的道德》（*Minima Moralia*）是本警句集，因此不存在阿多诺常见的可读性问题。

4. 海德格尔与现代存在主义

在众多介绍存在主义的作品中，写得最好的是威廉·巴雷特所著的《非理性的人》。如前所述，玛丽·沃诺克所著的《存在主义》是一种从历史切入的写法，约翰·麦夸里所著的《存在主义》则是另一种从问题和概念切入的写法。麦夸里教授还是现代存在主义最重要的著作——海德格尔《存在与时间》（*Being and Time*）——的英译者之一。这是一本很难读懂的书，但为之付出的努力会得到丰厚的回报——我猜它终会成为20世纪哲学中为数不多的经久不衰的经典著作之一。迈克尔·盖尔文（Michael Gelven）的《海德格尔〈存在与时间〉注疏》（*A Commentary on Heidegger's "Being and Time"*）让我们更容易理解这本书。玛格达·金（Magda King）所著的《海德格尔的哲学：基本思想指南》（*Heidegger's Philosophy: A Guide to His Basic Thought*）就一些主要概念和问题展开了更为简单的讨论。威廉·巴雷特的《什么是存在主义？》（*What is Existentialism?*）第二部分对海德格尔的全部思想做了精辟的阐述。建议《存在与时间》的研读者继续阅读以《生存与存在》（*Existence and Being*）为书名出版的海德格尔选集，其中有维尔纳·布罗克（Werner Brock）撰写的令人钦佩的导言。海德格尔晚期作品中最适合上手的是《什么叫思想？》（*What is Called Thinking?*）。

　　萨特的主要哲学著作是《存在与虚无》(*Being and Nothingness*)。如果读者觉得在享用大餐之前需要来杯开胃酒，不妨读读他的小说《恶心》。艾丽丝·默多克所著的《萨特》(*Sartre*)是萨特哲学的一本很好的入门书。黑兹尔·E.巴恩斯(Hazel E. Barnes)(《存在与虚无》的英译者)所著的《萨特》(*Sartre*)有趣地将萨特的三个主要活动领域——他的哲学、文学作品和政治参与——联系起来。

5. 维特根斯坦的两种哲学

　　对于哲学专业的普通学生来说，维特根斯坦最重要的著作依次是《逻辑哲学论》(*Tractatus Logico-Philosophicus*)、包含《蓝皮书与棕皮书》(*Blue and Brown Books*)的那本集子以及《哲学研究》(*Philosophical Investigations*)。有许多关于维特根斯坦哲学的导读。其中写得最为短小精悍的当数贾斯特斯·哈特纳克(Justus Hartnack)的《维特根斯坦与现代哲学》(*Wittgenstein and Modern Philosophy*)。乔治·皮彻(George Pitcher)的《维特根斯坦的哲学》(*The Philosophy of Wittgenstein*)不错，但难度稍大。安东尼·肯尼(Anthony Kenny)的《维特根斯坦》(*Wittgenstein*)写得非常清晰，令人钦佩，但在我看来，他低估了维特根斯坦前期哲学和后期哲学之间的差异。尽管大卫·皮尔斯(David Pears)所著的《维特根斯坦》(*Wittgenstein*)以导论的形式呈现，但只有对这一主题有一定了解的读者才能读懂——撇开这一点，这本书还是非常出色的。

6. 逻辑实证主义及其遗产

在用英语写成的逻辑实证主义著作中，最重要的仍然是 A. J. 艾耶尔的《语言、真理与逻辑》。维克多·克拉夫特（Victor Kraft）的《维也纳学派》（*The Vienna Circle*）对整个运动做了最好的论述，该书把重心正确地放在了鲁道夫·卡尔纳普（Rudolf Carnap）的作品上，因为卡尔纳普是这场运动中最有天赋的哲学家。A. J. 艾耶尔主编的《逻辑实证主义》（*Logical Positivism*）包含出自编者的一流的导言、经典文献集以及几乎详尽无遗的参考书目。

7. 语言分析哲学的魔咒

在两本最著名的语言分析哲学作品中，吉尔伯特·赖尔的《心的概念》易懂得多，而维特根斯坦的《哲学研究》则更具原创性和影响力。J. L. 奥斯汀（J. L. Austin）的《感觉与可感物》（*Sense and Sensibilia*）是一本令人愉悦的论战之作，很大程度上是对 A. J. 艾耶尔的《经验知识的基础》（*The Foundations of Empirical Knowledge*）一书的攻击，因此应该先读后者。奥斯汀的《如何以言行事》（*How to Do Things with Words*）不容小觑。范光棣（K.T. Fann）主编的《J. L. 奥斯汀专题》（*The Symposium on J. L. Austin*）包含完整的奥斯汀书目。安东尼·弗卢（Antony Flew）主编的两卷本《逻辑与语言》（*Logic and Language*）收录了这一领域发表的一些经典论文；随后，弗卢又主编并出版了第三卷，题为《概念分析论文集》（*Essays in Conceptual Analysis*）。

8. 道德哲学

一本高质量的最新导读是约翰·麦凯（J. L. Mackie）所著的《伦理学：发明对与错》（*Ethics: Inventing Right and Wrong*）。约翰·霍斯珀斯的《人类行为》（*Human Conduct*）是一本非常好的教科书。G. J. 沃诺克（G. J. Warnock）的《当代道德哲学》（*Contemporary Moral Philosophy*）是一部篇幅短小且清晰明了的 20 世纪英语世界道德哲学史。沃诺克的《道德的对象》（*The Object of Morality*）试图从道德判断的内容中分离出特别属于道德的部分。P. H. 诺威尔－史密斯（P. H. Nowell-Smith）所著的《伦理学》（*Ethics*）是一本出自语言分析家的入门读物。J. O. 厄姆森的《伦理学之情感论》（*The Emotive Theory of Ethics*）不仅是对逻辑实证主义提出的道德哲学的阐述，也是对它的贡献。R. M. 黑尔（R. M. Hare）的作品正是在这一讨论背景下出现的，首先是在《道德语言》（*The Language of Morals*）中，然后是在《自由与理性》（*Freedom and Reason*）中。J. J. C. 斯马特（J. J. C. Smart）和伯纳德·威廉斯（Bernard Williams）合写的《功效主义：赞成与反对》（*Utilitarianism: For and Against*）以简短的篇幅介绍了（功效主义）这一争论正反两方的观点。在阿尔贝·加缪（Albert Camus）最接近存在主义的著作《西西弗神话》（*The Myth of Sisyphus*）中，我们可以找到与上述所有著作完全不同的处理伦理学核心问题的进路。

9. 蒯因的思想

蒯因与 J. S. 乌利安（J. S. Ullian）合写了认识论导论《信念之网》（*The Web of Belief*），蒯因还有本独著《逻辑哲学》（*Philosophy of Logic*），也是本导论。除此之外，他的作品并不适合初学者——尽管他最重要的著作《从逻辑的观点看》（*From a Logical Point of View*）和《语词和对象》（*Word and Object*）可能也是他所有书里最好懂的。写作这篇文章之时，由伊利诺伊州拉萨尔市的公开法庭出版社（Open Court Press）出版的《在世哲学家文库》（*Library of Living Philosophers*）将收录蒯因的大部著作，其中包括他的思想自传和完整的书目，以及一些批评文章和他对批评者的答复。

10. 语言哲学

大卫·E. 库珀（David E. Cooper）所著的《哲学与语言的本质》（*Philosophy and the Nature of Language*）是写得最清晰的一本语言哲学概论，涵盖了语言哲学的全部两个分支——一支关注语言与世界的关系，另一支关注语言与语言使用者意图的关系。伊恩·哈金（Ian Hacking）的《为什么语言对哲学很重要？》（*Why Does Language Matter to Philosophy?*）生动活泼，内容广泛且新颖。广为人知的关于语言与世界关系的研究，始于 20 世纪的伯特兰·罗素[*]：A. J. 艾耶尔的《罗素》（*Russell*）对罗素及其作品的这个方面以及其他方面做了最清晰的介绍。历史上，在这之后的，是维特根斯坦的《逻辑哲学论》和罗素为该书写的导言。然后是维也纳学派——这方面可以读读维克多·克拉夫特的《维也纳学派》，该书的重头戏是卡尔纳普。蒯因（见上文）自觉地继承了卡尔纳普的思想。至于语言与语言使用者的意图之间的关系，奥斯汀的作品比后期维特根斯坦的作品更好懂：也许初学者应该先读奥斯汀的《如何以言行事》，然后再读约翰·塞尔（John Searle）的《言语行为》（*Speech Acts*）。不过，维特根斯坦的《哲学研究》是不可或缺的。此外可以读读约翰·塞尔主编的论文集《语言哲学》（*The Philosophy of Language*）。

关于乔姆斯基的建议见下一部分。

11. 乔姆斯基的思想

乔姆斯基最好的普及者是《对语言的思考》（*Reflections on Language*）一书中的乔姆斯基。在他其他成熟的语言学著作中，只有《语言与心智》（*Language and Mind*）适合初学者阅读。约翰·莱昂斯（John Lyons）所著的《乔姆斯基》（*Chomsky*）是一本由第三方撰写的有所赞同但并非不加批判的导读，但对于哲学专业的学生来说，最好的一本单行本或许是贾斯汀·莱伯（Justin Leiber）所著的《诺姆·乔姆斯基：哲学概览》（*Noam*

---

* 麦基在这里的潜台词是，19 世纪末有弗雷格，但不够广为人知。——译者注

Chomsky: A Philosophic Overview)。对乔姆斯基语言学理论的严厉批评，可以参阅 C. F. 霍基特（C. F. Hockett）所著的《学科现状》（*The State of the Art*）。

12. 科学哲学

欧内斯特·内格尔的《科学的结构》堪称经典，它不仅是最好的导论，也是最全面的导论，既涉及社会科学，也涉及自然科学。接下来应该是托马斯·S. 库恩的《科学革命的结构》。鲁道夫·卡尔纳普的《物理学的哲学基础》（*Philosophical Foundations of Physics*）[以《科学哲学导论》（*An Introduction to the Philosophy of Science*）为名再版] 是对实证主义进路的精彩展示，该进路在 20 世纪影响深远。反实证主义的决定性著作是卡尔·波普尔的《科学发现的逻辑》（*The Logic of Scientific Discovery*）。接下来应该是波普尔的《猜想与反驳：科学知识的增长》（*Conjectures and Refutations: the Growth of Scientific Knowledge*），然后是他的《客观知识：一个进化论的研究》（*Objective Knowledge: An Evolutionary Approach*）。初学者在开始学习波普尔的著作之前，如果想要对他有个简单了解，可以读读我的小书《波普尔》（*Popper*）。波普尔与库恩之间的观点差异是拉卡托斯（Lakatos）和马斯格雷夫（Musgrave）主编的《批判与知识的增长》（*Criticism and the Growth of Knowledge*）专题讨论的主要议题。

13. 哲学与政治

D. D. 拉斐尔（D. D. Raphael）所著的《政治哲学问题》
（*Problems of Political Philosophy*）是一本令人钦佩的介绍整
个领域的书。彼得·辛格（Peter Singer）的《民主与不服从》
（*Democracy and Disobedience*）也很值得一读。卡尔·波普尔
的《开放社会及其敌人》是一部杰出的当代经典作品。波普尔
的《历史决定论的贫困》（*The Poverty of Historicism*）也值得
一读。这些书中的一些主要观点在以赛亚·伯林（Isaiah Berlin）
的《自由论》（*Four Essays on Liberty*）中再次出现，而我自己
的著作《新激进主义》（*The New Radicalism*）则试图将其中的
一些观点灌输给 20 世纪 60 年代初的英国工党。本书挑选出的三
部著作都应该读读：约翰·罗尔斯（John Rawls）的《正义论》
（*A Theory of Justice*），罗伯特·诺齐克（Robert Nozick）的《无
政府、国家与乌托邦》（*Anarchy, State and Utopia*），罗纳德·
德沃金（Ronald Dworkin）的《认真对待权利》（*Taking Rights
Seriously*）。当前对右翼理论的兴趣有复兴之势，抱有同样兴趣
的读者应该读读 F. A. 哈耶克（F. A. Hayek）的《自由宪章》（*The
Constitution of Liberty*）——记住乔姆斯基在本书中的评论："古
典自由主义实际就是现在所谓的保守主义。"其他重要的右翼
理论著作有约翰·霍斯珀斯的《自由至上主义》（*Libertarianism*）
和迈克尔·奥克肖特（Michael Oakeshott）的《政治中的理性主
义》（*Rationalism in Politics*）。

14. 哲学与文学

S. P. 罗森鲍姆（S. P. Rosenbaum）编选的《英语文学与英国哲学》（*English Literature and British Philosophy*）这本文集精心挑选了一些展示或讨论英语文学与英国哲学之间的联系的文章。理查德·库恩斯（Richard Kuhns）所著的《文学与哲学》（*Literature and Philosophy*）是一部简单明了的专著，值得一看。威廉·巴雷特所著的《危急时刻》（*Time of Need*）囊括了一位哲学家对 20 世纪一些有分量的创作型作家的评论，斯图尔特·汉普希尔（Stuart Hampshire）所著的《现代作家和其他短论》（*Modern Writers and Other Essays*）也是如此。以赛亚·伯林曾说过，他认为自己翻译的屠格涅夫（Turgenev）的小说《初恋》（*First Love*）是他最好的一部作品。就创作者本身而言，在这个上下文中首先要提到的是让-保罗·萨特的戏剧和小说，尤其是《恶心》，以及加缪的小说，尽管最突出地体现哲学观点的戏剧或许是萨缪尔·贝克特（Samuel Beckett）的《等待戈多》（*Waiting for Godot*）。贝克特最为人所知的作品大多表达了个人在试图面对一个没有上帝的宇宙时所产生的几乎无法抑制的焦虑。最杰出的德语现代小说都是在更广泛的意义上探讨思想，且年代稍早：罗伯特·穆齐尔（Robert Musil）的《没有个性的人》（*The Man Without Qualities*）和托马斯·曼的一些书，尤其是《魔山》。在 20 世纪 70 年代的英国，值得一提的是，杰出的喜剧小说家和喜剧剧作家都为哲学着迷。拿前者来说，迈克尔·弗雷恩（Michael Frayn）出版了一本准维特根斯坦式的哲学反思之书《构造》（*Constructions*）（很长一段时间以来，他还计划写一本维特根斯坦传）。拿后者来说，汤姆·斯托帕德（Tom Stoppard）在《罗森克兰茨和吉尔登斯特恩已死》（*Rosencrantz and Guildenstern are Dead*）*中写了一部戏剧，其哲学关切具有戏剧意义上的结构和真正的深度。此外，他还在《跳跃者》（*Jumpers*）中以绝妙的哲学讽刺手法制作了一期娱乐节目。艾丽丝·默多克在其第一部小说《在网下》的核心人物身上体现了维特根斯坦后期的哲学思想，堪称一绝。我自己的小说《直面死亡》（*Facing Death*）中所提及的其他哲学思想都是对维特根斯坦哲学的模仿和批判。

15. 哲学与其社会背景

　　欧内斯特·盖尔纳（Ernest Gellner）的《信念的正当化》（*Legitimation of Belief*）一书更全面地论述了他在这本对谈录中与我讨论的一些内容。他在其《词与物》（*Words and Things*）一书中原原本本地将语言分析哲学家与社会背景联系起来。彼得·汉密尔顿（Peter Hamilton）的《知识与社会结构》（*Knowledge and Social Structure*）是对知识社会学中一些最重要的可用理论的可靠介绍。彼得·温奇（Peter Winch）的《社会科学的观念及其与哲学的关系》（*The Idea of a Social Science and Its Relation to Philosophy*）一书的自我称谓是准确的。[阿拉斯戴尔·麦金

---

* 该戏剧又名《罗森·格兰兹与吉尔·登斯顿之死》《君臣人子小命呜呼》。——译者注

太尔（Alasdair MacIntyre）的《反对时代的自我形象》（*Against the Self-Images of the Age*）一书中的一篇文章对此提出了异议；但麦金太尔的整本书本身就值得一读。] 埃德蒙·威尔逊的《到芬兰车站》是一部关于马克思列宁主义思想的历史和前史，它依此把马克思列宁主义思想在其产生和发展的每一个阶段同他们的个人、社会和历史背景联系起来，十分精彩。

译名对照表

A

act-utilitarianism 行为功效主义

Adorno, Theodor 西奥多·阿多诺

Aeschylus 埃斯库罗斯

Á la recherche du temps perdu《追忆似水年华》

Alexander the Great 亚历山大大帝

alienation 异化

American Declaration of Independence《美国独立宣言》

American Revolution 美国独立战争

analytic proposition 分析命题

Anarchy, State and Utopia《无政府、国家和乌托邦》

animism 万物有灵论

Anti-Dühring《反杜林论》

Aquinas, Thomas 托马斯·阿奎那

Archimedes 阿基米德

Aristotle 亚里士多德

Arnold, Matthew 马修·阿诺德

Arrow, Kenneth 肯尼斯·阿罗

A Theory of Justice《正义论》

Auden, W. H. W. H. 奥登

Austin, J. L. J. L. 奥斯汀

Ayer, A. J. A. J. 艾耶尔

B

Bacon, Francis 弗朗西斯·培根

Bakunin, Mikhail 米哈伊尔·巴枯宁

Barrett, William 威廉·巴雷特

Barry, Brian 布莱恩·巴里

Beauvoir, Simone de 西蒙娜·德·波伏瓦

Beckett, Samuel 萨缪尔·贝克特

Beethoven, Ludwig van 路德维希·范·贝多芬

behaviourism 行为主义

Being and Nothingness《存在与虚无》

Being and Time《存在与时间》

Bentham, Jeremy 杰里米·边沁

Berg, Alban 阿尔班·贝尔格

Bergson, Henri 亨利·柏格森

Berkeley, George 乔治·贝克莱

Berlin, Isaiah 以赛亚·伯林

Bleak House《荒凉山庄》

Bloomfield, Leonard 莱昂纳德·布龙菲尔德

Bohr, Niels 尼尔斯·玻尔

Boole, George 乔治·布尔

Born, Max 马克斯·玻恩

Bose-Einstein statistic 玻色—爱因斯坦统计

Brentano, Franz 弗朗兹·布伦塔诺

Buddhism 佛教

C

Caesar, Julius 尤利乌斯·恺撒

Capitalism 资本主义

Carnap, Rudolf 鲁道夫·卡尔纳普

Cartesian 笛卡尔式的

Cartesianism 笛卡尔主义

Chamberlain, Wilt 威尔特·张伯伦

Chekhov, Anton 安东·契诃夫

Chomsky, Noam 诺姆·乔姆斯基

Civil Rights Movement 民权运动

Clerk Maxwell, James 詹姆斯·克拉克·麦克斯韦

Communism 共产主义

Communist Revolution 共产主义革命

Comte, Auguste 奥古斯特·孔德

concepts, analysis of 概念分析

Condorcet, Marie Jean 马里·让·孔多塞

Conservatism 保守主义

Continuity Thesis 连续性论题

convention 惯例

cosmos 宇宙

Crick, Francis 弗朗西斯·克里克

Critique of Pure Reason 《纯粹理性批判》

D

Dante Alighieri 但丁·阿利吉耶里

Darwin, Charles 查尔斯·达尔文

Davidson, Donald 唐纳德·戴维森

De Morgan, William 威廉·德摩根

Descartes, René 勒内·笛卡尔

Dialectics of Nature 自然辩证法

Dickens, Charles 查尔斯·狄更斯

dogmatists 教条主义者

Dollfuss, Engelbert 恩格尔伯特·多尔弗斯

Dostoevsky, Fyodor 费奥多尔·陀思妥耶夫斯基

dualism 二元论

Dummett, Michael 迈克尔·达米特

Dworkin, Ronald 罗纳德·德沃金

E

Edwin Drood 《德鲁德疑案》

egalitarian 平等主义者

Einstein, Albert 阿尔伯特·爱因斯坦

Eliot, George 乔治·艾略特

Eliot, T. S. T. S. 艾略特

empiricism 经验主义

Engels, Friedrich 弗里德里希·恩格斯

Enlightenment 启蒙运动

epistemology 认识论

Erkenntniss 《认识》

Ethical Questions 《伦理学问题》

existentialism 存在主义

F

Fascism 法西斯主义

Fénelon, Francois de Salignac de la Mothe 弗朗索瓦·德·萨利尼亚克·德·拉·莫特·费奈隆

Feudalism 封建主义

Fichte, Johann 约翰·费希特

Finnegans Wake 《芬尼根的守灵夜》

Formalism 形式主义

Forster, E. M. E. M. 福斯特

Frankfurt School 法兰克福学派

Frege, Gottlob 戈特洛布·弗雷格

French Revolution 法国大革命

Freud, Sigmund 西格蒙德·弗洛伊德

Freudianism 弗洛伊德主义

From a Logical Point of View《从逻辑的观点看》

G

Gellner, Ernest 欧内斯特·盖尔纳

Gödel, Kurt 库尔特·哥德尔

Godwin, William 威廉·戈德温

Gollancz, Victor 维克多·戈兰茨

Grice, Herbert Paul 赫伯特·保罗·格莱斯

Grossman, Henry 亨利·格罗斯曼

Groundwork of the Metaphysic of Morals《道德形而上学的奠基》

H

Hampshire, Stuart 斯图尔特·汉普希尔

Hard Times《艰难时世》

Hare, R. M. R. M. 黑尔

Hart, H. L. A. H. L. A. 哈特

Haydn, Franz Joseph 弗朗茨·约瑟夫·海顿

Hegel, Georg Wilhelm 格奥尔格·威廉·黑格尔

Heidegger, Martin 马丁·海德格尔

Heine, Heinrich 海因里希·海涅

Heisenberg, Werner 沃纳·海森堡

Hicks, John 约翰·希克斯

Hilbert, David 大卫·希尔伯特

Hindemith, Paul 保罗·欣德米特

Hinduism 印度教

Hitler, Adolf 阿道夫·希特勒

Hobbes, Thomas 托马斯·霍布斯

Homer 荷马

Horkheimer, Max 马克斯·霍克海默

Humboldt, Wilhelm von 威廉·冯·洪堡

Hume, David 大卫·休谟

Husserl, Edmund Gustav 埃德蒙德·古斯塔夫·胡塞尔

Hutcheson, Francis 弗朗西斯·哈奇森

I

Ibsen, Henrik 亨利克·易卜生

idealism 观念论

illocutionary acts 话语施事行为

inductive method 归纳法

intentionality 意向性

intuitionism 直觉主义

intuitions 直觉

Irrational Man《非理性的人》

J

James, William 威廉·詹姆斯

Johnson, Samuel 塞缪尔·约翰逊

Joyce, James 詹姆斯·乔伊斯

Judaism 犹太教

justice, principles of 正义诸原则

K

Kaldor, Nicholas 尼古拉斯·卡尔多

Kant, Immanuel 伊曼努尔·康德

Kantianism 康德主义

Keynes, John Maynard 约翰·梅纳德·凯恩斯

Kierkegaard, Sören Aabye 索伦·奥贝·克尔凯郭尔

Kirchheimer, Otto 奥托·基希海默尔

Knowledge 知识

Kraus, Karl 卡尔·克劳斯

Kripke, Saul 索尔·克里普克

Kuhn, Thomas S. 托马斯·S. 库恩

L

La Nausée《恶心》

Language 语言

language philosophy 语言哲学

Language, Truth and Logic《语言、真理与逻辑》

Lawrence, D. H. D. H. 劳伦斯

Leibniz, Gottfried 戈特弗里德·莱布尼茨

L'Être et le Néant《存在与虚无》

Lévi-Strauss, Claude 克洛德·列维—斯特劳斯

liberalism 自由主义

liberation theory 解放理论

Limits of State Action《国家行动的限度》

linguistic analysis 语言分析

linguistic philosophy 语言分析哲学

Locke, John 约翰·洛克

logic 逻辑

Logical Positivism 逻辑实证主义

Lowenthal, Leo 利奥·洛文塔尔

Lukács, György 格奥尔格·卢卡奇

Luther, Martin 马丁·路德

Luxemburg, Rosa 罗莎·卢森堡

M

Mach, Ernst 恩斯特·马赫

Mallarmé, Stéphane 斯特凡·马拉美

Marcuse, Herbert 赫伯特·马尔库塞

Marx, Karl 卡尔·马克思

Marxism 马克思主义

materialism 唯物主义

Messianism 弥赛亚主义

Mill, John Stuart 约翰·斯图尔特·密尔

Mind《心智》

Modernism 现代主义

Molière 莫里哀

Montaigne, Michel de 米歇尔·德·蒙田

Moore, G. E. G. E. 摩尔

moral philosophy 道德哲学

Mozart, Wolfgang Amadeus 沃尔夫冈·阿玛多伊斯·莫扎特

Murdoch, Iris 艾丽丝·默多克

My Philosophical Development《我的哲学的发展》

N

Napoleon I 拿破仑一世

Nature 自然

Nazism 纳粹主义

Neo-Kantians 新康德主义者

Neoplatonists 新柏拉图主义者

Neumann, Franz 弗朗茨·诺伊曼

Neurath, Otto 奥托·纽拉特

New Left Movement 新左派运动

New Science 新科学

Newton, Isaac 艾萨克·牛顿

Nietzsche, Friedrich Wilhelm 弗里德里希·威廉·尼采

Nozick, Robert 罗伯特·诺齐克

O

Oakeshott, Michael 迈克尔·奥克肖特

Occam, William of 奥卡姆的威廉

On the Eve《前夜》

Orwell, George 乔治·奥威尔

P

paradigms 范式

Parfit, Derek 德里克·帕菲特

Paris Commune 巴黎公社

Parmenides 巴门尼德

Pascal, Blaise 布莱兹·帕斯卡尔

Peirce, C. S. C. S. 皮尔士

perlocutionary acts 话语施效行为

Philosophical Investigations《哲学研究》

philosophical questions 哲学问题

philosophy, analysis of 哲学的分析

Philosophy and Public Affairs《哲学与公共事务》

physicalism 物理主义

Plamenatz, John 约翰·普拉梅纳茨

Planck, Max 马克斯·普朗克

Plato 柏拉图

Platonist 柏拉图主义者

political theory 政治理论

Pollock, Frederick 弗雷德里克·波洛克

Pope, Alexander 亚历山大·蒲柏

Popper Karl 卡尔·波普尔

Prague Spring 布拉格之春

Praxis Group, Yugoslavia 南斯拉夫实践学派

propositional attitudes 命题态度

proposition 命题

Proudhon, Pierre-Joseph 皮埃尔—约瑟夫·蒲鲁东

Proust, Marcel 马塞尔·普鲁斯特

Putnam, Hilary 希拉里·普特南

Pythagoras 毕达哥拉斯

Q

quantum theory 量子理论

Quine, Willard Van Orman 威拉德·范奥曼·蒯因

Quinton, Anthony 安东尼·昆顿

R

Rawls, John 约翰·罗尔斯

reality, view of 实在观

relativism 相对主义

rights 权利

Robespierre, Maximilien François Marie Isidore de 马克西米连·弗朗索瓦·马里·伊西多·德·罗伯斯庇尔

Rochefoucauld, François de La 弗朗索瓦·德·拉罗什富科

Romantic Movement 浪漫主义运动

Rousseau Jean-Jacques 让—雅克·卢梭

Russell, Bertrand 伯特兰·罗素

Russian Revolution 俄国革命

Ryle, Gilbert 吉尔伯特·赖尔

S

Sartre, Jean-Paul 让—保罗·萨特

Saussure, Ferdinand de 费尔迪南·德·索绪尔

Schelling, Friedrich Wilhelm 弗里德里希·威廉·谢林

Schlick, Moritz 莫里茨·石里克

Schoenberg, Arnold 阿诺德·勋伯格

Schopenhauer, Arthur 阿图尔·叔本华

Schröder, Ernst 恩斯特·施罗德

Schrödinger, Erwin 埃尔温·薛定谔

scientific method 科学方法

Searle, John 约翰·塞尔

semantic assent 语义上行

Sen, Amartya 阿马蒂亚·森

Shakespare, William 威廉·莎士比亚

Shaw, George Bernard 萧伯纳

Shelley, Perey Bysshe 珀西·比希·雪莱

Sidgwick, Henry 亨利·西季威克

Singer, Aubrey 奥布里·辛格

socialism 社会主义

Society for the Preservation of Humanity
    人性维护协会

Socrates 苏格拉底

Spartacus Government 斯巴达克政府

Special theory of relativity 狭义相对论

speech acts 言语行为

Spinoza, Baruch 巴鲁赫·斯宾诺莎

St Augustine 圣奥古斯丁

Sterne, Laurence 劳伦斯·斯特恩

Stoics, the 斯多葛学派

Stravinsky, Igor 伊戈尔·斯特拉文斯基

Strawson, Peter Frederick 彼得·弗雷德
    里克·斯特劳森

structuralism 结构主义

structures 结构

Symposium《会饮篇》

syntax 句法

synthetic proposition 综合命题

T

Taking Rights Seriously《认真对待权利》

Taoism 道教

Taylor, Charles 查尔斯·泰勒

Taylor, Edwin. F. 埃德温·F. 泰勒

Thales 泰勒斯

Theaetetus《泰阿泰德篇》

The Age of Anxiety《焦虑的年代》

The Central Questions of Philosophy《哲
    学的核心问题》

The Concept of Law《法律的概念》

The Concept of Mind《心的概念》

The Fire and the Sun《火与太阳》

The Logic of Scientific Discovery《科学发
    现的逻辑》

The Longest Journey《最漫长的旅程》

The Open Society and Its Enemies《开放
    社会及其敌人》

The Principles of Mathematics《数学的原
    理》

The Rite of Spring《春之祭》

The Roots of Reference《指称之根》

The Sovereignty of Good《善的至高性》

Time magazine《时代》杂志

Times, The《泰晤士报》

Tolstoy, Leo 列夫·托尔斯泰

totalitarianism 极权主义

Tractatus Logico-Philosophicus《逻辑哲
    学论》

Traffic Engineering and Control《交通工
    程与控制》

Tristram Shandy《项狄传》

Tsarism 沙皇政权

Turgenev, Ivan 伊万·屠格涅夫

U

Utilitarianism 功效主义

Utopianism 乌托邦主义

V

vegetarianism 素食主义

verifiability, principles of 可证实性原则

verification principle 证实原则

Vienna Circle 维也纳学派

Voltaire 伏尔泰

W

Waiting for Godot 《等待戈多》

War and Peace 《战争与和平》

Watson, James 詹姆斯·沃森

Weber, Marx 马克斯·韦伯

Webern, Anton von 安东·冯·韦伯恩

Wheeler, John A. 约翰·A. 惠勒

Whitehead, Alfred North 阿尔弗雷德·诺思·怀特海

Williams, Bernard 伯纳德·威廉斯

Wittgenstein, Ludwig 路德维希·维特根斯坦

Women's Liberation Movement 女性解放运动

Words and Objects 《语词和对象》

Wordsworth, William 威廉·华兹华斯

Y

Yeats, William Butler 威廉·巴特勒·叶芝

Z

Zen Buddhism 佛教禅宗

译后记

比起哲学上的建树，布莱恩·麦基分别于 20 世纪 70 年代和 80 年代为英国广播公司策划和主持的几档高质量的哲学电视节目——《对话哲学家》(*Conversations with Philosophers*)、《思想家》(*Men of Ideas*) 和《大哲学家》(*The Great Philosophers*)——更为人所知，也更富生命力。可以说，作为媒体人的麦基远比作为哲学家的麦基成功，这既得益于他过人的哲学素养，也归功于他在制作和主持电视节目上的轻车熟路、远见卓识，而两者的联合使他成为主持哲学节目的最佳人选。节目及其书稿产生的巨大影响力即是有力的证示。*

此书脱胎于 1978 年播出的《思想家》电视节目，由 15 位哲学家基于对谈的文字稿修订和改写而成。它侧重于 20 世纪中后叶英语世界的哲学思潮，欧陆哲学也略有涉及，但不太深入、全面，个中缺憾，麦基已在序言中有所说明，此不赘述。蛮可以把此书看作一部有深度的哲学普及书，而与当今其他同类书籍相比，它有三个独特之处：一是那个时代的英语哲学既足够"当代"，又还处于大规模专业化的初期，普通人多少能摸到门槛；二是麦基

---

* 关于该系列节目更为详尽的介绍，可参见麦基的思想自传《哲学如何塑造了我》(*Confessions of a Philosopher: A Journey Through Western Philosophy*)，第 22 章"哲学上电视"，生活·读书·新知三联书店，2022。

足够内行，虽然自己有鲜明倾向，但态度平和，能问出切中要点的问题，能把握对谈走向；最重要的是，这些哲学家态度真诚、敞亮，既努力用平实的语言说理，又绝不回避争论抑或迎合大众。这些特点共同造就了这档节目、这本书的优秀品质。

我第一次接触此书是在 2018 年春天，当时只是粗粗浏览了一遍，读完的感受是，一方面，此书虽是对谈集，但阅读和理解难度并不低，尤其是涉及分析哲学的篇目，既牵涉哲学与各门科学以及其他领域的关系，又触及作为哲学思考核心的逻辑分析、概念分析，挺费脑力；另一方面，经修订的这些对谈难得的简练、清晰，少有云遮雾绕，对大部头著作望而生畏的读者不必有心理负担。于普通读者、初学者，此书是了解 20 世纪这些哲学家观点的权威来源；于门内人，埋头研读专著、梳理论证之余，不妨借哲学家们的亲口解说，总览他们的思考和关切的生长脉络，瞧瞧他们本人如何勾勒出各自专长领域的整体画面。所有这些都为我们深入理解 20 世纪西方哲学的"语言转向"提供了极珍贵的第一手素材。

2022 年年初，理想国的编辑问我是否愿意翻译此书，我接了这个活儿。需要交代的是，此书之前已经有过一个中译本（生活·读书·新知三联书店，1987 年第 1 版、2004 年第 2 版）。与绝大多数中文世界的读者一样，我最初读的也是这个译本。相比三十多年前，如今我们的翻译条件已经好了太多，这主要得益于汉语学界特别是译界最近几十年筚路蓝缕积累下来的成果。眼下这个新译本努力在准确和流畅方面有所改进。

这本译著得以出版，首先要感谢理想国的信任。其次，我要特别感谢好友张晓川，他仔细校读了译稿，提出了许多非常有用且有教益的修改建议。

译事无止境。译文错漏之处，望读者不吝指正。

吴芸菲

2023 年 12 月 20 日于清华园